Ao revés do "pós"

FUNDAÇÃO EDITORA DA UNESP

Presidente do Conselho Curador
Mário Sérgio Vasconcelos

Diretor-Presidente
José Castilho Marques Neto

Editor Executivo
Jézio Hernani Bomfim Gutierre

Assessor Editorial
João Luís Ceccantini

Conselho Editorial Acadêmico
Alberto Tsuyoshi Ikeda
Áureo Busetto
Célia Aparecida Ferreira Tolentino
Eda Maria Góes
Elisabete Maniglia
Elisabeth Criscuolo Urbinati
Ildeberto Muniz de Almeida
Maria de Lourdes Ortiz Gandini Baldan
Nilson Ghirardello
Vicente Pleitez

Editores Assistentes
Anderson Nobara
Jorge Pereira Filho
Leandro Rodrigues

RITA LUCIANA BERTI
BREDARIOLLI

Ao revés do "pós"
Variações sobre temas de arte e educação

© 2013 Editora UNESP

Direitos de publicação reservados à:
Fundação Editora da UNESP (FEU)
Praça da Sé, 108
01001-900 – São Paulo – SP
Tel.: (0xx11) 3242-7171
Fax: (0xx11) 3242-7172
www.editoraunesp.com.br
feu@editora.unesp.br

CIP – Brasil. Catalogação na fonte
Sindicato Nacional dos Editores de Livros, RJ

B842a

Bredariolli, Rita Luciana Berti
Ao revés do 'pós': variações sobre temas de arte e educação / Rita Luciana Berti Bredariolli. São Paulo: Editora Unesp, 2013.

Recurso digital
Formato: epDF
Requisitos do sistema: Adobe Acrobat Reader
Modo de acesso: World Wide Web
ISBN 978-85-393-0475-2 (recurso eletrônico)

1. Educação – Brasil. 2. Arte na educação – Brasil. 3. Livros eletrônicos. I. Título.

13-04819

CDD: 707
CDU: 7(07)

Este livro é publicado pelo projeto Edição de Textos de Docentes e Pós-Graduados da UNESP – Pró-Reitoria de Pós-Graduação da UNESP (PROPG) / Fundação Editora da UNESP (FEU)

Editora afiliada:

Dedico tudo aquilo que deveria ter sido, e um dia será, àqueles que são meu ânimo, meu apoio, meus amores: meus pais Bernardetti e Eliseu, minha irmã Nathalia, companheira de sempre, e meus avós Clodomiro e Yolanda (in memoriam).

AGRADECIMENTOS

A todos aqueles que gentilmente compartilharam suas memórias para a construção desta história: Acácio Arouche, Ana Angélica Albano, Ana Mae Barbosa, Celso Delneri, Cláudia Toni, Fábio Cintra, Gláucia Amaral, Guto Lacaz, Helena Maffei, Ivani Gualda, Joana Lopes, Karen Müller, Lutero Rodrigues, Márcia Andrade, Marco Antonio Silva, Maria Christina Rizzi, Maria Cristina S. A. S. Cesco, Mariângela F. C. Marcondes, Paulo Montoro, Paulo Pasta, Paulo Portella e Sérgio Pizoli. Sem essas pessoas, esta história não seria escrita. Também à Maria Christina Rizzi, Ermelinda Pataca, Priscila Rossinetti Rufinoni, Rejane Coutinho e Sumaya Mattar pela leitura atenciosa deste texto, provocando muitas revisões.

À Ana Mae Barbosa, por toda a coragem.

"variação: apresentação de um mesmo trecho melódico com modificações estruturais que o tornam aparentemente novo; conjunto de mudanças que um fenômeno apresenta no curso do seu desenvolvimento, num determinado intervalo de tempo [...]

(Dicionário Houaiss)

"talvez a história universal seja a história da vária entonação de algumas metáforas."

(Jorge Luis Borges)

SUMÁRIO

Escavações no tempo   13

1 A teima moderna: informação, conhecimento,
   educação e arte em tempos de muitos "pós"   27

2 O "polêmico" festival de 1983   55

3 Do festival, temas (pós) modernos de arte e educação   137

Do tempo   247

Referências bibliográficas   257

ESCAVAÇÕES NO TEMPO

"A história é uma fonte inesgotável de cumplicidade."

(Ana Mae Barbosa)

"[...] a memória não é um instrumento que serviria ao reconhecimento do passado, mas que é antes o meio deste. Ela é o meio do vivido, assim como o solo é o meio no qual as cidades antigas jazem sepultadas. Aquele que busca aproximar-se de seu próprio passado sepultado deve se comportar como um homem que faz escavações [...]."

(Walter Benjamin)

"[...] o ato de desenterrar um torso modifica a própria terra, o solo sedimentado – não neutro, trazendo em si a história de sua própria sedimentação – onde jaziam todos os vestígios. O ato memorativo em geral, o ato histórico em particular, colocam assim fundamentalmente uma questão crítica, a questão da relação entre o memorizado e o seu lugar de emergência [...]."

(Georges Didi-Huberman)

14 RITA LUCIANA BERTI BREDARIOLLI

"Só há história anacrônica"[1]

O percurso traçado pela compreensão de uma experiência de ensino da arte ocorrida em 1983 resultou nesta narrativa, aqui em escrita. Movidos por uma afirmação, feita em retrospecto, revolvemos o tempo em busca de vestígios que nos levassem à sua averiguação. Do confronto entre esses vestígios e os vários pontos de vista contemporâneos[2] lançados sobre eles, escrevemos, a partir de nosso tempo presente, uma história, "re-(a)presentamos" a experiência. Tal percurso nos possibilitou reconsiderar o que nos moveu a escrevê-la. A história aqui escrita foi, nesse caso, um procedimento e não o objeto desta pesquisa. Foi tomada como caminho para localizá-lo e revelá-lo. Recriar uma história do XIV Festival de Inverno de Campos do Jordão – no sentido aqui de recolhimento e organização de registros fragmentados, esquecidos e outros rememorados – foi o trajeto escolhido para chegar ao estudo de uma experiência de arte e educação desenvolvida nesse evento.

A escolha por esse caminho foi, em princípio, determinada pela convicção sobre a importância de revolver o instituído e o fixado,[3]

---

1 Didi-Huberman, 2008, p.56

2 A memória de alguns dos participantes desse evento foi, neste livro, usada como fonte, subsidiando, em confronto com outras, esta escrita historiográfica. E também como testemunho eloquente na "re-(a)presentação" de cada um dos 14 festivais de inverno de Campos do Jordão, criados pelas "verdades" afetivas de cada sujeito. O caráter projetivo dessas "verdades" é considerado aqui. Beatriz Sarlo (2007, p.49), recorrendo a Paul Ricoeur, define como "tempo de base do discurso" o "presente da enunciação". Nesse tempo, é demarcado o princípio da narrativa e, por isso, é inscrito em sua constituição: "Isso implica o narrador em sua história e a inscreve numa retórica de persuasão (o discurso pertence ao modo persuasivo, diz Ricouer). Os relatos testemunhais são 'discurso' nesse sentido [...]. É inevitável a marca do presente no ato de narrar o passado, justamente porque no discurso o presente tem uma hegemonia reconhecida como inevitável e os tempos verbais do passado não ficam livres de uma 'experiência fenomenológica' do tempo presente da enunciação. 'O presente dirige o passado assim como um maestro os seus músicos', escreveu Ítalo Svevo. E, como observa Halbwachs, o passado se distorce para introduzir-se coerência'" (ibidem, p.49).

3 Clio, musa da história, era, como todas as outras musas, filha de Mnemosyne, a memória. Mnemosyne, irmã de Kronos, o tempo, foi gerada por Gaia e Uranos, a Terra e o Céu. De linhagem titânica, Mnemosyne e Kronos carregam a marca da

AO REVÉS DO "PÓS" 15

para revelar em escrita, sob a forma de uma história, algo encoberto pelo tempo, a fim de preservá-lo presente, não pelo texto,[4] mas pelo desdobramento de significados produzidos por cada uma das leituras que dele serão feitas. No transcorrer desses escritos, esse motivo foi confirmado por outro. Este, uma reação à persistência de uma entusiástica noção de "novo" como algo sem precedentes, sem passado, que deixa escapar a história, suprimindo referências capazes, estas sim, de contribuir para a construção de uma novidade.[5]

Essa história foi escrita como uma "ficção",[6] uma produção de sentidos, aptos a gerar muitos e muitos outros por sua leitura. Seguindo essa acepção, foram incorporados a essa escrita a

---

"insubmissão e violência, tempo, memória e história incessantemente questionam o instituído e o fixado" (Novaes, 1996, p.33).

4 Em "Morte da memória, memória da morte: da escrita em Platão", Jeanne Marie Gagnebin (1997) expõe questionamentos sobre escrita e memória, recorrendo ao *Fedro*. Nesse texto, Platão narra a polêmica entre os deuses Thot e Tamuz. O primeiro inventa a escrita e a defende como solução para os "problemas de registro e acumulação do saber"; o segundo, uma espécie de "rei-juiz arcaico", o contradiz ao afirmar que a escrita será de fato responsável pelo esquecimento, pois a confiança, antes depositada na "memória verdadeira", viva no interior da alma, será atribuída a "signos exteriores e estrangeiros". A esse argumento, segue-se a síntese de Tamuz para Thot: "não é para a memória, é para a rememoração que descobriste o remédio". Dessa exposição, Gagnebin (1997, p.55) remete-se à distinção entre as "categorias da filosofia platônica do conhecimento, especificamente a '*anamnese* e a *hypomnese*, a reminiscência da essência e a lembrança de escrita'".

5 Para esclarecer nossa compreensão de "novo", apoiamo-nos nas considerações de Georges Didi-Huberman (in Zielinsky, 2003, p.40), por sua vez envoltas pelas ideias de Walter Benjamin: "só inventa-se novos objetos históricos criando-se a colisão – o anacronismo de um Agora com um Outrora [...] só ganha sentido na história o que aparece no anacronismo, o anacronismo de uma colisão onde o Outrora encontra-se interpretado e 'lido', ou seja, posto à luz pelo advento de um Agora resolutamente novo".

6 "A história, *mãe* da verdade; a ideia é assombrosa. Menard, contemporâneo de William James, não define a história como indagação da realidade, mas como sua origem. A verdade histórica, para ele, não é o que aconteceu; é o que julgamos que aconteceu. As cláusulas finais – *exemplo e aviso do presente, advertência do futuro* – são descaradamente pragmáticas" (Borges, 1999, p.496). Para Seligmann-Silva (2003, p.17), a "historiografia trabalha em um campo tão infinito quanto o da memória, pois nunca haverá coincidência entre discurso e 'fato', uma vez que nossa visão de mundo sempre determinará nossos discursos e a reconstrução da história".

16 RITA LUCIANA BERTI BREDARIOLLI

imaginação, o esquecimento, as incoerências, as contradições, a inconstância, os pontos de vista, os "atos falhos, torneios de estilo, silêncios", próprios do movimento mnemônico (Seligmann-Silva, 2003, p.52). A escrita do passado neste texto é entendida como uma "re-(a)presentação".[7] Não pretendemos recuperar um "fato", pois os eventos passados não são aqui entendidos como blocos maciços, imóveis, passíveis de deslocamento tais como são, mas sim como acontecimentos "reais".[8]

Ao orientar este texto por essa compreensão de história, apresentamos registros e testemunhos[9] como pontos de vista, como representações, pequenas narrativas sobre trechos de um evento, partes de um

---

7 Paul Ricouer (2008), ao debater a relação entre passado e presente, implicada no movimento da lembrança e rememoração, apresenta os gêneros lembrança primária e lembrança secundária, a partir do texto de Husserl, publicado em 1905, *Leçons pour une phénoménologie de la conscience intime du temps*. Ao longo desse texto, impressão, retenção, duração e reprodução são discutidas sob o exemplo da música. Disso é sugerido que a "reprodução supõe que a lembrança primária de um objeto temporal como a melodia 'desapareceu' e voltou. A retenção ainda estava presa à percepção do momento. A lembrança secundária não é absolutamente apresentação; é re-(a)presentação; é a mesma melodia, mas 'quase ouvida'. A melodia há pouco ouvida 'em pessoa' é agora rememorada, re-(a)presentada. A própria rememoração poderá, por sua vez, ser retida na forma do que acabou de ser rememorado, representado, reproduzido. É a essa modalidade da lembrança secundária que se podem aplicar as distinções [...] entre evocação espontânea e evocação laboriosa, bem como entre graus de clareza. O essencial é que o objeto temporal reproduzido não tenha mais, por assim dizer, pé na percepção. Ele se desprendeu. É realmente passado. E, contudo, ele se desencadeia, faz seqüência com o presente e sua cauda de cometa. O que está entre os dois é o que denominamos lapso do tempo" (ibidem, p.52-3).

8 Seligmann-Silva (2003, p.16) define como "real" a "imersão ativa dos sujeitos de conhecimento no processo histórico".

9 Beatriz Sarlo (2007), em seu livro *Tempo passado*, faz uma crítica ao testemunho, a moda subjetiva que tomou conta da historiografia a partir dos anos de 1960 e 1970. Sarlo (2007, p.51) fala sobre a insuficiência do testemunho quando tomado como única fonte para a reconstrução histórica, pois o "discurso da memória, transformado em testemunho, tem a ambição da autodefesa; quer persuadir o interlocutor presente e assegurar uma posição no futuro; justamente por isso também é atribuído a ele um efeito reparador da subjetividade. É esse aspecto que salientam as apologias do testemunho como 'cura' de identidades em perigo".

AO REVÉS DO "PÓS" 17

todo, discursos pertinentes a um "lugar de enunciação".[10] Quem está falando sobre o XIV Festival de Inverno de Campos do Jordão? Qual é a sua relação com esse evento? A quem respondem quando emitem suas opiniões, suas reflexões, análises, quando selecionam ou editam aquilo que nos mostram? Essas indagações nos orientaram ao manipularmos os vestígios para a escrita dessa história. As respostas foram deixadas implícitas em referências aos nomes e às funções de cada testemunha. Advertimos ainda que, assim como os discursos apresentados, este, aqui escrito, também partiu de um "lugar de enunciação", do olhar por uma fresta.[11] e por isso composto por recortes, seleções e tendências. Por mais que se tenha procurado a isenção, sabemos que nem mesmo o método mais positivo deixa de incorrer no risco da parcialidade. Assim esclarecemos que a leitura deste trabalho também deve ser dirigida pelas questões aqui enunciadas, não somente sobre esta escrita como também sobre os "documentos"[12] usados ao longo deste texto, pois aqui estão

---

10 O "lugar de enunciação" é, segundo Beatriz Sarlo (2009), o "lugar do eu" que define o ponto de vista a partir do qual é construída a "memória em primeira pessoa". Toda história é escrita a partir da escolha de um ponto de vista, por isso parcial. Algo sempre se perde da fresta criada pela seleção de um olhar: "O historiador, assim como o novelista, é consciente dessa eleição, do recorte e das elipses. No caso da memória em primeira pessoa, a eleição se dá de antemão. [...] Não se trata de uma escolha, mas de um lugar de enunciação desde o momento no qual se decide falar em primeira pessoa" (ibidem). Didi-Huberman (2005), ao propor reflexões sobre o ato memorativo, usando como apoio as ideias de Walter Benjamin, não se refere a um "lugar de enunciação", mas a um "lugar de emergência". Ao buscar a aproximação com nosso próprio passado, devemos fazer escavações, como em um procedimento arqueológico, segundo Benjamin. Dessa ideia, Didi-Huberman (2005) propõe que, ao escavarmos, revolvemos o "solo originário" do objeto memorizado. Esse *"seu lugar,* agora aberto, visível, mas desfigurado pelo fato mesmo de pôr-se a descoberto", jamais será o mesmo, nunca o teremos como tal e por isso acabamos "condenados às recordações encobridoras, ou então a manter um olhar crítico sobre nossas próprias descobertas memorativas, nossos próprios *objets trouvés"* (ibidem, p.174-76).

11 "[...] a disciplina histórica se localiza longe da utopia de que sua narração pode incluir tudo. Opera por elipses, por motivos metodológicos e expositivos" (Seligmann-Silva, 2003, p.16).

12 Documento entendido aqui como dependente de "causas humanas que não escapam de forma alguma à análise, e os problemas postos por sua transmissão" (Bloch apud Le Goff, 2006, p.534). Portanto, não pretendemos usá-lo como um "feliz instrumento" capaz de "reconstituir o que os homens fizeram ou disseram,

18 RITA LUCIANA BERTI BREDARIOLLI

para provocar dúvidas, questionamentos, críticas, polêmicas, enfim, para gerar outras histórias.

Solo para uma experiência: o XIV Festival de Inverno de Campos do Jordão

Podemos considerar esse XIV Festival como uma fratura num certo *continuum*[13] de uma história iniciada em 1970, no "resplendor" da ditadura militar brasileira.

Em 40 anos de vida dos festivais de inverno de Campos do Jordão, o de 1983, a sua 14ª versão, foi singular. Singular por sua concepção, programação e relação com o entorno político e educacional de sua época.

Diferentemente de todos os seus antecessores e sucessores, o XIV Festival de Inverno de Campos do Jordão – organizado por três mulheres: Cláudia Toni, Ana Mae Barbosa e Gláucia Amaral – foi concebido para professores de arte da rede pública de ensino estadual e do município de Campos do Jordão. Esse novo modelo compreendia o objetivo de reestruturação do ensino de arte vigente no estado de São Paulo, pela transformação desse festival em espaço de formação para um público com potencial multiplicador.

A programação cultural desse festival de 1983 foi ampliada. Além das tradicionais apresentações de concertos de música "erudita", músicos e grupos musicais "populares", exibições de peças teatrais, cinema, dança e exposições de artes plásticas foram integrados ao seu programa.

---

o que é passado e o que deixa apenas rastros", como uma "matéria inerte", sobre a qual atribuímos uma fala, mas como elemento de um "tecido documental", do qual é possível inferir "unidades, conjuntos, séries, relações". Dessa "materialidade documental", escrevemos uma história (Foucault, 2000a, p.7-8).

13 Para Walter Benjamin (apud Novaes, 1996, p.241), a "consciência de fazer explodir o *continuum* da história caracteriza as classes revolucionárias no instante de sua ação".

AO REVÉS DO "PÓS" 19

Pelos cursos criados para os professores, pelas atividades por eles propostas e pelos conceitos implicados, o XIV Festival de Inverno de Campos do Jordão foi considerado como "laboratório" de uma concepção de ensino da arte "pós-moderna",[14] reativa às consequências da "Educação Artística", praticada ao longo da década de 1970.

O ano de 1983, ano de realização do XIV Festival de Inverno de Campos do Jordão, era o primeiro do mandato do governador eleito André Franco Montoro. Ano considerado de "redemocratização", de "reabertura" política, depois de quase 20 anos de ditadura militar. Um

---

14 A compreensão da experiência de ensino da arte ocorrida em 1983, durante o XIV Festival de Inverno de Campos do Jordão, como de "orientação pós--moderna", foi anunciada em retrospectiva. Ao final do festival, ainda em 1983, ele foi apresentado como "célula *mater*" de um amplo processo de atualização de professores (Barbosa, 1983a). Em 1984, ao fazer uma avaliação sobre o XIV Festival de Inverno de Campos do Jordão, Ana Mae Barbosa (1984) aborda temas comuns aos categorizados como "pós-modernos" no âmbito do ensino da arte, mas não atribuiu ao evento tal denominação. Anos depois, em 1991, ao expor a "situação conceitual do ensino da arte no Brasil" durante os anos de 1980 e a projeção de expectativas futuras, Barbosa (1991, p.13) cita mais uma vez o XIV Festival de Inverno de Campos do Jordão, então como um "programa pioneiro", pois foi o "primeiro a conectar análise da obra de arte e/ou da imagem com história e com o trabalho prático". A designação do XIV Festival como um "evento de orientação educacional pós-moderna no ensino da arte" aparece em uma publicação de 1998, quando é mencionado como lugar das "primeiras experiências" que "investigaram as possibilidades de desenvolvimento, ao mesmo tempo, da capacidade de construção estética e da capacidade de percepção do meio ambiente" (Barbosa, 1998, p.114). Nesse texto, as oficinas desenvolvidas durante o Festival de 1983 são definidas como um "marco histórico do ensino da arte no Brasil" por enfatizarem a "decodificação e apreciação da cultura e do ambiente natural". Essa ênfase seria a responsável pela designação de sua "orientação educacional" como "pós-moderna". Por fim, em entrevista concedida em 26 de janeiro de 2007 à autora deste livro, Ana Mae Barbosa se remete ao XIV Festival como um "laboratório extraordinário" para ampliação de questões presentes em outras ações como na "Escolinha de Arte de São Paulo" e na "Semana de Arte e Ensino" de 1980, na Universidade de São Paulo, já que, "em Campos, esta diferença do moderno para o pós-moderno está na ênfase em crítica [...] ênfase no contexto e ênfase na leitura, no sentido de Paulo Freire, de maneira geral. Leitura em vários níveis. Leitura inclusive, da biblioteca que organizamos; leitura da própria cidade; leitura da coleção de arte do Palácio de Campos do Jordão [...]".

20 RITA LUCIANA BERTI BREDARIOLLI

ano "eufórico" pela possibilidade de mudanças políticas. O festival de 1983 nasce em meio à "euforia". Sua nova configuração encontrava a nova configuração política: um Estado "democrático", "aberto" à participação popular. Para tanto, rompeu com o modelo que previa um festival restrito à música "erudita", à formação de jovens instrumentistas e a um público seleto, integrando à sua nova versão artistas populares e mais de 400 professores da rede pública de ensino. Isso lhe rendeu a qualificação "populista".

Em 1984, o XV Festival de Inverno de Campos do Jordão volta ao seu antigo formato, novamente sob a coordenação do maestro Eleazar de Carvalho. O festival de 1983 foi extinto, re(e)sistindo na memória de seus participantes, nos artigos de jornais, em imagens fotográficas e nas páginas de um livro publicado em comemoração aos 40 anos desse evento: *Música nas montanhas: 40 anos do Festival de Inverno de Campos do Jordão* (2009).[15]

Reconstruir uma história do XIV Festival de Inverno de Campos do Jordão foi o caminho escolhido para averiguar a "re-(a)presentação" desse evento como um "laboratório" de elaboração e experimentação de ideias e ações dotadas de um novo paradigma de ensino da arte, próprio às questões artístico-educacionais geradas por uma nova "ordem conceitual" designada "pós-moderna". Entendemos que tais questões ainda nos são pertinentes. Não as superamos, não as resolvemos, permanecem na "ordem do dia", submetidas, sim, à variação ocasionada por seu choque com o "agora".

O termo "pós-moderno" é usado neste texto como categorização histórica e histórico-educacional. Usado, portanto, como referência ao abordarmos um conjunto de enunciados, compreendidos – em posição

---

15 Nesse livro, um capítulo inteiro é dedicado ao festival de 1983, apresentado como "Vozes dissonantes no Festival". Vinte e duas páginas são dedicadas ao evento, ilustradas com imagens de autoria de Sérgio Pizoli, integrantes de seu acervo pessoal. O arranjo visual e o espaço dedicado ao festival de 1983 – único a ter um capítulo inteiro nesse livro – contribuíram para caracterizá-lo como destaque entre as outras edições. A inclusão de imagens coloridas de crianças e ações performáticas criou um conjunto vibrante em oposição a uma austeridade criada pelos pretos, brancos e cinzas, predominantes nas outras páginas dessa publicação.

AO REVÉS DO "PÓS" 21

anacrônica ainda – como concernentes aos fenômenos de nosso tempo, apesar de sua aparente superação pela produção de outros discursos.[16] Neste livro, apresentaremos as características reunidas por essa categorização histórica, assim como as do ensino da arte "pós-moderno", junto à sua elucidação e ao relacionamento com as experiências desenvolvidas durante o XIV Festival de Inverno de Campos do Jordão. Para tanto, temas como "multiculturalismo" e "leitura" da imagem e do "contexto" são abordados e apresentados em sua multiplicidade de sentidos, agregados ao longo do tempo.

Ao construirmos uma "re-(a)presentação" de uma parte de nossa história política, educacional e cultural, bem como uma "re-(a)presentação" de uma parte da história do ensino de arte brasileiro, buscamos o esclarecimento de elementos componentes de uma forma de conceber a relação entre arte, seu ensino e sua aprendizagem, integrante da literatura que embasa, em dimensão pública, a nossa rotina, atual, de professores de arte.

Imagens, catálogos dos Festivais de Inverno de Campos do Jordão de 1970, 1973, 1981, 1982, 1983 e 1984, bem como textos de jornais e revistas referentes tanto à edição de 1983 como às de anos anteriores e seguintes, contribuíram para a "re-(a)presentação" dessa história.

Entrevistas semiestruturadas realizadas com alguns dos participantes desse XIV Festival tornaram-se fundamentais para este texto. Inicialmente foram entrevistados os coordenadores das oficinas, seguindo a ênfase deste texto: a análise da concepção artístico-pedagógica desse festival de 1983. Posteriormente, foram procurados os professores e jornalistas mencionados nessas primeiras entrevistas e aqueles que deixaram registros escritos sobre esse evento de 1983. Nem todos

---

16 Respaldamo-nos, ao defendermos essa atualização do termo "pós-moderno", no enunciado por Frederic Jameson (2004, p.72): "É preciso insistir na diferença radical entre uma visão do pós-modernismo como um estilo (opcional) entre muitos outros disponíveis e uma visão que procura apreendê-lo como a dominação da lógica cultural do capitalismo tardio. Essas duas abordagens, na verdade, acabam gerando duas maneiras muitos diferentes de conceituar o fenômeno como um todo: por um lado o julgamento moral (não importa se positivo ou negativo) e, por outro, tentativa genuinamente dialética de se pensar nosso tempo presente na história".

responderam ou permitiram a inserção de seu testemunho, forçando – e acreditamos ser essa uma qualidade positiva deste trabalho – a manutenção de muitos caminhos a serem ainda explorados, quem sabe e esperamos, por leitores dessa história.

O grupo de imagens coletadas compreende registros fotográficos feitos em *slides*, com exceção de uma fotografia do conjunto do acervo pessoal de Guto Lacaz, orientador da oficina "Introdução à linguagem do *videotape*". A maior parte dos registros usados para a realização dessa história é do acervo pessoal de Sérgio Pizoli, integrante da equipe responsável pelas atividades pedagógicas do festival de 1983. Pizoli foi autor da grande maioria dos registros visuais do XIV Festival de Inverno de Campos do Jordão, compondo representações dos cursos práticos e das atividades culturais incluídos na programação desse evento.

Além desses *slides*, foram usadas como "documentos" visuais as páginas dos catálogos da primeira edição desses festivais, realizada por Camargo Guarniere em 1970, pertencente ao acervo pessoal do maestro Lutero Rodrigues, diretor artístico dos festivais de 1987, 1988, 1989 e 1990. Os catálogos do Festival de Inverno de 1973, o primeiro sob direção artística de Eleazar de Carvalho, o de 1984, quando o Festival de Inverno de Campos do Jordão retoma seu antigo modelo, e mais os de 1981 e 1982, fornecidos pela equipe editorial do livro *Música nas montanhas: 40 anos do Festival de Inverno de Campos do Jordão*, também foram usados como fontes, além do material do XIV Festival, que faz parte do acervo pessoal de Ana Mae Barbosa.

Ao usarmos tais imagens como fontes para a composição dessa história, consideramos, além de seu aspecto formal, a circunstância de sua origem e circulação, pois entendemos que as imagens não possuem significações em si mesmas, mas sim na interação com um meio, num dado tempo e lugar, incluindo o nosso. Portanto, essas imagens foram usadas em relação ao seu tempo e lugar de produção, circulação e consumo, numa interação entre um passado vislumbrado e a recepção presente.

Tais "documentos", além das fontes escritas e orais, compreendidas pelos textos de catálogos, jornais, revistas e entrevistas, transformaram-

AO REVÉS DO "PÓS" 23

-se em histórias ao serem abordadas seguindo as três etapas definidas por Laurence Bardin (apud Triviños, 1990): pré-análise; exploração do material; e tratamento dos resultados, a inferência e a interpretação. Durante a "pré-análise", fez-se a escolha dos documentos a serem analisados, formularam-se as hipóteses e os objetivos, e elaboraram-se os índices que fundamentaram a interpretação final, não necessariamente nessa ordenação sucessiva. Tais ações, interdependentes, ocorreram simultaneamente durante todo o processo de execução dessa primeira etapa do trabalho.

A sistematização das decisões tomadas na fase anterior foi realizada durante a "exploração do material", constituída pelas operações de codificação, descarte ou enumeração, em relação a critérios previamente estabelecidos.

A essa etapa, seguiu-se o "tratamento dos resultados", quando foram atribuídos significados sobre o material organizado em estado bruto. Esse foi o momento de produção de inferências e interpretações. Aqui mais uma vez consideramos a mensagem em relação ao emissor e receptor. Por quem foi feita essa mensagem e para quem? Somou-se a esses questionamentos a preocupação com o próprio conteúdo da mensagem formado por seus códigos, os quais de maneira descritiva e formal referem-se às palavras escolhidas, ou, no caso das imagens, seus elementos de composição. Dessas inferências, decorreram as interpretações que deram voz às fontes e corpo a este livro. A interpretação decorreu da comparação entre fontes diversas e entre as fontes e o referencial teórico usado como fundamentação para todo esse processo. Referencial levantado, seguindo os temas relacionados à história pretensa, tais como os conceitos de "moderno", "pós-moderno"; as concepções "moderna" e "pós-moderna" de ensino da arte; "multiculturalismo", cultura "popular" e cultura "erudita"; e "leitura" de imagem.

Três capítulos, além de "Introdução" e "Conclusão", compõem a história aqui narrada. O primeiro, a princípio, discute, ante o panorama designado "pós-moderno", a relação entre informação e conhecimento, apresentando as implicações desse relacionamento para a transição de um modelo "moderno" para um modelo "pós-moderno" de educação.

Trata-se de uma discussão mais abrangente, em busca da situação de discrepâncias características de nossos tempos, do choque entre valores e procedimentos determinados por uma instituição gerada pela modernidade, o sistema escolar, e as mudanças ocasionadas pela configuração de um outro "contexto", tornado nosso. Autores como Jean-François Lyotard, Terry Eagleton, Lawrence Kramer, Robert Kurz e Celso Favaretto integram as discussões desse capítulo por suas contribuições para as reflexões sobre a ordem conceitual "pós--moderna" e sobre o embate entre os problemas postos pela atual conjuntura educacional e os procedimentos, ainda "modernos", usados – pois familiares – como recurso de solução, evidenciando as agruras resultantes desse confronto.

Depois desse preâmbulo sobre as "venturas e desventuras 'pós--modernas'", ativemo-nos ao ensino da arte. Nesse momento, aborda--se a caracterização de duas formas de pensamento sobre o ensino da arte: "moderna" e "pós-moderna". Para esse debate, recorremos às ideias de arte-educadores como Ana Mae Barbosa, Rachel Mason, Arthur Efland, Kerry Freedman, Patrícia Sthur e Imanol Aguirre Arriaga, destacando, de seus discursos, a reincidência desse descompasso entre os problemas pertinentes a uma era "pós-moderna", a "era inter", e as soluções para eles apresentadas, ainda firmadas em um modelo "moderno".

O segundo capítulo é dedicado à configuração, aos objetivos e à conceituação do XIV Festival de Inverno de Campos do Jordão, bem como às várias e contraditórias representações desse evento, enunciadas pelos jornais que circulavam na época de sua realização. A parte inicial desse capítulo define, em traços rápidos, a situação da Educação Artística durante a década de 1970, motivo da organização do "Movimento Arte-Educação", responsável, ao longo dos anos de 1980, por várias ações dirigidas ao fortalecimento político e conceitual da área do ensino da arte, em busca da criação e afirmação de uma "identidade" para os seus profissionais. A Semana de Arte e Ensino, realizada em 1980, e outros três "Simpósios de História do Ensino da Arte", entre os anos de 1984 e 1989, integraram tais ações, junto com o próprio Festival de Inverno de Campos do Jordão de 1983.

As características das ações pedagógicas componentes desse evento de 1983, compreendidas como comuns ao pensamento "pós-moderno" sobre ensino da arte, são abordadas ao longo do terceiro capítulo. Especificamente duas são temas de um debate mais extenso: o "multiculturalismo" e a "leitura" – de imagem e "contexto" – fundamentada nas ideias do educador Paulo Freire, nome recorrente no discurso de alguns dos participantes desse festival.

No terceiro capítulo, abordam-se ainda aspectos relacionados ao término do XIV Festival de Inverno de Campos do Jordão e às reverberações das experiências ocorridas durante esse evento, eloquentes em reincidentes discursos sobre mudanças.

Voltar-se ao passado é ato profícuo quando no sentido de uma "anamnese", uma "perlaboração". Como na condição de um arqueólogo, revolver solos em atenção ao revelado pelo choque entre o "outrora" e o "agora".

A história aqui "re-(a)presentada" em escrita justifica-se nesse movimento. É o relato de uma procura por respostas possíveis às demandas de um trecho de tempo, caracterizado por muitas reivindicações de "fins", induzidos por um prefixo: "pós". Um tempo caracterizado pela dúvida e pelo paradoxo, ao arrastar consigo o que insiste superado. Tempo construído em abismo (Sarlo, 2008, p.113-35) pela especulação ao infinito daquilo que contesta, multiplicando, em reflexos distorcidos outras verdades, outras metanarrativas, outras universalidades, outros limites, outros discursos de legitimação.

Sem mais certezas – ou confianças utópicas –, à deriva. Buscamos solos. Ao revés do "pós", escavamos o tempo, atentos não a uma "fonte" ou "gênese", mas aos fragmentos emersos, na dupla forma de restauração e incompletude, da perturbação no "fluxo do devir" (Benjamin, 2004).

1
A TEIMA MODERNA:
INFORMAÇÃO, CONHECIMENTO, EDUCAÇÃO E ARTE EM TEMPOS DE MUITOS "PÓS"

"Uma obra não pode tornar-se moderna se não for primeiro pós-moderna. O pós--modernismo assim entendido não é o modernismo em seu fim, mas no estado nascente, e este estado é recorrente. [...] Pós-moderno seria compreender segundo o paradoxo do futuro (pós) anterior (modo)."

(J-F. Lyotard)

"E quanto ao dia que virá depois do amanhã? Ihab Hassan, ideólogo do pós--modernismo, lamenta a obstinada recusa da modernidade a se extinguir [...] aqueles que estão à espera do final da era moderna deverão aguardar um tempo interminável."

(Berman, 2000)

Venturas e desventuras "pós-modernas"

Concordamos que categorizações históricas homogeneízam diferenças, forçando unificações (Kossovitch, 1998). Consideramos, a partir desse acordo, que para construir uma história, do modo como a entendemos, é preciso realizar um "trabalho negativo", questionar

28 RITA LUCIANA BERTI BREDARIOLLI

[...] essas sínteses acabadas, esses agrupamentos que, na maioria das vezes, são aceitos antes de qualquer exame, esses laços cuja validade é reconhecida desde o início; é preciso desalojar essas formas e essas forças obscuras pelas quais se tem o hábito de interligar os discursos dos homens. (Foucault, 2000a, p.24)

Entretanto, compreendemos tais categorias como outros "fatos de discurso" e assumimos seu caráter funcional como referência de um determinado conjunto de fenômenos, selecionados, agrupados e devolvidos na articulação de outros mais discursos.[1] Sabemos que alguns contestam os termos "pós-moderno" e "pós--modernismo".[2] Jean-François Lyotard (1989, p.33-4), por exemplo, afirma que qualquer periodização em termos de "pré" e "pós" é fútil pelo fato de que tais prefixos, supondo um antes e um depois, não resolvem o "agora", o presente, fundamental para compreensão de acontecimentos em um espaço de tempo. Lyotard (1989) propõe, ao invés da ideia de uma superação da modernidade criada pelo prefixo "pós", uma "perlaboração", designando nossa era como a de uma "reescritura da modernidade". Segundo sua concepção, a pós--modernidade não é uma "era nova", é a "reescrita de alguns traços reivindicados pela modernidade". Gilles Lipovetsky (apud Kehl in Novaes, 2004, p.235) usa, em oposição ao termo "pós-moderno", a

---

1 "De qualquer maneira, esses recortes [...] são sempre eles próprios, categorias reflexivas, princípios de classificação, regras normativas, tipos institucionalizados: são, por sua vez, fatos de discurso que merecem ser analisados ao lado dos outros, que com eles mantêm, certamente, relações complexas, mas que não constituem seus caracteres intrínsecos, autóctones e universalmente reconhecíveis" (Foucault, 2000a, p.25).

2 Ana Mae Barbosa, ao introduzir uma coletânea de textos sobre o assunto, expõe sua condição polêmica, afirmando que, para "alguns, o pós-modernismo já passou; para outros, nunca existiu; e muitos acham uma bobagem discutir as diferenças entre modernismo e pós-modernismo" (Guinsburg; Barbosa, 2005, p.18). Frederic Jameson (2004, p.25) diz que o "pós-modernismo", além de contestado, carrega em si, o conflito e a contradição, por isso torna-se necessária a reapresentação dessas "contradições internas", bem como de seus "dilemas" e "inconsistências de representações", sempre que empregamos tal conceito. Não podemos defini-lo e usá-lo com a "consciência tranquila".

palavra "hipermodernidade", a fim de marcar a ideia de que nossos paradigmas ainda são modernos, não o superamos, apenas foram intensificados pelas mudanças tecnológicas e comportamentais geradas a partir dos anos 1950, o período que compreende os anos do pós-Segunda Guerra Mundial.

Frederic Jameson (2004, p.13), por sua vez, define "pós-moderno" como uma "tentativa de pensar historicamente o presente em uma época que já esqueceu como pensar dessa maneira". Por isso, um conceito caracterizado pela ambiguidade: por um lado, "'exprime' (não importa se de modo distorcido) um irreprimível impulso histórico"; por outro, "efetivamente o 'reprime' e desvia" (ibidem).

No entanto, independentemente de qualquer assertiva sobre "pós-moderno" – ou "pós-modernismo"[3] –, esse termo adentrou uma certa literatura especializada sobre o nosso cenário pós-Segunda Guerra Mundial, expandindo-se para o cotidiano. Ganhou espaços no pensamento contemporâneo, e, por isso, alguns como Perry Anderson (1999) acabaram por historiá-lo, atribuindo-lhe uma origem durante a década de 1930, no mundo hispânico. De acordo com esse autor, o termo foi usado, num primeiro momento, por Federico de Onís, para classificar um "refluxo conservador dentro do próprio modernismo".

Outro autor que buscou uma delimitação temporal para esse conceito foi Luiz Nazario (in Guinsburg; Barbosa, 2005, p.23) que cita, sem precisar essa data como a de origem, o ano de 1938, quando o historiador Arnold Toynbee emprega "pós-modernismo" para determinar um novo momento, iniciado em fins do século XIX; uma época marcada pelo "declínio do individualismo, do cristianismo e do capitalismo burguês"; época da emergência de uma nova "civilização de massas", imperativa de "valores do gregarismo, do taylorismo e do hedonismo". Esse "pós-modernismo" seria, entretanto, um "modernismo requentado", uma reprodução de experimentos e procedimentos modernos.

---

3 Alguns autores usam "pós-moderno", "pós-modernismo" e "pós-modernidade" para demarcar especificidades fenomênicas. Frederic Jameson (2004) define "pós-modernismo" como a "consciência pós-moderna". David Lyon o vincula a um "conceito de cultura", distinguindo-o de "pós-modernidade", para ele, um "conceito de sociedade" (Guinsburg; Barbosa, 2005, p.24).

Ao discutir as "origens do pós-moderno como modelo de compreensão de mundo" (ibidem, p.88), Ricardo Timm de Souza remete-se a Perry Anderson, reitera a origem do termo e afirma sua ligação a uma geração de poetas de língua hispânica, cuja maturidade era coincidente com a Guerra Civil Espanhola. Cita, como Anderson (1999), Federico de Onís como o primeiro a fazer uso da palavra em oposição ao movimento "ultramodernista", representado por García Lorca, por exemplo. Timm (in Guinsburg; Barbosa, 2005, p.88) aproxima-se das reflexões de Nazario ao afirmar que esse movimento de oposição, o *postmodernismo*, seria um "'refluxo conservador' no modernismo, um retorno a um intimismo reativo ao ultramodernismo e seu vigor universal". O próprio Lorca faria parte desse movimento de oposição, assim como Pablo Neruda, Jorge Luis Borges e Vallejo.

Ainda em descrição ao trajeto do vocábulo "pós-moderno" e seus derivantes, Timm de Souza menciona o ano de 1959, quando foi usado em "sentido negativo", nas delimitações das ciências sociais; C. Wright Mills o teria utilizado então em um sentido posteriormente vulgarizado: "como sugestão de decadência de uma época e das ideias que a sustentam" (ibidem). Esse mesmo sentido negativo é conferido por Harry Levin como qualificação de uma "espécie de literatura" comprometida com o "artista e o burguês", criada na "encruzilhada de cultura e comércio", inaugurando definitivamente a "tendência de utilização dos termos 'pós-moderno', 'pós-modernidade', 'pós-modernismo' como categorias pejorativas de referência cultural" (ibidem).

O termo "pós-moderno", usado como categoria de época e não estética, teria integrado o vocabulário inglês 20 anos depois. Ao longo do tempo, o termo se espalha adquirindo uma multiplicidade semântica própria da rotinização[4] de qualquer conceito. Ana Mae Barbosa (in Guinsburg; Barbosa, 2005, p.18) compreende essa multiplicidade conceitual em relação a uma "flutuação contextual", a qual provê de ambiguidade e controvérsia qualquer definição. O "pós-modernismo",

---

4 Antonio Candido (2000, p.182) afirma ter tomado o termo rotinização no sentido empregado por Max Weber ao estudar as alterações de carisma, "momento onde o excepcional se torna usual".

segundo a autora, tem como características a controvérsia e tolerância à ambiguidade, inconstância e instabilidade. Qualidades que, segundo Marshall Berman (2000), eram parte de um mundo ainda moderno, no qual "tudo que é sólido se desmancha no ar".[5] Essa controvérsia em torno do "pós-moderno" denota, no próprio termo, uma das características que congrega: a impossibilidade de constituir certezas, de criar um terreno seguro por sobre o qual pudéssemos estabelecer discernimento crítico, ético, abrindo espaço para um discurso relativista. A ideia de que todos e quaisquer pontos de vista são válidos é sustentada em nome de uma "liberdade" de opinião, que, em vez de assumir as aporias e lidar com ela – outra reivindicação "pós-moderna" –, coíbe a argumentação, por aplanar as contradições, as incertezas, os paradoxos, os impasses. Assim, o que aclamamos como "liberdade" revela-se um tipo dissimulado de totalitarismo.[6]

Nessa nova "era das maravilhas" (Kenseth, 1991), agora fascinados pelo acesso à quantidade infinda de informações, experimentamos a sensação de conhecer tudo sobre qualquer assunto. O incômodo que leva à pesquisa, à busca por conhecer algo, é desfeito em segundos. Leva o tempo de um *link* ao outro.

---

5 Título de um livro de Marshall Berman (2000), cujo tema é a modernidade e seus paradoxos. O título se remete a uma frase de Karl Marx e aponta para a instabilidade sentida pelo homem moderno, entre outras coisas, pela alteração de seu ritmo de vida.

6 Ao falar de um triste fenômeno da nossa cultura "pós-moderna", os massacres em escolas, Robert Kurz (2002b) cita Hannah Arendt e o conceito de "autoperdição", ou "perda de si mesmo", usado ao abordar a "frieza social", como "frieza de si mesmo". Para Kurz (2002b), essa "cultura da autorperdição", referida por Arendt aos "regimes políticos totalitários, [...] se reencontra hoje, de forma muito mais pura, no totalitarismo econômico do capital globalizado".

A espetacular "Sociedade da Informação":[7] retorno à Babel?

> *"Quando se proclamou que a Biblioteca abarcava todos os livros, a primeira impressão foi de extravagante felicidade. Todos os homens sentiram-se senhores de um tesouro intacto e secreto. Não havia problema pessoal ou mundial cuja eloquente solução não existisse: em algum hexágono. O universo estava justificado, o universo bruscamente usurpou as dimensões ilimitadas da esperança [...]. À desmedida esperança, sucedeu, como é natural, uma depressão excessiva. A certeza de que alguma prateleira em algum hexágono encerrava livros preciosos e de que esses livros preciosos eram inacessíveis afigurou-se quase intolerável [...]. Conheço distritos em que os jovens se prostram diante dos livros e beijam com barbárie as páginas, mas não sabem decifrar uma única letra."*
>
> (Borges)

O conto "A biblioteca de Babel", do argentino Jorge Luis Borges (1999), é uma alusão, comumente reivindicada, quando conhecimento e informação são tomados como temas de um debate. A citação recorre pela ideia de universalidade, sugerida no conto. A biblioteca (o universo), "ilimitada e periódica", conteria o todo, talvez infindo,

---

7 A "Sociedade da Informação" coincide com a "Sociedade do Espetáculo", definida por Guy Debord no final dos anos 1960. Precisamente, 1967, quando seu livro *A sociedade do espetáculo* foi lançado. A condição espetacular dessa "era" não estava no "abuso de um mundo da visão", não era o "produto das técnicas de difusão maciça das imagens". O "espetáculo" era para Debord (2004, p.13-4) a "relação social entre pessoas, mediada por imagens". De acordo com autor, a "vida das sociedades nas quais reinam as modernas condições de produção se apresenta como uma imensa acumulação de *espetáculos*. Tudo o que era vivido diretamente tornou-se uma representação" (ibidem).

AO REVÉS DO "PÓS" 33

conhecimento já produzido. Por conter o todo – composto por "todas as combinações dos vinte e cinco elementos de base" – possibilita a "inteligibilidade do mundo". A "biblioteca" sugere, assim, o "racionalismo absoluto" e a "ideia de uma língua universal". A utopia da linguagem universal, o "graal da 'biblioteca de Babel'" de Borges, foi reavivada em nossa sociedade no pós-Segunda Guerra Mundial, pela "formação das crenças no poder miraculoso das tecnologias informacionais" (Mattelart, 2002, p.9).

A crença em um "novo universalismo" é apenas um dos efeitos das transformações causadas pelo desenvolvimento das tecnologias de produção, armazenamento e divulgação das informações, causa da configuração de um novo "padrão sociotécnico-econômico" (Lastres; Albagli, 1994, p.290-313).

Gilberto Dupas (2000, p.108-9) localiza a origem desse "novo" modelo social, a "Sociedade" ou "Era da Informação" em fins dos anos 1960,[8] relacionando-a a um processo de desarticulação da "correlação das forças entre classes sociais" pela "instauração de uma nova situação estrutural do conflito capital/trabalho". O modo de produção é substituído pelo "modo de informação", havendo um deslocamento da mão de obra para o trabalho intelectual. O trabalho adquire um caráter abstrato. Amplia-se a forma terceirizada, o trabalho é feito à distância. Esse processo, segundo Dupas (2000, p.108-9), levou ao "desemprego, à precarização do trabalho, à concentração de renda e à exclusão social".

A "Sociedade da Informação", rearranjada pelo desenvolvimento tecnológico dos meios informacionais, não foi constituída pelo ideal filosófico de "aproximação dos povos" (Mattelart, 2002, p.16), mas

---

8 Armand Mattelart (2002) atenta para a necessidade de recuperar a formação histórica dessa "nova ideologia", naturalizada pela imposição de uma celeridade temporal, dominante em nossa época. Para o autor, a "Sociedade da Informação" começa a se conformar nos séculos XVII e XVIII. Mas, somente em 1975, a Organização de Cooperação e de Desenvolvimento Econômico (OCDE) inaugurou esse conceito. Dois anos depois eram organizadas as primeiras audiências sobre a "Era da Informação", por uma comissão presidida pelo senador George McGoven.

34 RITA LUCIANA BERTI BREDARIOLLI

pela voracidade de uma economia de mercado interessada em romper fronteiras para assegurar sua livre expansão.[9] O "universalismo" proferido resultou em uma espécie de "totalitarismo", articulado por quem detém os meios de produção e difusão da informação.[10] Para os países "periféricos", o acesso à informação limita-se à facilitação da compra dos meios. Na "Sociedade da Informação", o "universalismo" torna-se *marketing*; o saber, mercadoria. O saber, na "Era da informação", adquire a "forma valor". Sua produção alimenta a venda e o seu consumo movimenta novas produções. Perdeu a finalidade em si mesmo, ao ser transformado em "principal força de produção". A "hegemonia da informática" alterou não somente os "enunciados aceitos como de 'saber'", mas também o próprio conceito de "saber". A aquisição do saber não é mais indissociável da "formação do espírito" (Lyotard, 2004, p.4-5). Assumiu a agilidade da circulação de produtos: facilmente consumível e descartável.

Produtos e informações lançados em ritmo vertiginoso alteram nossos "hábitos de pensamento", interferindo em nossos "interesses: as coisas sobre as quais pensamos. Alteram o caráter de nossos símbolos: as coisas com as quais pensamos. E alteram a natureza da comunidade: a arena na qual os pensamentos se desenvolvem" (Postman, 1992, p.28-9). Velhos conceitos adquirem rápida e continuamente significados novos, sem nos oferecer o tempo necessário para apreendê-los. As palavras, por sua rotina de uso e recepção, adquirem múltiplos significados, levando a ideia de consenso universal à obsolescência. Para Lyotard (2004), nenhum consenso resolveria

---

9 "No final de fevereiro de 1995, os países mais ricos, no G7, ratificaram em Bruxelas o conceito *global society of information*, ao mesmo tempo reiteraram, solenemente, sua vontade de chegar o mais rápido possível à libertação dos mercados das telecomunicações" (Mattelart, 2002, p.132).

10 Os Estados Unidos foram a liderança nesse projeto universal, o centro de irradiação das novidades tecnocientíficas e da cultura de massas. Segundo Mattelart (2002, p.101-2), "seu universalismo se explica pelo fato de que a sociedade americana 'comunica-se', mais que qualquer outra, com o mundo inteiro. Ela é a principal propagadora da revolução tecnoeletrônica. Prova disso: foram eles que, pelo estabelecimento dos sistemas via satélite, mais fizeram para construir uma 'grade mundial de informações'".

a profusão de sentidos veiculados pelos enunciados correntes na coletividade. Como alternativa, a conquista de uma ideia e prática de justiça desvinculada do consenso.

Enquanto Lyotard (2004) reivindica a validade do dissenso e a justiça, uma nova forma consensual se estabelece. Segundo Gilberto Dupas (2000), a lógica do sistema de mercado tornou-se a nova linguagem universal, responsável pela ordenação e regulação da coletividade, fundamentada pelo princípio do desempenho pessoal. A justiça almejada por Lyotard (2004) seria garantida, numa sociedade informatizada, pelo acesso de todos a toda informação.

Todavia, não foi o que aconteceu numa sociedade ordenada pelos "interesses das categorias dominantes da economia global", na qual tudo pode ser transformado em mercadoria; conhecimento e informação, como quaisquer outros produtos consumíveis e descartáveis, apresentam restrições de acesso; os "melhores produtos" têm destino certo, e não é a grande parte da população.[11] Para a "massa", conhecimento e informação "massificados", "vazios" não por não expressarem nada, mas pelo seu oposto, por possuírem uma "forma tão abrangente e inespecífica", que acabam por comportar o "maior número de significados possível" (Novaes, 2004, p.236).

Na "Sociedade da Informação", nem consenso, nem justiça. A sua linguagem universal é a da torre de Babel, orquestrada pela lógica econômica, transformando conceitos em "gomas de mascar" e a inteligência em artifício. Nela, o conhecimento é confundido com informação, resumido à decodificação de sinais e ao apertar de botões, não mais na linha de montagem, mas em algum teclado de uma máquina informatizada.

---

11 "Em seu relatório, o Programa das Nações Unidas para o Desenvolvimento confirmava, em 1999, a marginalização informacional crescente em uma maioria de países, e no interior de cada país e isso nos quatro pontos cardeais, a existência da linha divisória entre os info-ricos e os infopobres, a fratura digital ou *digital divide*" (Mattelart, 2002, p.159).

36 RITA LUCIANA BERTI BREDARIOLLI

Conhecimento e informação na "admirável era nova"

Conhecimento e informação tornaram-se tema para autores que discutem a "Era da Informação". Alguns como Lastres e Ferraz consideram os dois termos como correlatos, reconhecendo a interação entre eles ao estabelecerem dois tipos de conhecimento: o codificável, que pode se tornar informação, pelo seu potencial de reprodução, armazenamento, transferência, aquisição e comércio; e o tácito, associado a "processos de aprendizado, dependente de contextos e formas de interação sociais específicos" (Lastres; Albagli, 1994, p.27-57). Outros autores como Peter Burke (2003) e Robert Kurz (2002a) abordam esse cenário "pós-moderno" para restituir a diferença semântica entre "informação" e "conhecimento", redimensionando seus significados e valores.

A dificuldade de definir "conhecimento" é assumida por Peter Burke (2003) pela variação de significados adquirida ao longo do tempo, em relação aos diferentes espaços. Mas acaba por estabelecê-lo, por conveniência, em oposição à definição de informação. O conhecimento para Burke (2003, p.19), lembrando Lévi-Strauss, é o que foi "cozido", processado ou sistematizado pelo pensamento; a informação, o "'cru', específico e prático".

Robert Kurz (2002a), por sua vez, afirma que a grande quantidade de informações em circulação nos levaria a crer que vivemos numa "sociedade do conhecimento". Mas, para esse autor, a "informação" abarca os procedimentos mecânicos, como a decodificação de sinais, um "conhecimento trivial", funcional. Uma espécie de resposta reflexa a um estímulo, como o cão de Pavlov,[12] movimento apropriado ao "conceito de informação e 'inteligência' da cibernética e da informática" (ibidem).[13] Para Kurz (2002a), o conhecimento é reduzido ao

---

12 "No começo do século XX, o fisiologista Ivan Petrovich Pavlov havia descoberto o chamado reflexo condicionado. Um reflexo é uma reação automática a um estímulo externo" (Kurz, 2002a).

13 Robert Kurz (2002a) afirma que esse "conhecimento de sinais, o processamento reflexo de informações, não é, porém, exigido somente no âmbito tecnológico, mas também no mais elevado nível social e econômico". Para o filósofo alemão, o

AO REVÉS DO "PÓS" 37

automatismo do condicionamento, e a inteligência, na "Sociedade da Informação", conformada em inteligência artificial.

Em consonância às ideias de Kurz (2002a), Armand Mattelart (2002) afirma que as pessoas assimilam o funcionamento da máquina e dos objetos tratados como inteligentes, ambos programados pela informática em sequências funcionais, marcadas por processos "descritíveis e mecanicamente reexecutáveis". Com as máquinas inteligentes, o "caráter proteiforme" da informação se aprofundou e os conceitos de informação, saber, conhecimento, cultura e comunicação interpenetraram-se, sobrepostos e equivalentes. Para Mattelart (2002), "a tendência a assimilar a informação a um termo proveniente da estatística (*data*/dados) e a ver informação somente onde há dispositivos técnicos" continuará a crescer, definindo uma concepção "puramente instrumental" de "Sociedade da Informação".

Para Kurz (2002a), o "conhecimento miserável de sinais não é, na verdade conhecimento algum". Trata-se de um "mero reflexo", e não de um processo de reflexão intelectual.[14] Esse seria o "triste caráter do conhecimento-informação reduzido" (ibidem). Na "Sociedade da Informação", quanto mais veloz é a produção de sinais, mais rarefeita é a de sentido, pois o "sentido é um fato que reduz a velocidade da circulação da informação" (Moraes, 2003, p.295).

Vivemos numa sociedade de "informados", segundo Robert Kurz (2002a), isto é, "em forma", pelas determinações de "sistemas de sinais técnicos, sociais e econômicos". O conceito de "crítica" já não é mais apreendido e é confundido com o "erro crítico, indicação de um problema sério, a ser prontamente eliminado na execução de

---

"conjunto de nossas ações na vida é cada vez mais monitorado por dígitos, trilhas, *clusters* e sinais de todo tipo", assim, todos aqueles que têm uma ocupação, inclusive os *managers*, devem, constantemente, "observar os 'sinais dos mercados'" (ibidem).

14 "[...] a questão do sentido e da finalidade dos próprios atos de cada um se torna quase impossível. Se os indivíduos se tornam idênticos às suas funções condicionadas, eles deixam de estar em condições de questionar a si mesmos ou ao ambiente que os cerca [...] A geração jovem da chamada sociedade do conhecimento é talvez a primeira a perder a questão pueril quanto ao 'sentido da vida'" (Kurz, 2002a).

um programa" (ibidem). O conhecimento próprio a um processo de reflexão foi desvalorizado, considerado perda de tempo, pois seu ritmo é subversivo, atrapalha o funcionamento da ordem econômica. A necessidade de adequação dos indivíduos a esse movimento contribui para a degradação desse tipo de conhecimento reflexivo, substituído pelo "eficiente" conhecimento instrumental.

Os programas de incentivo ao acesso da informação nas escolas limitam-se, frequentemente, à aprendizagem do uso mecânico do equipamento. A ausência de uma "propedêutica da apropriação das tecnologias digitais", em paralelo a um fascínio pela máquina e a uma "carência de reflexão sobre a história da utopia pedagógica", mantém um modelo de conhecimento presente desde os primeiros movimentos do sistema de educação ocidental (Kurz, 2004), usado como meio para execução do grande projeto moderno civilizatório. No entanto, a "alfabetização europeia e a 'escolarização' da sociedade não foram um presente civilizador generoso", mas parte de um processo designado como "colonização interna". Disciplina e adestramento, em função do ajuste da "vida ao 'trabalho abstrato' [...] e à concorrência universal", faziam parte desse sistema educacional escolar dirigido pelo objetivo da "'interiorização' de um perfil capitalista de requisitos" (ibidem). Mas havia uma divisão nesse sistema. Aos jovens destinados à liderança econômica, política e cultural, cabiam um "saber o mais universal possível" e o exercício da capacidade de "reflexão filosófica para além das exigências práticas imediatas", mas não voltada à crítica; ao "povo", um conhecimento funcionalista, modelo resistente, reportado aos "Estados pós-coloniais do Sul".

Segundo Kurz (2002a), também há, na "Sociedade da Informação", uma divisão de conhecimentos: "funcional" e "de sinais". O primeiro reservado à "elite tecnológica que constrói, edifica e mantém em funcionamento os sistemas daqueles materiais e máquinas 'inteligentes'". O último, destinado às máquinas e a seus usuários, seus "objetos humanos", pois a eles não é necessário o conhecimento sobre o funcionamento das coisas, precisam apenas saber como processar os dados, sem provocar um erro no sistema. Esse tipo de conhecimento, de acordo com Kurz (2002a), não se restringe ao manuseio de máquinas,

AO REVÉS DO "PÓS" **39**

mas, na "Sociedade da Informação", esse procedimento caracterizado por uma reação automática às informações e estímulos atinge a nossa produção intelectual, como também as nossas ações na vida cada vez mais monitoradas por "dígitos, trilhas, *clusters* e sinais de todo o tipo", conduzindo comportamentos correspondentes a "um sistema de reflexos condicionados". Os indivíduos acabam "idênticos às suas funções condicionadas", perdem a capacidade de pôr em questão a si mesmos e o meio que os cercam, pois não possuem mais "nenhum critério de comparação e nenhum critério de crítica possível" (ibidem). Essa "perda de si mesmo" torna autoafirmação e autodestruição idênticas.[15]

Educação na "Sociedade da Informação"

> *"Que é então o pós-modernismo? Que lugar ocupa ou não no trabalho vertiginoso das questões lançadas às regras da imagem e da narração? Ele certamente faz parte do moderno."*
>
> (Lyotard)

A despeito de toda controvérsia característica do debate sobre o "pós-moderno" (Favaretto, 2004, p.35-9), pontos em comum são reconhecidos entre a heterogeneidade dominante nas discussões sobre o tema. Para apresentar tais convergências, usaremos dois autores, Terry Eagleton (2005a) e Lawrence Kramer (1995), escolhidos por trazerem algo próximo a uma objetividade necessária ao estabelecimento de

---

15 Para Kurz (2002a), a escola – lugar oficial do conhecimento sistemático – tem como "principal tarefa [...] 'Arrancar das mãos o interesse em si próprio', para transformar as crianças em máquinas produtivas abstratas; mais precisamente, 'empresários de si mesmos', portanto sem nenhuma garantia. Essas crianças aprendem que elas precisam se sacrificar sobre o altar da valorização e ter ainda 'prazer' nisso. [...] O resultado é uma psique perturbada de pura insociabilidade, para a qual a autoafirmação e a autodestruição se tornaram idênticas. É o amouco que necessariamente vem à luz atrás do *automanager* da pós-modernidade. E a democracia da economia de mercado chora lágrimas de crocodilo por suas crianças perdidas, que ela própria educa sistematicamente para serem monstros autistas".

40 RITA LUCIANA BERTI BREDARIOLLI

referências que possam nos auxiliar a elaborar o assombro gerado pela quantidade de ideias contraditórias sobre esse conceito.

Ambos autores, ao definirem "pós-moderno", nos defrontam com os termos multiplicidade, diversidade, incerteza, como características comuns ao "pós-moderno", revelando o paradoxo como seu cerne, quando da tentativa de sua definição.

Para Eagleton (2005a, p.27), "pós-moderno" significa,

> [...] aproximadamente, o movimento de pensamento contemporâneo que rejeita totalidades, valores universais, grandes narrativas históricas, sólidos fundamentos para a existência humana e a possibilidade de conhecimento objetivo. O pós-modernismo é cético em relação a verdade, unidade e progresso, opõe-se ao que vê como elitismo na cultura, tende ao relativismo cultural e celebra o pluralismo, a descontinuidade e a heterogeneidade.

Para Kramer (1995), o termo especifica o desígnio de uma ordem conceitual na qual os grandes esquemas sintéticos de explanação e as tradicionais bases da compreensão racional – unidade, coerência, generalidade, totalidade, estrutura – perdem sua autoridade, se não sua pertinência. Para o autor, uma ordem tão hostil a grandes sínteses não pode, obviamente, admitir a si mesma.

Vivemos numa sociedade – seja ela chamada "pós-moderna", "hipermoderna", "Sociedade pós-industrial", "Sociedade da Informação", "Sociedade do Espetáculo", "Sociedade dos Figurantes"[16] – mediada pela profusão incomensurável de ideias, imagens, produtos. Informação é confundida com conhecimento; conceitos são feitos obsoletos, antes mesmo de serem apreendidos; o saber se torna mercadoria; e os corpos, máquinas, regulados pela lógica de mercado, a única língua universal, o único consenso "pós-moderno". Assolados em estilhaços de tudo, fazemo-nos fragmentos, compostos não de uma única, mas de várias identidades. A subjetividade "pós-moderna", segundo Stuart Hall (2000, p.10-1), se conforma no "colapso" da

---

16 A expresão "Sociedade dos Figurantes" é usada por Nicolas Bourriaud (2009, p.151) para designar um "estágio posterior" ao da "Sociedade do Espetáculo".

AO REVÉS DO "PÓS" **41**

noção de identidade como algo estável, unificado, fixo, essencial e permanente, como alinhamento entre os "sentimentos subjetivos com os lugares objetivos que ocupamos no mundo social e cultural". O sujeito "pós-moderno", construído à medida da constância dos seus deslocamentos, é caracterizado pela incoerência, mobilidade, efemeridade, multiplicidade. Configuração em choque com as "formas de sujeição (tecnologia de produção da subjetividade)" nascidas sob a tutela da coerência, estabilidade, unificação, fixidez, essência e permanência (Benedetti, 2007, p.45). A escola pública, por exemplo.

Essa instituição nasceu como parte de um projeto moderno "formulado no século XVIII pelos filósofos do Iluminismo", cujo objetivo era o desenvolvimento da "ciência objetiva" e da "moralidade universal". Valendo-se de uma "cultura especializada", para "organizar racionalmente o cotidiano da vida social", seríamos conduzidos ao "progresso moral, à justiça das instituições e até mesmo à felicidade humana" (Habermas, 1983, p.88-91). A conquista desse progresso seria obtida, em execução desse projeto moderno, pela disciplina e pelo ordenamento social, coordenados, racionalmente, pela homogeneização de comportamentos, gostos, costumes.[17] Para tanto, o sistema educacional público sob controle estatal é padronizado e regularizado (Guisburg; Barbosa, 2005, p.174).

Executado sob o discurso da ordem, do consenso, da unidade, do progresso redentor e emancipatório, tal plano "otimista" acabou "frustrado" pelo século XX (Habermas, 1983).

Dessa falência erigiu-se outra "ordem conceitual", marcada pela ideia da "indissolubilidade das relações de conhecimento e verdade com o poder", cuja regência não cabe mais aos "grandes discursos de legiti-

---

17 "A escola, tal como a conhecemos em seus traços gerais, surgiu no contexto da Revolução Industrial, iniciado o século XVIII, na Inglaterra. Seu programa: produzir a criança para um mundo repetitivo, não mais regulado pelo relógio do sol [...]. Mundo de portas fechadas, fábricas de disciplina coletiva, de rituais de seriação, de homogeneização de comportamentos e gestos, posturas corporais e mentais. Todos deviam aprender as mesmas coisas, na mesma velocidade [...] toda a hierarquia administrativa da escola seguiu o modelo da burocracia industrial. Hoje, segue o modelo empresarial" (Benedetti, 2007, p.108-12).

mação (o iluminista, o hegeliano, o marxista, por exemplo)" ou às "delimitações culturais e das áreas de conhecimento" (Favaretto, 2004, p.35).

A educação, mantida sob os moldes do projeto moderno, não corresponde a essa outra "ordem", aos problemas impostos por multiplicidade, indeterminação, dissenso, instabilidade, pelo "verdadeiro sentimento do sublime". "Verdadeiro", pois criado pela "combinação intrínseca de prazer e dor: prazer porque a razão excede toda a presentação e dor porque a imaginação ou a sensibilidade não estão à altura do conceito" (Lyotard, 1983, p.94-6). O "inapresentável" nos embriaga de terror.[18]

Diante desse "terror" gerado pela falta de uma "linguagem adequada a situações indeterminadas, aleatórias, flutuantes" – àquilo que se caracteriza como acontecimento – capaz de responder aos eventos derivados dessa outra configuração sociocultural, a educação escolar é levada a apoiar-se em referenciais familiares, numa nostalgia dos ideais do "todo e do uno, da reconciliação do conceito e do sensível, da experiência transparente e comunicável" (ibidem), debatendo-se em ações movidas pela ideia de "resgate", buscando no passado uma forma de "recompor os esquemas da individualidade, as formas de poder, a sociabilidade", insistindo em agir como se ainda vivêssemos sob o "império da totalidade" (ibidem). Para Celso Favaretto (2004, p.36), "há quem se empenhe em afirmar discursos que buscam um sujeito (depois de Freud), uma razão (depois de Nietzsche), uma arte (depois das vanguardas)".

Esse retorno ao passado é profícuo quando tratado no sentido de uma "anamnese", como proposto por Jean-François Lyotard (1989, p.35). Quando, ao reencontrarmos o passado, o elaboramos para apreender o que no acontecimento e no sentido do acontecimento ficou obscurecido. Dessa matéria obscurecida não apenas pelos prejuízos passados, mas principalmente por essas dimensões de futuro que soa o projeto, o programa, a prospectiva, poderíamos formular respostas

---

18 "O pós-moderno seria o que no moderno alega o inapresentável na própria presentação; o que se recusa ao consolo das boas formas, ao consenso de um gosto que permitiria experimentar em comum a nostalgia do impossível; o que investiga presentações novas, não para gozá-las, mas para melhor fazer sentir que há o inapresentável" (Lyotard, 1983, p.94-6).

AO REVÉS DO "PÓS" 43

apropriadas às questões "contemporâneas". Esse exercício, se realizado no campo educacional, poderia atualizar referências, auxiliando o enfrentamento com a multiplicidade, indeterminação, dissenso, instabilidade, quais sejam as características constituintes desse, ainda nosso, discurso "pós-moderno".

Discurso que clama a ineficiência de um *a priori*, por isso tão pouco apreensível a uma instituição nascida sob o signo do "projeto, do programa, da prospectiva", da primazia da razão. A falência do projeto iluminista abriu espaço para a indeterminação, para a instabilidade, para o acaso, para o aleatório, para o acontecimento, para o múltiplo, para o heterogêneo. A assunção dessa reconfiguração conceitual torna-se fundamento para a atualização do pensamento e da prática educacionais.[19]

O "pós-moderno", nas palavras de Lyotard (apud Favaretto, 2004, p.39), "aguça nossa sensibilidade para as diferenças". A unidade pretendida pelo projeto moderno não mais contempla a configuração fenomênica designada "pós-moderna". Outra resposta é necessária. Talvez gerada no cruzamento, na superposição, na interação – ou nos interstícios, nos intervalos, nos silêncios – entre "jogos de linguagem heterogêneos (os do conhecimento, os da ética, os da política)", desprovida da aspiração a uma síntese efetiva (Favaretto, 2004, p.36).

As estratégias "pós-modernas" de conhecimento, segundo Kramer (1995), são incorrigivelmente interdisciplinares e irredutivelmente plurais. Não definem um sistema, mas um *ethos*.

Em foco: o ensino da arte "pós-moderno"

---

19 Cuidando para a improbidade da fixidez dessa atualização, pelo risco de criar uma cartilha "pós-moderna" ou "contemporânea" dos "bons modos" educacionais. Sandra Gorni Benedetti (2007, p.45) traz à tona esse debate, em sua tese de doutorado, ao construir um pensamento sobre educação a partir das ideias de Deleuze e Guattarri: "os formuladores de políticas educacionais estão sempre lançando propostas inovadoras, como saídas de um novo paradigma a cada ano ou gestão governamental. Quem está na escola ouve falar de que existem saberes indispensáveis à educação do milênio e uma dezena de competências para ensinar. Em nome de um mundo possível, produzem-se acordos internacionais e métodos para aplicação de cartilhas que orientam, passo a passo, o que fazer para que se construa esse tal 'outro mundo possível".

44 RITA LUCIANA BERTI BREDARIOLLI

"Vivemos a era inter" (Barbosa, 2007). Segundo Ana Mae Barbosa (2007), experimentamos um tempo no qual a "atenção está voltada para a interculturalidade, a interdisciplinariedade e a integração das artes e dos meios, como modos de produção e significação desafiadores de limites, fronteiras e territórios".

No entanto, essa produção artística "inter" não é de fácil compreensão para os arte-educadores contemporâneos, pois sua formação cultural foi fundada no pensamento do "alto modernismo", defensor da "especificidade das linguagens artísticas". Para aqueles que foram formados sob um modelo de conhecimento especializado, a "decodificação e a valoração das interconexões de códigos culturais e da imbricação de meios de produção e de territórios artísticos que caracterizam a Arte Contemporânea" tornam-se tarefas difíceis (ibidem).

"Interculturalidade", a "interação entre as diferentes culturas", e "interdisciplinaridade" são conceitos que integram o conjunto de características do ensino de arte "pós-moderno". Sobrepuseram-se aos tópicos "originalidade" e "criatividade", de sua acepção moderna. Outros conceitos como "multiculturalismo" e "pluriculturalidade" – a "coexistência e mútuo entendimento de diferentes culturas na mesma sociedade" (Barbosa, 1998, p.14) somam-se à "interculturalidade" e "interdisciplinaridade" para compor o vocabulário do ensino da arte categorizado como "pós-moderno". Essa definição teve início nos anos 1980, intensificada na década de 1990. Além de Ana Mae Barbosa, outros pesquisadores das relações entre arte e educação, como Arthur Efland, Imanol Aguirre Arriaga, Kerry Freedman, Patrícia Sthur e Rachel Mason, se detiveram sobre esse assunto.

Ana Mae Barbosa (1998, p.41) define a arte-educação "pós-moderna" como "articulação entre a educação artística (criação) e a educação estética (apreciação)", sendo essa última entendida como formadora de apreciadores de arte, no "sentido consumatório que Dewey dava à experiência apreciativa", e não como um meio para ensinar sistemas de classificações que, supostamente, possibilitariam explicações sobre arte, beleza ou natureza. A arte-educação "pós-moderna", segundo a autora, difere da "moderna expressão pessoal", assumindo um compromisso maior com "a cultura e com a história" (Barbosa, 2002, p.17). O ponto de inflexão de um conceito para outro, na arte-educação brasileira, teria como marco o início dos anos 1980. Outras duas diferenças, "básicas", são apontadas por Ana Mae Barbosa em entrevista à autora deste livro, em 26 de janeiro de 2007: o modernismo privilegiaria o "fazer", enquanto o foco do ensino da arte "pós-moderno" seria o "fazer e o ver"; o primeiro era "monocultural", enquanto o segundo apresenta como uma de suas características fundamentais o "multiculturalismo, afinado posteriormente pelo interculturalismo". Arthur Efland (in Guinsburg; Barbosa, 2005, p.179-80), por sua vez, elaborou uma lista de tópicos "modernos" e "pós-modernos", constituindo um quadro sinóptico comparativo entre as duas tendências, no qual aborda alguns tópicos como "natureza da arte", "visão de progresso", "vanguarda", "tendências estilísticas", "universalismo *versus* pluralismo".

Dessas comparações, Efland concluiu como características "modernas" a ideia de uma arte autônoma, em oposição ao conceito "pós-moderno" da arte como produção cultural pertinente a um contexto de origem; a crença no progresso, em avanço contínuo e linear, descrevendo "uma grande narrativa", oposta pela consideração "pós--moderna" às múltiplas narrativas; a autoproclamada autoridade de uma elite cultural, questionada pela defesa ao posicionamento crítico do educando. A arte-educação "pós-moderna", para Arthur Efland, considera o ecletismo, abrindo espaço para a escolha do aluno entre as várias tendências artísticas, opondo-se à ênfase em um único estilo, especificamente o abstrato.

O último aspecto destacado por Efland é o confronto entre "universalismo" e "pluralismo", abordado pela contraposição entre a "variação estética" reduzida a um mesmo conjunto universal – própria da concepção moderna de ensino da arte – e o reconhecimento e a interpretação de diversas "representações da realidade", que caracterizaria o ensino da arte "pós-moderno".

É considerada parte do ideário do ensino da arte "moderno" a definição de arte como um objeto "esteticamente único que deve ser estudado isoladamente de seu contexto específico"; por essa concepção, a arte se desenvolveria numa grande narrativa linear em direção a um futuro progressista, como todos os empreendimentos humanos; o progresso seria possível graças à atividade de uma elite cultural; estilos abstratos e não representacionais seriam os preferidos; toda a variação estética poderia ser reduzida ao mesmo conjunto universal de elementos e princípios. Em oposição a esse conjunto de ideias, segundo Imanol Aguirre Arriaga (2007), a "reconceituação epistemológica" do pensamento "pós-moderno" agrega ao ensino da arte "os estudos de cultura visual, os estudos visuais e a pedagogia crítica".

A "educação artística pós-moderna", para Arriaga (2007), inclui o "questionamento dos limites das artes e seu entrelaçamento às tramas do sistema cultural". Essa nova configuração conceitual seria sustentada por "três fatores de mudança da cultura contemporânea".

O primeiro refere-se à dissolução da rigidez dos contornos do conceito da arte, gerado por uma produção artística predominantemente narrativa, definida pelo diálogo com temas sociais ou políticos, ao invés da ênfase nos aspectos formais da linguagem artística, um dos tópicos modernistas.

A mudança do discurso teórico e histórico da arte pela consideração à diversidade estética e pela crescente valorização da crítica cultural constitui para Arriaga (2007) o segundo desses fatores de mudança cultural. A defrontação dessas disciplinas – teoria e história – com os aspectos paradoxais do seu objeto de investigação multiplicaria debates sobre as "analogias e diferenças entre as artes canônicas e a cultura visual" e incitaria o questionamento sobre a "legitimidade e hegemonia das formas de arte culta ante as formas de arte populares" (ibidem). A interação da arte com os âmbitos social, político e estético, e a recepção do espectador se converteram em temas centrais do discurso "pós-moderno" sobre arte e arte-educação.

A "crescente influência educativa da cultura visual" é apresentada por Arriaga (2007) como terceiro fator da revisão epistemológica "pós-moderna" sobre o ensino da arte. Por sua descrição, o desenvolvimento tecnológico dos meios visuais provocou uma mudança perceptiva, expandindo a distância entre os educadores, "formados pela cultura da letra", e os alunos, cujo conhecimento e entretenimento advêm do "universo visual e cultura popular (o cinema, os *videogames*, a música popular, as telesséries, internet, desenhos animados, a publicidade etc.)" (ibidem).[20] Esses referenciais imagéticos "pós-modernos" tornam-se relevantes para o universo escolar por sua função social de "transmitir valores e fomentar conhecimentos para a configuração de identidades" (ibidem). Nesse espetacular contexto, o "fenômeno inédito" da substituição da pedagogia escolar pela pedagogia cultural torna-se "inevitável para qualquer projeto educativo".

Esses três fatores, confluentes na origem de uma reestruturação conceitual de ensino da arte, estimulam a formulação de propostas que visam enfrentar a sociedade de consumo; incluir a cultura "popular" como tema de estudo, dando-lhe a mesma importância que outra designação de cultura, a chamada "erudita", por exemplo; problematizar o poder persuasivo dos meios de comunicação de massa; recuperar, para o discurso em torno da arte, as "vozes dos setores sociais marginalizados"; e, por fim, buscar o desenvolvimento de "mecanismos para a produção de um discurso crítico". Esses seriam os objetivos de uma arte-educação "pós-moderna", segundo Arriaga.

Rachel Mason (2001b), assim como Arthur Efland (in Guinsburg; Barbosa, 2005), define o ensino da arte "pós-moderno" em oposição ao seu correspondente "moderno". Portanto, a arte-educação "pós-moderna", pela definição de Mason (2001b), é uma reação aos tópicos "modernos": crença no progresso e no futuro; negação do passado; produção artística como expressão individual; privilégio aos trabalhos artísticos expostos em galerias; critério formalista para avaliação da qualidade do trabalho; distinção elitista entre arte, artesanato e arte popular; história da arte como uma única linha narrativa; compreensão da arte como transcendente e espiritual; arte como campo existencialista; tendência à abordagem pedagógica universalista; apreciação desinteressada da arte; treinamento de habilidades.

Para a autora, um arte-educador poderá se considerar "pós-moderno" se promover a diversidade cultural, pois a arte-educação "pós-mo-

---

20 Pelo sentido atribuído por Arriaga (2007), a expressão "cultura popular" abarca a "cultura da mídia".

48 RITA LUCIANA BERTI BREDARIOLLI

derna" considera o ecletismo, a pluralidade, questiona uma "pedagogia essencialista" nos moldes da Bauhaus e desconstrói a "crença fortemente fixada de que a 'melhor' arte é sempre uma expressão altamente pessoal e individual ao modo das artes de vanguarda" (Mason, 2001b). O ensino da arte "pós-moderno", segundo Mason (2001b), requer "abordagens contextualistas", que considerem a "fronteira de culturas" e a interdisciplinaridade para o estudo da arte. É fundamentado por um conceito expandido de arte, incluindo como conteúdo não somente as "artes populares e a *folk-art* e o artesanato, mas também as novas tecnologias, tais como o vídeo e os computadores" (ibidem). Essa mudança torna inviável a "pura" apreciação da arte pela contemplação passiva do arranjo formal da obra, a "forma deixa de ser, o único propósito da arte" (ibidem). Em um ensino da arte "pós-moderno", o desenho, a pintura e a "pura" apreciação perdem o *status* de habilidades privilegiadas (Mason, 2001a, p.13).

Assim como para Efland et al. (2003), a arte-educação para Rachel Mason (2001a) estaria em trânsito, mantendo uma prática ainda modernista em um ambiente "pós-moderno". Temas como "originalidade" e "criatividade" ou mesmo a predominância ou insistência no enfoque às características formais, mantendo a "prática de apresentar elementos e princípios do desenho como base para a produção didática e crítica da arte" (Efland et al., 2003, p.17), são legados modernos presentes nas situações de ensino e aprendizagem, convivendo com problemas e necessidades educacionais pertinentes a uma ordem conceitual "pós-moderna".

A transição do "modernismo" para o "pós-modernismo" é o primeiro fator abordado por Arthur Efland (in Guinsburg; Barbosa, 2005, p.173-87), dentre um conjunto de três que afetaram ou afetarão a "arte-educação internacional". O segundo deles é o mercado cultural internacional "dirigido por forças econômicas muito mais fortes que o Ocidente" e, por fim, o "mundo Pós-Guerra Fria", contexto no qual nações são devastadas pelos conflitos étnicos, simultaneamente à aparente integração mundial dos sistemas de produção, *marketing* e informação.

Efland (in Guinsburg; Barbosa, 2005) localiza a origem do que ele chama de "modernismo cultural" no século XVIII, deflagrada pela constituição e difusão do pensamento iluminista. O modernismo como "revolução cultural" afetou, a princípio, todo o mundo ocidental, "euro-americano", trazendo contribuições positivas e negativas. Envolveu não somente a literatura e arte, mas também o "liberalismo científico, tecnológico, industrial, econômico, individual e político como aspectos interativos" (ibidem, p.174). Esse fenômeno cultural tem como fundamento a "crença no uso da razão e no conhecimento científico como artífices de todo progresso possível" (Efland et al., 2003, p.21). O tempo, por esse princípio, é entendido como uma extensa linha reta, na qual seria inscrita a história em progresso redentor; história formada por um sucessivo acúmulo de "avanços" em sequência evolutiva, tornando o seguinte a superação de seu antecedente: a tão cultuada "novidade".

O "novo", no ideário moderno, corresponde ao progresso como evolução de um passado a ser desprezado. Essa noção de progresso teria se estendido até o âmbito das artes, instaurando a ideia de "avanço cultural" gerido por uma "elite artística e intelectual" (ibidem, p.25). Ter-se-ia se firmado daí o encerramento da arte em sua "autonomia". "Isolada" dos acontecimentos "mundanos", manteria códigos específicos, acessíveis apenas aos iniciados em sua sintaxe. Descreve-se o "velho trauma da modernidade", a separação entre "vida e arte" (Kurz, 1999).

As proposições "pós-modernas", segundo Efland (in Guinsburg; Barbosa, 2005), reverteriam essa cisão pelo esmaecimento dos limites desse encerramento até a sua dissolução. Um ensino da arte direcionado pelo pensamento "pós-moderno" teria como foco, pelas palavras desse autor, a compreensão do produto artístico em relação ao seu contexto sociocultural, em oposição a um direcionamento modernista fundamentado em "padrões de bom gosto" e "excelência artística".

Todavia, essa condução "pós-moderna", ao invés de reatar um diálogo interrompido, pode – justamente pela falta dos limites que contesta ou de outros – acirrar o isolamento pelo seu equivalente: a babel. A "pluralidade diáfana", característica do "pós-modernismo", pode, segundo Efland, causar "confusão tanto para aqueles que fazem o *curriculum* como para os estudantes" (ibidem, 178). O termo "arte", ao longo do tempo, passou a ser usado como valor. Tornou-se adjetivo,

50 RITA LUCIANA BERTI BREDARIOLLI

confundido em conceito no afã pela superação de uma das heranças da "modernidade": a divisão entre "arte popular", "arte erudita" e "cultura de massa".[21] O conceito "arte" pode ser historiado. Ele existe inclusive em sua derivação "valor". Negar a história desse conceito e sua existência, em nome de um procedimento "pós-moderno" de democratização, pelo clamor à diluição de fronteiras ou ao restabelecimento da interação arte e vida, é, justamente, contradizer o próprio procedimento. Uma das características da concepção "pós-moderna" de ensino da arte é o reconhecimento da complexidade de conceitos e ações pela assunção de suas incoerências, contradições, interações, alterações de toda a ordem, em função do tempo e do espaço, de sua história. Ao desconsiderarmos a história, eliminamos a complexidade que envolve o termo "arte". Pulverizando a existência da arte em tudo, perdemos um dos objetivos fundamentais da arte-educação "pós-moderna", o desenvolvimento do senso crítico. Assim, ao invés de desvelar, encobriríamos as relações de poder presentes nos objetos e ações legitimados como arte, tão caras ao discurso artístico-educacional "pós-moderno".

A ânsia por romper os limites criados em torno da produção artística, chegando até a sua negação, revela a persistência de uma conduta movida pela noção de tempo histórico moderno. Oscilamos assim, segundo Efland, entre um discurso "pós-moderno" e uma prática "moderna". Contestamos categorias, mas ainda as usamos como referências; reconhecemos a falência de uma história prospectiva e evolucionista, mas ainda nos deixamos seduzir pela ideia da novidade e da superação; clamamos pelo posicionamento crítico, mas acabamos

---

21 Apesar de serem considerados obsoletos, consideramos importante mencionar tais conceitos, pois, como Maria Rita Kehl (in Novaes, 2004), não compartilhamos da "crença nessa obsolescência". Esses conceitos resistem em coexistência com sua crítica, não foram superados e continuam a exercer a função, se usados em relação ao presente, de "categorias de nosso pensamento" para elaboração de fenômenos de nosso tempo, carregados de passado e futuro. Aceitar a superação desses conceitos é desconsiderar uma das características da "hipermodernidade", que é "justamente o fato de que diferentes temporalidades, marcadas por diferentes modos de inserção dos indivíduos no laço social – recursos materiais, formações ideológicas, referências culturais, etc. –, convivem sem se anular" (ibidem, p.235).

com os parâmetros que o orientava. Ainda não conseguimos nos situar sobre formas de conduta diferentes daquelas submetidas aos paradigmas modernos. Continuamos em trânsito, conduzidos sob instabilidade e ambivalência.

Junto à transição do "modernismo" para o "pós-modernismo", Arthur Efland, integra, ao conjunto de fatores interferentes no rearranjo conceitual do ensino da arte, as mudanças nos âmbitos econômico e geopolítico. O "surgimento do mundo Mac" ou o "mercado cultural internacional" integram e são integrados pelo mundo "pós-guerra fria". Esses acontecimentos criam um fenômeno configurado por uma situação de separatismo étnico, simultâneo a uma homogeneização de consumo. Benjamin Barber (apud Efland in Guinsburg; Barbosa, 2005, p.180) discute tal fenômeno apontando duas "sequências". A primeira, "enraizada na questão racial", vai em direção a uma "retribalização", definida pelo conflito entre culturas, pessoas, comunidades, "tribos". Uma

[...] *jihad* em nome de umas cento e tantas crenças limitadas, concebidas contra todo tipo de independência, todo o tipo de cooperação social e reciprocidade: contra a tecnologia, contra a cultura popular e contra os mercados integrados; contra a modernidade em si mesma, como igualmente contra o futuro sobre o qual a modernidade fala.

A segunda, a integração e homogeneização das culturas, coagidas por "forças econômicas, tecnológicas e ecológicas", transformando nações em um mesmo "parque temático, um mesmo mundo 'Mac' amarrado pela comunicação, informação, diversão e pelo comércio. Preso entre a Babel e a Disneylândia " (Enfland in Guinsburg; Barbosa, 2005, p.180).

Diante dessa conjuntura, Efland destaca a função da arte como instrumento de uma "pedagogia crítica", capaz de promover a reflexão sobre esse "contexto", definido por um "mercado cultural internacional" e pela intolerância cultural. A arte seria integrante de uma pedagogia de "resistência" e "transformação", como voz dissonante dentro de um discurso hegemônico. O ensino da arte "pós-moderno", vinculado à "pedagogia crítica", abriria caminho para a restauração

52 RITA LUCIANA BERTI BREDARIOLLI

de um posicionamento crítico dos alunos diante desses fenômenos da "Sociedade da Informação". Proporcionaria, em meio à amálgama de informações visuais, sonoras, textuais ou verbais, um espaço para a recuperação da competência do questionamento de si e do meio em que vive. Uma resposta em busca da reversão do que Robert Kurz (2002a) chamou de cultura da "autoperdição",[22] a "perda de si mesmo", pela ausência da possibilidade de criar critérios de comparação e crítica.

Kerry Freedman (2003), assim como Efland, alia "conhecimento estético" ao exercício crítico, especialmente aquele realizado sobre a cultura visual. Essa prática seria fundamental para o "processo democrático", por possibilitar a elaboração de julgamentos e reflexão sobre nossa própria conduta. Duas vertentes são apontadas por Freedman (2003) como responsáveis pelo direcionamento da concepção de ensino da arte norte-americana à crítica e aos temas políticos, sociais e culturais, a partir dos anos 1960. A primeira é o neomarxismo, sobretudo o trabalho de autores da Escola de Frankfurt, como Theodor Adorno; a segunda, a "pedagogia do oprimido" desenvolvida pelo educador brasileiro Paulo Freire. Entre as décadas de 1970 e 1980, essas ideias foram absorvidas pela educação norte--americana junto às teorias feministas e culturalistas relacionadas aos direitos civis (ibidem, p.6), firmando a relação do ensino da arte com assuntos de ordem pública.

Processo semelhante ocorreu em nosso país em período concomitante, com uma referência comum: Paulo Freire. Desencadeado por professores de arte durante os anos 1980, um "movimento", impul-

---

22 Kurz (2002a) usa esse termo cunhado por Hannah Arendt para designar uma "nova qualidade da frieza social como 'frieza em relação a si próprio'", o que já se apresentava nos "grandes surtos de crise da primeira metade do século 20". Refere-se a uma cultura de "indivíduos desarraigados e de uma 'debilitação do instinto de autoconservação' por causa do 'sentimento de que não depende de si mesmo que o próprio eu possa ser substituído por um outro a qualquer momento e em qualquer parte'". Essa "cultura da autoperdição e do autoesquecimento que Hannah Arendt ainda referia exclusivamente aos regimes políticos totalitários da época se reencontra hoje", segundo Kurz (2002a), de "forma muito mais pura, no totalitarismo econômico do capital globalizado".

AO REVÉS DO "PÓS" 53

sionado pela reação à "Educação Artística" ministrada nas escolas brasileiras desde sua implantação como disciplina obrigatória em 1971, também encaminhou o ensino da arte à crítica e aos debates políticos, educacionais, sociais e culturais. Como seu objetivo, a organização política como forma de construir uma "identidade" para uma obscura figura de professor criada pela imposição da "Educação Artística" no currículo escolar. Tanto para aqueles sem formação específica – para essa nova área que agregou um corpo docente desalojado de suas especialidades, como o desenho geométrico, música ou trabalhos manuais – como para os recém-formados em cursos, também obscuros, de licenciaturas curtas ou plenas.

Várias ações foram realizadas nesse sentido, uma delas, um encontro de professores na Escola de Comunicação e Artes da Universidade de São Paulo, em 1980. Durante esse evento, palestras e cursos foram oferecidos, sendo um dos palestrantes Paulo Freire.

A "pedagogia problematizadora" de Freire também estava presente em outro acontecimento, esse realizado em 1983. Uma outra iniciativa, dentre essas, feita com o intuito de debater a política educacional brasileira, especialmente a endereçada ao ensino das artes. Criado para atender mais de 400 professores de arte da rede pública de ensino do estado de São Paulo, o XIV Festival de Inverno de Campos do Jordão, coordenado por Cláudia Toni, Ana Mae Barbosa, e Gláucia Amaral, foi gerado no conjunto de um processo de mudanças políticas. Seu conteúdo pedagógico, envolto pelas ideias de Paulo Freire, enfatizava a "leitura crítica" de produções artístico-culturais e do "contexto", a consideração pela diversidade cultural e a interação entre as diversas linguagens artísticas. Esse XIV Festival de Inverno de Campos do Jordão foi singular, o único, dentre todas as suas outras edições, a ser dedicado à escola pública, e por isso também se caracterizou como o mais polêmico.

2
O "POLÊMICO" FESTIVAL DE 1983

"A origem, embora sendo uma categoria inteiramente histórica, nada tem a ver com a gênese das coisas. A origem não designa o devir do que nasceu, mas sim o que está em via de nascer no devir e no declínio. A origem é um turbilhão no rio do devir, e ela arrasta em seu ritmo a matéria do que está em via de aparecer. A origem jamais se dá a conhecer na existência nua, evidente do fatual, e sua rítmica não pode ser percebida senão numa dupla ótica. Ela pede para ser reconhecida, de um lado, como uma restauração, uma restituição, de outro lado, como algo que por isso mesmo é inacabado, sempre aberto [...] a origem não emerge dos fatos constatados, mas diz respeito à sua pré e pós-história."

(Walter Benjamin)

Horizonte cor de chumbo: a "inequívoca importância" da Educação Artística, flutuando ao sabor dos interesses

"Brasil: ame-o ou deixe-o!"[1]

Em 31 de março de 1964, o Brasil assiste à derrocada da "democracia", desmantelada pelo golpe que instala o regime de ditadura militar. A partir dessa data, as instituições brasileiras começam a ser modificadas pelos atos institucionais (AIs). O Congresso Nacional continuou a sua função, dissimulando o aspecto autoritário do novo regime implantado. As leis que intervinham nos direitos civis apresentavam-se, dessa forma, como temporárias.

O "milagre econômico", anunciado pelo novo regime, mascarava a degradação deliberada dos programas sociais: "O Brasil iria notabilizar-se no contexto mundial por uma posição relativamente destacada pelo seu potencial industrial e por indicadores muito baixos de saúde, educação, habitação, que medem a qualidade de vida de um povo" (Fausto, 2002, p.269). A natureza e as populações locais eram desconsideradas em prol do desenvolvimento econômico, insuflado pelos empréstimos de capital estrangeiro, aumentando em progressão geométrica o montante da dívida externa.

A educação pública brasileira, nesse contexto, foi cooptada à instauração e manutenção do novo regime, usada para cumprir a "ordem e progresso". Durante esses quase 20 anos, o sistema escolar público brasileiro sofreu o impacto de um projeto de degradação que só se viu intensificar ao longo dos sucessivos anos de outros governos.

Foi durante esse período, em um dos seus momentos mais truculentos, que o ensino da arte, com o nome de Educação Artística, foi introduzido na escola brasileira como disciplina obrigatória, além de Educação Física e Educação Moral e Cívica, recuperando a equação moderna: arte aliada ao condicionamento físico, higiênico, moral e

---

1 Propaganda política veiculada durante o período do governo do general Garrastazu Médici.

AO REVÉS DO "PÓS" 57

cívico da população, visando a uma sociedade controlável por um poder centralizador. O ano era 1971, a lei era a de número 5.692/71. Sua inserção integrava um programa educacional, elaborado desde 1966 pela cooperação entre o Ministério da Educação e Cultura (MEC) e a United State Agency for International Development (Usaid). Num só "golpe", a Educação Artística fazia parte da escola formal brasileira sem um currículo definido ou professores habilitados.

Os cursos de licenciatura em Educação Artística foram criados em 1973, constituídos por um currículo básico para todo o país. Eram concebidos para formar professores de arte "polivalentes". Em tempo recorde de dois anos, eram capacitados a ministrar aulas de música, teatro, artes visuais, desenho, dança e desenho geométrico, para alunos da primeira a oitava séries do primeiro grau. Essa era a chamada licenciatura curta. O professor poderia, se quisesse, frequentar mais dois anos do curso, formando-se em licenciatura plena, assim estaria apto a lecionar também no ensino de "segundo grau", atual ensino médio.

A formação precária dos profissionais, junto ao desconhecimento de um conteúdo específico, e a exigência da "polivalência" caracterizaram o ensino de arte brasileiro, durante a década de 1970, como pluralidade inconsequente de tendências, conceitos e procedimentos metodológicos. Assim, a Educação Artística foi relegada ao estatuto de adorno para um currículo tecnicista, "a-crítico, processador de um ensino-aprendizagem fragmentado, estereotipado, neutro", endereçado à "repetitividade obsessiva e à obediência" (Benedetti, 2001, p.28).

Em 1977, o enunciado do Parecer do Conselho Federal de Educação (CFE) n° 540/77 evidencia a situação do ensino da arte vigente na década de 1970, legitimando, por seu conteúdo, a precariedade dos "contornos" da disciplina, tornando-a rascunho grosseiro ao defini-la como uma "área bastante generosa e sem contornos fixos, flutuando ao sabor das tendências e dos interesses [...]". Nesse quadro, confirmava-se a "inequívoca importância da Educação Artística".[2]

---

2 CEPSG. Sobre o tratamento a ser dado aos componentes curriculares previstos no artigo 7° da Lei n° 5.692/71. Parecer CFE n. 540/77. Relator: Edília Coelho Garcia. 10 fev. 1977.

58 RITA LUCIANA BERTI BREDARIOLLI

1980: uma década para o ensino da arte no Brasil

"Ameixas
Ame-as ou deixei-as"

(Paulo Leminsky)

Nos primeiros anos da década de 1980, inicia-se no Brasil um movimento reativo a essa situação do ensino da arte. Os anos 1980 "têm sido identificados como a década da crítica da educação que fora imposta pela ditadura militar e da pesquisa por solução" (Barbosa, 1996, p.13). Segundo Ana Mae Barbosa, a "politização dos arte--educadores" brasileiros teria começado no decorrer da Semana de Arte e Ensino da Escola de Comunicação e Artes da Universidade de São Paulo em 1980, quando aproximadamente 2.700 professores de arte de todo o Brasil foram reunidos. A Semana de Arte e Ensino teria sido o primeiro de outros encontros e simpósios que fomentaram o "Movimento Arte-Educação"[3] pela reestruturação do ensino da arte. De 1984 a 1989, realizaram-se três "Simpósios Internacionais sobre o Ensino da Arte e sua História".

A ênfase desse primeiro encontro nacional de professores de "arte", lê-se Educação Artística, recaiu sobre

> [...] os aspectos políticos através de debates estruturados em pequenos grupos ao redor de problemas preestabelecidos como a imobilização e o isolamento do ensino da arte; política educacional para as artes e arte--educação; ação cultural do arte-educador na realidade brasileira; educação de arte-educadores e outros. (Barbosa & Sales, 1990, p.7)

A Semana de Arte e Ensino aconteceu de 15 a 19 de setembro de 1980. Sua abertura se deu com uma palestra do educador Paulo Freire,

---

3 Em "O ensino da arte e sua história", Ana Mae Barbosa (1990, p.7) afirma o termo "arte-educação" como identificação de uma postura de "vanguarda do ensino da arte contra o oficialismo da Educação Artística dos anos de 70 e 80". O uso do nome "arte-educação" define, portanto, uma postura política, conceitual e epistêmica reativa àquelas pertinentes ao ensino da arte vigente no currículo escolar desde 1971.

que voltava para o Brasil depois de anos de exílio. Sua palestra, denominada "O retrato do pai pelos jovens artistas", teria partido da reflexão sobre o que ele próprio havia aprendido com os seus três filhos, dois professores de arte e um estudante do mesmo assunto. A participação de Freire foi mantida em sigilo para que não corresse o risco de ser entendida como "atração" do evento (Semana de Arte e Ensino, 1980).

A Semana de Arte e Ensino foi decorrência de uma "necessidade interna de autodefinição do Departamento de Artes Plásticas da ECA--USP", ou seja, da necessidade de respostas às seguintes questões: "qual a nossa função, que professores de Arte estamos formando, para que contexto, qual nossa ação cultural, qual o papel de nossos alunos como professores de 1º e 2º Graus no pensamento visual de crianças e adolescentes" (ibidem). O diálogo com professores, artistas e alunos para encontrar respostas sobre o conceito de ensino da arte "hoje" deflagrou esse encontro.

O texto de apresentação do programa da Semana de Arte e Ensino já apontava a direção das discussões. Por ele era questionada a afirmação "arte não se ensina", considerada como um disfarce para "ou um conceito errôneo de arte ou um conceito errôneo de ensino". Esse texto deixava explícita a função da arte na escola pública como a de democratização do conhecimento artístico, retirando-o da "posse exclusiva de uma elite econômica e cultural", para torná-lo meio de "enriquecimento da qualidade de vida de outras classes sociais". Ao longo dessa apresentação, era reiterada com insistência a concepção da Semana de Arte e Ensino como espaço para o estabelecimento de um "diálogo aberto sobre o ensino de arte". Esclarecia a ausência de uma organização preestabelecida, como oposição ao "lema positivista 'ordem e progresso' pela tentativa fenomenológica de autorregulação dialógica com o meio ambiente". A organização da Semana de Arte e Ensino foi realizada por quase 200 professores que atenderam a uma convocação feita pelos jornais, reunidos em resposta à pergunta: "Que assuntos deverão ser debatidos na nossa Semana de Arte e Ensino?" (ibidem).

Uma pesquisa realizada por alunos da Escola de Comunicação e Artes da Universidade de São Paulo (ECA-USP) destacou, como principal queixa dos professores da rede pública de ensino de São

Paulo, o "isolamento" ao qual eram submetidos, impedidos de discutir seus "problemas, suas dúvidas e suas perplexidades diante da crise educacional". Usados como "instrumentos de propaganda do governo", durante o segundo semestre de 1979, receberam como tarefa a obrigação de "treinar seus alunos" para integrar um coral de 30 mil vozes para a festa de "Natal do Governador" Paulo Maluf.

A Semana de Arte e Ensino foi tornada marco de um movimento de reação contra o uso da Educação Artística como "adorno social" ou como exaltação "político-partidária", organizada pela intenção, declarada, de promover a "mudança da situação cultural e profissional humilhante do arte-educador" brasileiro.

Três anos depois da Semana de Arte e Ensino, um outro evento era criado nesse sentido. Em 1983 acontecia o XIV Festival de Inverno de Campos do Jordão, considerado como a "célula *mater* do processo amplo de atualização de professores de Educação Artística" (Barbosa, 1983a, p.3).

400 e...: o "polêmico" festival de 1983

O ano de 1983 foi singular para os festivais de inverno de Campos do Jordão. Nascido em 1970, sob coordenação de Camargo Guarniere, esse evento recebeu como destino cuidar da preservação de um espaço dedicado à música erudita ou de concerto. Assim foi, com exceção de uma única edição: 1983.

Diferentemente da concepção predominante desses festivais, estabelecida de forma definitiva por Eleazar de Carvalho em 1973, o de 1983 não foi dedicado exclusivamente à música erudita, nem recebeu jovens músicos como bolsistas. A 14ª edição do Festival de Inverno de Campos do Jordão incluiu em seu repertório cantores e grupos populares, e como bolsistas, professores de arte da rede pública de ensino do município de Campos do Jordão e do estado de São Paulo. Pela primeira vez, esse evento era organizado pela cooperação das secretarias do Estado da Cultura, da Secretaria de Estado da Educação e prefeitura de Campos do Jordão.

Da "redemocratização"

O ano de 1983 foi singular para o Brasil. Foi o ano da posse dos primeiros governadores eleitos por voto direto depois de 16 anos de eleições indiretas sob o regime de ditadura militar.[4] Fato que insuflou certa euforia presente pela ideia de um efetivo processo de restauração da "democracia", que vinha sendo esboçado sob rigoroso controle desde 1974.[5] As eleições diretas de 1982 somaram-se à Lei da Anistia de 1979, consolidando certezas de reais mudanças na estrutura política do país, rumo à sua "abertura política".

O "lento, gradual e seguro" processo de redemocratização brasileiro foi marcado por um "certo abuso no emprego do conceito de demo-

---

4 A última eleição direta para governadores foi realizada em 3 de outubro de 1965. No ano seguinte, no dia 3 de setembro, novas eleições para governadores foram realizadas, dessa vez uma eleição indireta, "realizada pela maioria absoluta dos membros da Assembleia Legislativa, na forma do art. 1°, do Ato Institucional n.° 3, de 5 fevereiro de 1966. A edição desse ato deveu-se à eleição de governadores de oposição ao Regime Militar em Minas Gerais, Israel Pinheiro, e na Guanabara, Francisco Negrão de Lima. A partir desse ano, todas as eleições de governadores foram indiretas, voltando a ser diretas em 1982". Disponível em <http://www.tse.gov.br/internet/eleicoes/cronologia.htm>. Acesso em: 11 mar. 2009.

5 O "milagre econômico" dos anos do governo de Médici (1969-1973) alavancou a dívida externa brasileira, convertendo-se em hiperinflação e recessão, desencadeando o descrédito popular, manifesto, por exemplo, nas eleições de 1974 para senadores, quando o governo sofreu grande derrota. Além da população brasileira, o regime militar sofria oposição da comunidade e imprensa internacional e de organizações de direitos humanos que denunciavam as atrocidades cometidas impunemente durante o regime ditatorial. Diante da crise econômica, da pressão social nacional e internacional e dos conflitos internos entre militares da "linha dura" e moderados, o general Ernesto Geisel (1974-1979) elaborou uma "política de distensão" como forma de restabelecer a democracia brasileira de forma "lenta, gradual e segura", criando condições para que os militares pudessem se retirar do governo também de forma "lenta, gradual e segura". Entre as medidas dessa política de distensão, estavam a suspensão parcial da censura aos meios de comunicação e a revogação de algumas determinações que legitimavam o poder coercitivo do regime militar, como a restauração do *habeas corpus*, a extinção do poder presidencial de fechar o Congresso Nacional e a cassação dos direitos políticos, a abolição da pena de morte e o fim do AI-5, em dezembro de 1978. No entanto, essas medidas de "abertura" mantinham-se condicionadas à preservação do controle do governo militar.

62 RITA LUCIANA BERTI BREDARIOLLI

cracia" (Teles, 2007, p.20). A democracia era requerida inclusive por aqueles que a extinguiram com o golpe de 1964. Golpe transformado em "revolução" pelo discurso oficial, como forma de legitimar sua representatividade política. Tão usado foi o termo "democracia", nesse momento de transição, que seu sentido acabou desgastado e distorcido em expressões como "democracia relativa", usada pelo general Ernesto Geisel (ibidem, p.41).

O termo democracia é dependente da noção de comunidade. O étimo "demos" reivindica a participação de todos em um governo. A "redemocratização" brasileira foi cunhada sem a participação de grande parte de sua comunidade. Definida pelo consenso entre representantes políticos, a transição do regime de ditadura "civil-militar"[6] para a democracia se caracterizou como "elitista e excludente" (ibidem, p.20). A população era convocada ao voto, mas, junto às suas escolhas, estavam as do governo, assegurando seu controle sobre a condução política do país. Isso caracterizava a "democracia relativa" de Ernesto Geisel.[7] Esse caráter da transição para a democracia persistiria durante o processo de eleição do primeiro presidente civil do período pós-ditadura, em 1985.[8]

---

6 "Alguns historiadores e sociólogos, pesquisadores do período da ditadura, têm lançado mão do termo 'regime civil-militar' para indicar a participação de setores civis, organizados ou não, na preparação do golpe de 64 e na manutenção e desenvolvimento do regime" (Teles, 2007, p.19).

7 Em 1977, como forma de maior controle sobre o processo de redemocratização, Ernesto Geisel impõe o "Pacote de Abril", que redefiniria o processo eleitoral, entre outros, pela incorporação das eleições indiretas para governadores de estado à Constituição, pela ampliação do mandato presidencial de cinco para seis anos e pela criação dos "senadores biônicos", correspondentes a um terço dos senadores, estes eleitos indiretamente, a fim de manter preservada a base de apoio do governo.

8 Segundo Francisco Weffort (apud Teles, 2007, p.20), "mesmo que alguma imprevista reviravolta venha a restabelecer as eleições diretas, não poderá mudar as alternativas postas para o jogo. Limitando-se a uma disputa entre os grupos dominantes e as elites que o representam, não há nenhum 'pacto social' embutido nesse processo sucessório. Na melhor das hipóteses, haverá, talvez, um 'pacto político' visando à reorganização institucional do país".

AO REVÉS DO "PÓS" 63

A inserção popular no processo de transição para a "abertura" política, restrita e controlada contradiz o próprio sentido de democracia.

No Brasil, a restauração da democracia não resultou de um processo democrático, pois a determinação de grupos de "partícipes do novo regime" ocasionou a "exclusão de outros segmentos, silenciados em suas demandas" (ibidem, p.40). Em uma democracia, "o povo que a compõe não corresponde a parcelas socialmente determináveis, nem a tipos étnicos ou a um conjunto de grupos de uma população", todos devem ser incluídos em condições de igualdade, em um movimento de contestação do instituído, de abertura ao diálogo e de ações que rearranjem uma ordem estabelecida. Democracia "denota uma ação política de privilégio do injustiçado e de reparação da injustiça sofrida e sua condição de existência é o litígio" (ibidem, p.20). Democracia não é apenas a designação de um regime político, "não se reduz às assembleias, às eleições e aos direitos dos indivíduos [...] aos mecanismos objetivos do Estado de Direito", antes se manifesta na condição de existência das subjetividades políticas (ibidem, p.42).[9]

Tais subjetividades, compreendidas como "processos contingentes e singulares", interferem nos organismos institucionais, pela interação, e podem provocar a ruptura de uma ordem vigente, o que as caracterizam como "um agir em transgressão". Definem uma "racionalidade política" fundada na oposição: "um modo de ser da comunidade que se opõe a outro modo de ser, um recorte do mundo sensível que se opõe a outro recorte do mundo sensível" (ibidem).

Nos regimes autoritários, quando a democracia é cerceada, essas subjetividades atuam nos interstícios, ampliando-os à medida de sua

---

9 A democracia se realiza pela garantia de três formas de ação dessas subjetividades: a "esfera de aparência do povo", ou o "campo da experiência, de um visível que modifica o regime do visível"; o "sujeito não-identitário", que "não pertence a uma unidade de grupos determinados, pois 'a democracia é a instituição de sujeitos que não coincidem com partes do Estado ou da sociedade'"; e, por último, "o palco no qual o povo se exibe", que deve ser o "lugar do conflito social, não entre partes, mas um litígio que põe em jogo a própria situação do conflito" (Teles, 2007, p.42). Ao trazer ao debate esses "três aspectos de subjetivação política", Edson Teles (2007) o faz a partir do pensamento de Jacques Ranciére.

64 RITA LUCIANA BERTI BREDARIOLLI

resistência e persistência. Manifestaram-se, por exemplo, nos atos públicos contrários à repressão, como o culto ecumênico para Wladimir Herzog, em 1975, ou o Tribunal Tiradentes,[10] já em 1983, quando o fim da transição "lenta, gradual e segura" assistia à sua conclusão. Manifestaram-se também nas eleições de 1982, quando muitos dos votos foram atribuídos aos partidos de oposição, como para o governo de São Paulo. O governo prometido democrático por André Franco Montoro foi eleito pelo desejo. Desejo por mudanças. As "democracias herdeiras de regimes autoritários nascem como a esfera não só das promessas, mas também dos desejos", surgem, "primeiramente, em oposição ao governo autoritário, como resposta ao arbítrio e ao abuso

---

10 O Tribunal Tiradentes aconteceu no dia 10 de maio, uma terça-feira de 1983, no Teatro Municipal de São Paulo. Era uma encenação do julgamento da Lei de Segurança Nacional (LSN). Teotônio Vilela era quem o presidia, dirigido por Joana Lopes. Participaram, completando a atuação, Márcio Tomás Bastos como promotor, Luis Eduardo Greenhalg como advogado de defesa e mais, como jurados, Dalmo Dallari, Antenor Ferrari, Gofredo Silva Teles, Dom Candido Padim, Miguel Seabra Fagundes e Hélio Bicudo. Galeano de Freitas, jornalista da *Folha de S.Paulo*, escreveu, em seu artigo do dia 15 de maio de 1983, que estavam, "na plateia, personalidades como o cardeal Paulo Evaristo Arns e o secretário da Justiça, José Carlos Dias, além de vários parlamentares e muitos advogados. Mais surpreendente ainda: no teatro completamente cheio há muita gente, nota-se pelo jeito, que pela primeira vez coloca o pé nos mármores do tradicional teatro". A "intenção política da violência e seu conteúdo classista" são sublinhados e a lei é julgada ilegítima. Por fim, é pedida a sua "condenação" para que seja possível "instaurar um regime de liberdade". Hélio Fernandes (jornalista), Clara Araújo (presidente da União Nacional dos Estudantes – UNE) Luiz Inácio Lula da Silva (então presidente do Partido dos Trabalhadores), Daniel (da Pastoral da Terra), Rosalina Santa Cruz (presa durante a ditadura por motivos políticos, irmã de Fernando, desaparecido) e Ivan Seixas ("ex-preso político, filho de Joaquim Alencar Seixas, assassinado pela repressão") foram as "testemunhas" ouvidas durante o julgamento, cada qual com o seu relato de abusos sofridos pela Lei de Segurança Nacional. Ao final cada jurado expôs seu veredicto, exigindo a "revogação total" ("Vítimas desvendam a História e exibem as marcas do arbítrio", 15.5.1983, p.15). Joana Lopes, uma das três pessoas que dirigiu esse "julgamento", participou, em 1983, do Festival de Inverno de Campos do Jordão como coordenadora de duas oficinas, uma teórica e outra prática, ambas sobre teatro. Em entrevista concedida à autora em 5 de fevereiro de 2007, Lopes justificou a menção ao Tribunal Tiradentes para que percebêssemos "o espírito da época", que envolvia o XIV Festival de Inverno de Campos do Jordão.

AO REVÉS DO "PÓS" 65

das funções de Estado. Ao diminuir a violência na política, proliferam as aspirações e os desejos oriundos da vida privada e pública, sob novas formas de interação social" (ibidem, p.139).

O desejo de reestruturar o instituído, o crédito na legitimidade da inclusão de todos em uma esfera comum, a busca pela realização da democracia – anunciada em restauração – e mais outros tantos motivos inaparentes conduziram um grupo de pessoas à recriação de um evento, para eles, parte de uma velha condução política elitista, restrita em relação ao envolvimento público. Primeiramente concebido pela Comissão de Música, envolvida com a elaboração do plano de governo de André Franco Montoro, ainda durante a campanha para as eleições, o XIV Festival de Inverno de Campos do Jordão incluiu mais de 400 pessoas em um movimento de reação à política cultural e educacional vigente no estado de São Paulo.

Do desejo

Durante a campanha para as eleições de 1982, o Partido do Movimento Democrático Brasileiro (PMDB) organizou comissões de várias áreas para elaborar o plano de governo de Franco Montoro. Uma delas para planejar a política cultural direcionada à área de música. Cláudia Toni, Celso Delneri, Marco Antonio da Silva Ramos, Fábio Cintra, Sigrido Leventhal, José Pereira, Samuel Kerr, Terão Chebl e Juan Serrano eram alguns dos componentes dessa Comissão de Música, responsável pela criação do projeto do novo modelo para os festivais de inverno de Campos do Jordão

A ideia desse grupo era expandir o alcance do festival, acabando com o caráter considerado restrito do antigo formato.

Além de problematizar o direcionamento do festival a um "grupo privilegiado" ("Projeto Festival de Inverno de Campos do Jordão...", 1983), o grupo questionava também a intervenção pedagógica do evento e sua real eficácia, já que muitos dos estudantes, ao voltarem para as suas cidades de origem, não teriam condições de dar continuidade ao que exercitaram nesse "curto hiato" de um mês, o que poderia gerar frustração ao depararem-se com a sua "real condição, a limitação de seu universo escolar, a impotência de transformar a curto prazo suas perspectivas profissionais". Nesse sentido, a "base não oferecia condições de sustentação".

Finalizando a análise do modelo vigente, é mencionado o "alijamento a que foi confinada a própria cidade de Campos do Jordão". Em "nenhum momento pensou-se em integrar a sua população fixa e sua população flutuante, uma vez que o Festival era concebido, desenvolvido, organizado e realizado pela Secretaria de Estado da Cultura, na *capital do Estado*" (ibidem).

De acordo com o projeto apresentado pela Comissão de Música, o festival, ao longo de seus 13 anos, usava o espaço físico da cidade, mas, em nenhum desses anos antecedentes, houve uma expressiva integração com os moradores da cidade. Os festivais de inverno de Campos do Jordão não seriam da cidade e nem teriam sido feitos para ela.

A partir desse diagnóstico, a Comissão de Música apresentou um novo modelo para esses festivais, propondo a "inversão" desse processo, para que esse evento "frutificasse" de forma "mais efetiva" e ampliasse "seu raio de atendimento". Antes de sua apresentação, uma advertência era explícita no texto: "A proposta que ora fazemos não pode ser esgotada aqui. Deverá obrigatoriamente ser aprofundada, detalhada, elaborada não só pelos profissionais da área, mas sobretudo pela população" (ibidem).

A "inversão coerente do processo" deveria se dar pelo redirecionamento do festival, rumo ao atendimento da comunidade de Campos do Jordão, integrada por seus habitantes e por aqueles que a frequentassem durante o mês de julho. Para a conclusão desse intento, a Comissão de Música acreditava ser procedimento fundamental ampliar o festival, não o restringindo à música, mas congregando à sua estrutura "outras atividades como o teatro, cinema, literatura, fotografia, dança, artes plásticas". A proposta era um "Festival de Animação", ao invés de um "Festival acabado, fechado em si, paralisado". Um festival "aberto" que viabilizasse espaço para "novas propostas", para a "discussão de ideias e projetos". Esse novo modelo se desenvolveria no entrosamento com a cidade, a partir do "conhecimento de suas "potencialidades culturais e artísticas".

Fundamentalmente, como declarado no texto, o que motivava essa mudança era a preocupação com a "reciclagem daquele que é hoje o mais inadequado e pior preparado elemento no magistério: o *educador artístico*", considerado por essa comissão como responsável por uma "mudança radical frente à produção cultural".

Para os idealizadores desse novo modelo do Festival de Inverno de Campos do Jordão, esses educadores viabilizariam o "contacto da comunidade com a música, com a literatura, com o teatro, com a cultura como um todo", por isso se fazia urgente o atendimento a esses professores, que, supostamente, multiplicariam a experiência vivida durante o festival pelo número dos seus alunos. Em síntese, a ideia geral desse novo modelo foi exposta pela Comissão de Música nos seguintes termos:

> Para que nossa ideia transpareça de modo mais claro utilizaremos o exemplo. Ao longo de trinta dias educadores artísticos, sob a monitoria de produtores culturais e de profissionais especializados em pedagogia, sociologia, antropologia e tantos quantos se fizerem necessários, desenvolveriam na cidade de Campos do Jordão tarefas que se entrelaçam. Ao mesmo tempo que organizariam um grande "inventário" de suas atividades artísticas, artesanais e culturais, envolveriam a população – fixa ou flutuante, repetimos – em inúmeras atividades sob a forma de oficinas (de música, de teatro, etc). Para que isto não se perca ou, no mínimo, não seja objeto de reflexão, desenvolver-se-iam seminários, discussões, debates para avaliação não só do "inventário", como do resultado destas oficinas. (*"Projeto Festival de Inverno de Campos do Jordão..."*, 1983

Nesse trecho do projeto, podemos perceber, pela sugestão do entrelaçamento de tarefas entre as diversas oficinas e, consequentemente, diversas linguagens presentes em cada um delas, a preocupação em configurar um evento interdisciplinar, concebendo-o como um todo coeso, formado pela interação entre as diferentes manifestações artísticas. Além disso, fica clara também a atenção à população da cidade e às suas produções, mantidas as distinções entre as categorias "artísticas", "artesanais", "culturais".

68 RITA LUCIANA BERTI BREDARIOLLI

Pelo projeto, a amplitude era também requerida quanto à faixa etária, envolvendo indistintamente adultos, adolescentes e crianças em um trabalho conjunto.

Envolver o maior número de pessoas, aliar interesses, propiciar "intercâmbios de várias pastas do governo estadual, dividir a experiência – sucessos, fracassos, projetos – com profissionais de várias áreas, e, por que não dizer, repartir o orçamento entre todos os setores interessados", esse era o desejo que envolvia a elaboração dessa reforma nos festivais de inverno de Campos do Jordão, reforma que a partir de então estaria condicionada à participação da Secretaria da Educação, como esclarecido no texto do projeto.

Para quem ainda se preocupava com os alunos de música, a Comissão de Música propunha indagações sobre os alunos de dança, de artes plásticas, de outras tantas áreas como contra-argumento, lembrando-se ainda dos alunos das escolas públicas do estado de São Paulo. Parecia-lhes "pouco democrática" a opção por privilegiar apenas o estudante de música. "Menos democrática ainda" se tornava ao mencionar o mercado de trabalho acessível a esse "jovem músico".

Sugestões sobre a redução de orçamento completaram o texto do projeto, concluído pela reiteração da autoria dessa ideia, desenvolvida pela Comissão de Música, e da necessidade do "aperfeiçoamento" desse "anteprojeto" de um evento, desejado como alteração do panorama "não só dos educadores e produtores culturais", mas também como "primeiro exercício efetivo de uma comunidade em busca de sua identidade e sedenta participação".

Uma referência: Prados

O novo modelo do Festival de Inverno de Campos do Jordão, segundo Cláudia Toni (2007) e Celso Delneri (2009), teve como referência um festival realizado na cidade de Prados, em Minas Gerais, idealizado pelo Departamento de Música da Universidade de São Paulo.

O princípio do Festival de Prados era o estabelecimento de uma "relação estreita e participativa com a comunidade local" ("Festival de Inverno de Campos do Jordão", 1983a, p.6).

O maestro Olivier Toni, pai de Cláudia Toni, concebeu o Festival de Prados com o maestro Ademar Campos, morador de Prados, e incluiu no evento os alunos da Universidade de São Paulo. Dentre eles, estavam Fábio Cintra, Celso Delneri e Marco Antonio da Silva Ramos, orientadores da oficina "Canto Coral", integrante das atividades pedagógicas do festival de 1983.

Christina Rizzi, coordenadora da oficina "*Slides*, luz, som e movimento", durante o XIV Festival de Inverno de Campos do Jordão, também integrou o grupo de estudantes que realizavam o Festival de Prados. Posteriormente frequentou um curso de Ana Mae Barbosa, na Escola de Comunicação e Artes da Universidade de São Paulo (ECA--USP), durante o qual apresentou o trabalho desenvolvido naquela cidade mineira.

Ao relatar a experiência desse Festival de Prados, Christina Rizzi, junto com Jerusha Chang, esclareceu a sua singularidade definida pela "interação comunidade-professores" (Barbosa, 1984, p.43-51).

O Festival de Prados, criado em meados da década de 1970, segundo relatou Christina Rizzi, era aberto a todos, sem distinção de "sexo, faixa etária, condição social" e orientado pelo caráter de "interação--troca e não de dominação-superioridade". O trabalho desenvolvido por Christina Rizzi, na área de dança, foi integrado à música e abriu espaço para os participantes, adultos e crianças, moradores da cidade de Prados, cantarem "músicas folclóricas da própria cidade", dramatizarem "situações" de seu cotidiano, e ainda, para os mais velhos, criarem um trabalho sobre "O carnaval de Prados – como era antes e como é hoje".

A experiência de Prados converteu-se em referência para a elaboração do novo festival de Campos do Jordão, idealizada pela Comissão de Música. Referência reiterada na organização das atividades pedagógicas, pois seu formato coincidia com seus objetivos. Aqueles que se empenharam em realizar esse projeto tinham em comum o "respeito ao local, ao contexto", por isso a cidade e sua população foram considerados ponto de partida para a organização e realização da programação cultural-pedagógica desse XIV Festival. Ideia que "já estava lá", em Prados, no trabalho de Christina Rizzi, por exemplo (Barbosa, 2007).

Três mulheres

A Comissão de Música, durante a campanha para as eleições de 1982, concebeu esse projeto ou, como esclarecido em texto, o "anteprojeto" desse novo festival de inverno de Campos do Jordão. Com a vitória de Franco Montoro nas eleições de 1982, assume a função de secretário da Cultura o deputado João Pacheco Chaves. Paulo Montoro, responsável pela Secretaria de Turismo da cidade de Campos do Jordão, convida Cristiano Amaral para trabalhar com ele. De acordo com Cláudia Toni, em entrevista concedida à autora em 2 de março de 2007, Marco Antonio da Silva Ramos, integrante da Comissão de Música, apresenta a Cristiano Amaral, seu primo, o novo "projeto para o Festival de Campos do Jordão, diferente do que sempre foi, sempre dedicado à música e aos alunos de música". Getulio Hanashiro e Almir Pazianotto foram outras duas pessoas, segundo Cláudia Toni, que abriram caminho para o projeto do novo festival chegar até Pacheco Chaves. E chegou.

Cláudia Toni, outra integrante da Comissão de Música, começou a trabalhar para o festival na Secretaria da Cultura. Reivindicou a contratação de pessoas para compor a organização do evento, pois, segundo suas plavras, não queria "repetir o modelo", não queria que esse festival tivesse também "um dono". Propôs então a contratação de um coordenador geral e um coordenador pedagógico.

Para o primeiro cargo, convidou Gláucia Amaral, cujo currículo lhe foi apresentado por Cristiano Amaral, primo de Gláucia. Para o segundo, Cláudia Toni teria mencionado ao secretário da Cultura o nome de Ana Mae Barbosa. Não a conhecia, mas sim o seu trabalho, desenvolvido na área do ensino da arte. As três se encontraram na Coordenadoria de Estudos e Normas Pedagógicas (Cenp). Na época, local de trabalho de Ana Mae Barbosa, embora não fosse funcionária desse órgão, era assessora do secretário da Educação Paulo de Tarso. Como Cláudia Toni, Ana Mae Barbosa trabalhou nas comissões formadas pelo PMDB durante a campanha de Montoro, era integrante da Comissão de Educação. Ana Mae Barbosa assumiu a coordenação pedagógica do XIV Festival.

AO REVÉS DO "PÓS" 71

Cláudia Toni, Gláucia Amaral e Ana Mae Barbosa foram as três mulheres responsáveis pela organização conjunta desse festival.

Cláudia Toni foi responsável pela programação cultural, Gláucia Amaral assumiu a parte administrativa e Ana Mae Barbosa atuou na coordenadoria das atividades pedagógicas.

Estavam incluídos na programação geral ("Festival de Inverno de Campos do Jordão", 1983a, p.17-21) desse festival espetáculos de teatro infantil, música popular e erudita, dança, teatro e cinema, com apresentações dos grupos Tibbim, Zum ou Zóis e Ventoforte, Antonio Nóbrega, Coral da UNESP, Ballet Stagium, Hermeto Pacoal, Roberto Szidon, Guilherme Vergueiro, Lea Freire, Sizão, Amado Malta, Martha Herr, Everton Gloeden, Quinteto Brasileiro de Sopros, Coral do Estado de São Paulo, Cauby Peixoto, Orquestra do Côro do Departamento de Música da USP, Orquestra Sinfônica do Estado de São Paulo, Coral do Museu Lasar Segall, Célia Gouvêa e J. C. Viola, Denise Stoklos, Premeditando o Breque, Madrigal Músicaviva, Adélia Issa, Heloisa Zani, Silvia Ocougne, Coral USP Meio-Dia, Leon Ferrari e suas esculturas musicais, Egberto Gismonti, André Gereissati, Nando Carneiro, Banda Sinfônica do Estado de São Paulo e Orquestra Sinfônica de Campinas. As peças *Feliz ano velho* e *Parentes entre arênteses* e o audiovisual *Integração e movimento sobre a obra de Thomaz Ianelli* completavam o conjunto de espetáculos.

No programa ainda constavam eventos de música e uma peça de teatro sob responsabilidade de artistas e promotores particulares. Nessa parte, estavam incluídos um espetáculo beneficente ao Fundo de Solidariedade do Município de Campos do Jordão, Syncro Jazz, Banda Metalurgia, Wagner Tiso, Cesar Camargo Mariano, Francis Hime, Quarteto Musipoclasic – Jazz erudito, Grupo D'Alma, Arthur Moreira Lima, Ivan Lins, Knights of Karma, Rio Jazz Orchestra e a peça *Agnes de Deus*.

Ainda na programação geral, havia uma lista de filmes composta por *Meu tio*, de Jacques Tati; *Cria cuervos*, de Carlos Saura; *Vida em família*, de Kenneth Loach; *Música e fantasia*; um desenho animado de Bruno Bozzeto; *Flash Gordon*, de Frederick Stephani; *Jonas que terá 25 anos no ano 2000*, de Alain Tanner; *Pai patrão*, dos irmãos Taviani; *Os*

72 RITA LUCIANA BERTI BREDARIOLLI

cafajestes, de Ruy Guerra; *A guerra dos botões*, de Yves Robert; *As férias do Sr. Hulot*, de Jacques Tatit; *Nasce uma estrela*; *Das tripas coração*, de Ana Carolina Teixeira; *Johnny vai à guerra*, de Dalton Trumbo; *Planeta selvagem*, de René Laloux e Roland Topor; *Carlitos*, big *romance*, uma seleção de curtas produzidos nos anos 1920 por Charlie Chaplin; *Floradas na serra*, de Luciano Salce; *Monty Python e o Santo Graal*, de Terry Gillian e Terry Jones; *Dois tiras fora de ordem* e *Rindo com Max Linder*, outra coletânea de produções de Max Linder apresentada por René Clair. Concluindo essa parte do programa, o Circo Xicuta Show.

As páginas 23 a 78 do catálogo do XIV Festival de Inverno de Campos do Jordão exibiam a descrição de cada espetáculo musical e cênico e eram intercaladas por reproduções de pinturas de paisagens da região de Campos do Jordão, realizadas, em sua maioria entre as décadas de 1930 e 1940 por artistas consagrados do modernismo brasileiro, como Guignard, Bonadei, Gomide, Rebolo, Pancetti, Penachi, Segall e o também crítico de arte Sérgio Milliet, integrantes do acervo do Palácio Boa Vista.

A concepção gráfica do catálogo de 1983, se comparada à do primeiro festival de 1970, denota um contraponto. Diferentemente do despojamento das pinturas modernistas, as páginas do catálogo de 1970 apresentavam a suntuosidade aristocrática da decoração do Palácio Boa Vista. As pinturas modernistas surgem discretas como peças de decoração, compondo o cenário dos cômodos. A ênfase dada ao Palácio Boa Vista justifica-se por um dos motivos da realização daquele primeiro evento, o de comemorar a transformação daquela "residência de veraneio ou férias dos Governadores" do estado de São Paulo, em "Monumento Público do Estado de São Paulo", pela resolução de 27 de abril de 1970:

> Completamente reformado e guarnecido com móveis e peças históricas, quadros, esculturas e outros objetos de arte [...] aquêle próprio do Estado foi posto em condições, não apenas de ser visitado, contribuindo, pelo acêrvo que nêle agora se encontra, para divulgação da história e da arte de nosso povo, mas também de ser utilizado como sede de outras iniciativas culturais. ("Concêrtos de Inverno de Campos do Jordão, 1970)

AO REVÉS DO "PÓS" 73

Essa resolução apresentava Luís Arrôbas Martins, então secretário da Fazenda e criador do "Concertos de Inverno de Campos do Jordão", como "Coordenador da Reforma Administrativa e do Grupo Executivo de Aproveitamento do Palácio de Campos do Jordão". Outra diferença de concepção gráfica era evidenciada pelas capas. A capa do catálogo de 1970 trazia o desenho de um pentagrama distorcido em voluta em sugestão ressonante, pelos tons de cinza em escala cromática. Talvez a impressão da ideia de perenidade de um evento em início, objetivamente voltado à música. A capa de 1983 apresentava a pintura de uma paisagem de Campos do Jordão, transformada em um quebra-cabeça em conclusão. O desenho dessa capa, também usado para os cartazes de divulgação do XIV Festival, foi comentado em texto atribuído ao jornal *Folha da Tarde* ("Cartaz aprovado", 20.6.1983). Seu autor, Olavo Multine Filho, teria dito que a ideia "foi a de espelhar as alterações que o Festival sofreu em sua organização e realização, no atual governo".

As páginas internas dos outros catálogos de 1973, 1981, 1982 e 1984, aos quais tivemos acesso, eram restritas a textos ou imagens dos compositores e músicos integrantes da programação.

As obras, reproduzidas no catálogo de 1983, faziam parte de uma exposição prevista no programa do festival, para o período de 3 a 30 de julho.

Além dos espetáculos e da exposição, o catálogo do XIV Festival de Inverno de Campos do Jordão apresentava a descrição das atividades pedagógicas, realizadas entre os dias 3 e 17 de julho de 1983, o grande diferencial desse evento, sempre destacado em textos referentes a essa singular versão de 1983.

Na abertura do catálogo do XIV Festival de Inverno de Campos do Jordão, por exemplo, o secretário da Cultura, João Pacheco Chaves, expõe, em primeiro momento, o objetivo de "colocar o festival a serviço do aprimoramento da formação de professores de Educação Artística da rede escolar de ensino". Pretendia-se por essa via atingir a "educação dos milhares de alunos paulistas", tornando evidente a intenção de transformar esse festival em um irradiador, um "multiplicador", um espaço de formação para professores da rede pública de ensino, visando ao alcance de milhares de alunos.

Em seguida, o secretário mencionou outra singularidade, seu caráter "multidisciplinar", por incluir a dança, o teatro, o cinema, as artes plásticas, a televisão e o audiovisual, o circo, a tapeçaria, o teatro de bonecos, todos à disposição do público, por eventos paralelos e oficinas.

A ideia de "fornecer subsídios para a prática docente do Professor de Educação Artística da Rede Estadual de Ensino" foi apresentada como responsável pela reestruturação do Festival de Campos do Jordão também no projeto que descrevia a "Participação da Secretaria de Estado da Educação no Festival de Inverno de Campos do Jordão". Esse evento seria então constituído como um "instrumento para o aperfeiçoamento da formação desse profissional". Mudança justificada pela "necessidade de propiciar condições objetivas", para que o professor de arte pudesse "redimensionar sua atuação".

Os professores participantes desse evento foram incentivados a multiplicar essa experiência pelo desenvolvimento de planos de ações apresentados à Cenp, em acordo com o projeto "Dinamização da Educação Artística no Ensino de 1º Grau da Rede Oficial de Ensino do Estado de São Paulo (1983)".

Entre os objetivos expostos nesse projeto, estava a possibilidade de vivenciar "diferentes linguagens artísticas", bem como "experiências interdisciplinares" que pudessem "ampliar e realimentar" o "processo criador" e a "prática em sala de aula" do profissional envolvido com o ensino da arte.

Além desses, constavam os seguintes objetivos específicos: propiciar ao professor o encontro com subsídios para a "reflexão sobre sua prática didático-pedagógica", possibilitar a troca de experiência pelo "convívio com professores das diferentes regiões administrativas da SE", tornar esse participante um "multiplicador" e, por fim, "propiciar à população infantil local, a oportunidade de vivenciar diversificadamente, oficinas de trabalho em artes, estimulando o desenvolvimento de sua expressão através de diferentes linguagens artísticas".

A nova estrutura do festival foi publicada no *Diário Oficial* do dia 8 de junho de 1983, com nova edição no dia 24 de junho do mesmo ano, devido a incorreções. Lia-se, em parte dedicada à "Educação", a "Resolução SE de 7-6-83" que estabelecia as "normas para realização do XIV Festival de Inverno de Campos do Jordão" e a nova direção do evento, dedicado ao "aperfeiçoamento" dos professores da "Rede de Ensino do Estado de São Paulo" por meio de "atividades didático-pedagógicas", compostas por "cursos de atualização teóricos e práticos". Quatrocentas vagas eram oferecidas, sendo 300 contempladas com bolsas de estudos. Dessas, 200 para "Professor II e III de Educação Artística, da Rede Estadual de Ensino"; 50 para "Professor I e Professor de Pré-Escola, da Rede Estadual de Ensino"; 20 para "Professor II da Habilitação Específica de 2º Grau para Magistério, da Rede Estadual de Ensino" e mais 30 bolsas para "Monitores do Movimento Coral do Estado de São Paulo". As outras 100 vagas seriam divididas entre 80 para professores de Educação Artística da rede particular de ensino e 20 para professores da rede oficial de ensino do município de Campos do Jordão.

Em 9 de junho de 1983, foi publicada também, em parte dedicada à "Educação" do *Diário Oficial*, uma portaria da Cenp nº 1, de 8 de junho de 1983, oficializando a regulamentação para a "participação de professores nas atividades didático-pedagógicas do XIV Festival de Inverno de Campos do Jordão, da Secretaria da Cultura". Essa portaria trazia a descrição dos cursos teóricos e práticos em "anexo I" e a ficha de inscrição em "anexo II". Os professores deveriam enviar sua inscrição por correio, e, caso houvesse maior número de inscrições que vagas, um sorteio seria usado como forma de preenchimento, o que aconteceu.

A lista dos professores selecionados por sorteio foi publicada no *Diário Oficial* de 24 de junho de 1983. O professor selecionado deveria frequentar dois cursos teóricos, um na primeira e outro na segunda semana do evento; uma oficina prática de duas semanas na parte da manhã, e uma oficina prática de uma semana no período da tarde. Além desses cursos, o professor deveria integrar grupos de estudo.

O número de professores que chegaram ao festival extrapolou os 400 selecionados. Muitos apareceram sem previsão e foram incluídos. Durante as duas primeiras semanas do XIV Festival de Inverno de Campos do Jordão, mais de 400 professores de arte – na época, Educação Artística – das redes pública e privada de ensino do estado de São

Paulo e município de Campos do Jordão frequentaram cursos teóricos e práticos sob a intenção de ocasionar mudanças na condução do ensino da arte praticado, naquele momento, nas escolas de São Paulo. A portaria da Cenp nº 1 também esclarecia a participação da Secretaria da Educação, apresentando os membros das comissões organizadora e executiva. Integravam a Comissão Organizadora Ana Mae Barbosa, Maria Luiza da Cunha Santos Roxo e Antonio Lucio Santos Galvão; da Comissão Executiva participavam Sérgio Pizoli, Maria Apparecida Alcântara, Maria Ângela di Biasi, Nurimar Valsecchi, Ana Izabel Rennó, Éden Silvério de Oliveira, Izair da Costa Rizetto, Maria do Rosário Martinez Correa e Maria Sylvia Mello Castilho.

Pela primeira vez, o Festival de Inverno de Campos do Jordão era realizado com a participação da Secretaria da Educação. Envolvimento evidente e "necessário" para realização dos objetivos do novo festival, expostos pelo "anteprojeto" da Comissão de Música ("Projeto Festival Inverno de Campos do Jordão...", 1983, p.4).

O redirecionamento pedagógico desse festival, bem como a sua programação abrangente, por incluir a música popular e outras linguagens artísticas além da música, caracterizou-o como edição singular, tornando-o também um dos mais, se não o mais polêmico, ou mais criticado dentre a série desses eventos.

Antes de 1983, a "festa erudita"

O evento que originou os festivais de inverno de Campos do Jordão foi realizado em 1970, durante o governo de Abreu Sodré. Foi idealizado por Luís Arrôbas Martins, secretário da Fazenda à época, como atividade comemorativa da transformação do Palácio Boa Vista em "Monumento Público" e "Centro Cultural", ampliando seu uso, antes restrito à residência de férias dos governadores do estado de São Paulo.

O Palácio Boa Vista teve sua construção iniciada em 1938, durante o Estado Novo de Getúlio Vargas, pelo seu interventor federal do estado de São Paulo, Adhemar de Barros. Ao assumir o cargo de governador do estado de São Paulo, em 1963, o mesmo Adhemar de Barros reiniciou as obras do Palácio, finalizando-o em 1964. Sua inauguração

AO REVÉS DO "PÓS" 77

aconteceu em 21 de julho daquele mesmo ano. O Palácio, projetado pelo arquiteto Georg Przyrembel, possui 105 cômodos e um acervo artístico de mais de 1.800 peças, dentre elas uma coleção de pintura e esculturas do modernismo brasileiro.

O maestro Camargo Guarniere foi coordenador da comissão organizadora desse "projeto pioneiro", denominado "Concêrtos de Inverno de Campos do Jordão", que ainda não integrava a parte didática, incluída por Eleazar de Carvalho em 1973, nem assumia o nome de "festival". Inicialmente, pretendia-se um festival nos moldes de outros realizados em "centros culturais como de Weinear, Salzburgo, Edinburgo", porém, entre a "premência do tempo" e a necessidade de realizá-lo, a comissão organizadora, composta "pelos senhores M. Camargo Guarniere, regente e compositor; Lydia Alimonda, pianista; José Luis Paes Nunes, jornalista e crítico musical e Silvia Sodré Assumpção, assessora especial" ("Concêrtos de Inverno de Campos do Jordão, 1970), com o respaldo da Secretaria da Fazenda, optou pela forma de "concêrtos".

De acordo com o texto do catálogo desse evento, "tôda a cidade" se tornaria uma "Festa da Música Erudita", entre os dias 24 de julho e 1º de agosto de 1970. Haveria vários recitais e concertos ao "ar livre, em pátios interinos e vizinhos ao Palácio Boa Vista", além de apresentações de Coral na Igreja da Vila Capivari.

Ao final do texto, um convite ao "apoio construtivo" da crítica do espectador, como auxílio para a sobrevivência desse "trabalho que poderá ter falhas, mas que foi realizado por uma equipe que tem um enorme desejo de acertar e transformar a maravilhosa Campos do Jordão em berço de realizações artísticas de projeção internacional".

Uma resolução de 27 de abril de 1970, transcrita no catálogo, justifica a criação desses "Concêrtos de Inverno" na cidade de Campos do Jordão pelo potencial turístico próprio ao Palácio Boa Vista e à característica da cidade como estância climática.

Em 1971, o "Festival de Inverno" incluiu em sua programação, em meio às atrações "eruditas", a "Noite do Folclore", quando se apresentou Inezita Barroso. O "sucesso" de sua apresentação do dia 26 de julho no "Campos do Jordão Tênis Clube" foi anunciado em fotolegenda no jornal *Folha de S.Paulo* ("Últimos dias do festival", 30.7.1971). Em destaque, a reação do público, que a teria obrigado a "ficar no palco muito tempo além do previsto no programa, recordando os seus maiores êxitos, como 'Lampião de Gás'".

No dia 28 de julho, um texto intitulado "Festival de Inverno e tradição cultural" comentava esse espetáculo, sublinhando a importância do "amor à tradição", às tradições "nacionais e regionais". O texto prosseguia com declarações de Inezita Barroso sobre o valor dos "espetáculos folclóricos", ainda pouco compreendidos, segundo a cantora, que dizia ouvir, por exemplo, se iria cantar a "moda da pinga". Ao final, a ressalva de que o "'folclore é principalmente estudo' e que 'está faltando divulgação e respeito sobre esse assunto'".

Um ano depois, o mesmo jornal anunciava, em pequena nota no caderno "Turismo", o estranhamento de turistas pela "morosidade do programa do Festival de Inverno daquele ano". Uma outra pequena matéria de Ricardo Costa no mesmo jornal anunciava o encerramento do festival, reiterando o descontentamento dos turistas que "lamentaram" a sua organização, realizada pela Secretaria de Turismo, por não incluir na programação "artistas de fama, como a pianista Guiomar Novaes, grandes nomes do hipismo brasileiro, artistas de teatro e um número apreciável de atrações de alto gabarito, numa programação que ocupava todo o mês de julho", como nas edições passadas. O texto segue dizendo que, naquele ano, a Secretaria de Turismo "programou às pressas" o Coral Madrigal Músicaviva de Campos do Jordão e a Orquestra Sinfônica de São Paulo.

O "sucesso" em 1972 dependeu da participação de "diversos artistas e pessoas amigas da cidade", responsáveis pelos eventos paralelos como a noite de lançamento do livro *Monteiro Lobato e a parapsicologia*, de Castelo Branco, ou as 50 fotografias expostas no *shopping center* sobre o cotidiano de Campos do Jordão, "seus pontos pitorescos e personagens humanos", registrados pelo fotógrafo Bicudo Jr.; e outros artistas que expuseram seus trabalhos nos "grandes hotéis da cidade" (Costa, 1972).

No ano seguinte, em 1973, o maestro Eleazar de Carvalho assume a direção artística do festival, configurando-o como evento didático ao

AO REVÉS DO "PÓS" 79

abrir espaço para 300 alunos bolsistas, jovens músicos, em sua maior parte, instrumentistas, selecionados. Esse formato, inspirado no Festival de Tanglewood,[11] predomina até os dias atuais, com exceção do ano de 1983.

Em 1979, o Auditório Arrôbas Martins, chamado Cláudio Santoro a partir de 1989, construído para abrigar os concertos dos festivais de inverno, foi inaugurado com as presenças do então presidente João Batista Figueiredo e do governador Paulo Maluf, que se apresentou ao piano, executando Chopin.

Em *O Estado de S. Paulo* foi comentada a "falta de espontaneidade" da cena, prevista e preparada dias antes em "*petit* comitê" ("Agora, o 'concertista' Maluf", 14.7.1979).

Esse evento foi divulgado no dia de sua realização, em 12 de julho, na página 35 do caderno "Ilustrada" da *Folha de S. Paulo* ("Presidente no Festival de Campos", 12.7.1979). A *performance* do governador ganhou comentários em dois artigos de Ênio Squeff (1979b) e João Marcos Coelho (1979a), além de ocupar, com muitas imagens, três espaços da coluna social do mesmo jornal (Miranda, 15.7.1979).

Ênio Squeff (1979a, p.27) inicia seu artigo com o prognóstico para o final do ano de 1979, pela "síntese" assistida no Festival de Campos do Jordão daquele ano: a reunião do presidente João Batista Figueiredo, do governador Paulo Maluf e do secretário da Cultura Cunha Bueno, como espectadores da apresentação, "à moda das festas promovidas por Getúlio Vargas durante o Estado Novo", do coro de "30 mil jovens",[12]

---

11 Eleazar de Carvalho estudou regência com Serge Koussevitzky, no Berkshire Music Center, em Tanglewood, nos Estados Unidos. Ao reassumir a direção dos festivais de inverno de Campos do Jordão, em 1984, o maestro escreve, na introdução do catálogo daquele evento, que o "modelo do Festival de Inverno de Campos do Jordão vem de Tanglewood, um pitoresco recanto na cidade de Lenox, Estado de Massachussetts nos Estados Unidos da América do Norte, onde estudei na década de 40 e onde fui sucessor de meu pranteado Mestre Serge Koussevitzky – fundador do Berkshire Festival (promovido pela Orquestra Sinfônica de Boston) [...]. O modelo de Tanglewood, o de Gramado e o de Campos do Jordão se inspiram na dicotomia: festa e aprendizado, que é internacionalmente, o ideário de todos os Festivais" ("Festival de Inverno de Campos do Jordão", 1984).

12 Em entrevista concedida à autora em 2 de março de 2007, Cláudia Toni afirmou o seguinte: "O último secretário de Cultura, Cunha Bueno, havia se desvinculado da secretaria para concorrer à reeleição de deputado. João Carlos Martins assumiu

80 RITA LUCIANA BERTI BREDARIOLLI

cantando as "músicas de praxe: da 'Noite Feliz', à indefectível 'Aleluia' de 'O Messias' de Haendel''.

O texto segue em descrição do espetáculo do dia 12 de julho e por fim, em entrada amena, deixa suas expectativas:

> Não quero ser preconceituoso, mas espero que o governador que tem tantos e múltiplos talentos, deixe aos especialistas, de fato, a tarefa de fazer música. Ou seja, não creio que ao mobilizarmos uma multidão de cantadores para cantar o "Aleluia", no fim do ano, nossa juventude estará mais musicalizada do que se houver uma modificação radical no currículo das escolas e principalmente das escolas de música [...]. (Squeff, 1979a, p.27)

O crítico João Marcos Coelho (1979b, p.27) menciona esse acontecimento e por citações, atribuídas aos bolsistas do festival daquele ano, expõe "uma das unanimidades entre a comunidade dos bolsistas":

> [...] episódio do governador Paulo Maluf tocando Chopin duas quintas-feiras atrás. Para eles, aquele foi o pior momento vivido pela décima edição do Festival de Inverno: "Fiquei tão revoltada, é demais, não dá pra entender. Estamos sendo usados para se fazer política''.

O tom da indignação era mantido no texto pelas declarações críticas ao uso político do festival, atribuídas aos bolsistas:

> [...] crianças pisoteadas, enquanto muita gente se empurrava só para conseguir um autógrafo do governador-pianista. Houve de tudo. E nós, bolsistas, só não fomos embora porque ficamos paralisados diante daquela incrível manipulação. Muitos indignados, se arrancaram mesmo, não quiseram ficar para o desfecho. (Coelho, 1979b, p.27)

---

sua função nesse final de mandato. A política cultural feita para a música era horrível. Coros de crianças, 'vestidas de cardeal', como dizia a Ana Mae, foram proliferados por todo o estado de São Paulo. As crianças eram obrigadas a cantar músicas horrendas. Era tudo um horror!''.

AO REVÉS DO "PÓS" 81

Outro comentário sobre o assunto aparece em um último parágrafo de outro texto de João Marcos Coelho (1979c, p.19), sobre a avaliação do X Festival de Inverno de Campos do Jordão: "Muitos esperavam que o 10º Festival de Inverno de Campos do Jordão visasse, antes de seu início, usar politicamente a música – o que aconteceu, realmente, mas só em episódios isolados, como o do governador Paulo Maluf tocando Chopin".

Em 1982, durante a gestão do secretário da Cultura João Carlos Martins, a música "contemporânea" e "popular" teve espaço na programação do XIII Festival de Campos do Jordão, gerando certo desconforto entre o público e algum assunto entre os críticos.

"Sem título, com falas", de Damiano Cozzella, por exemplo, ao ser executada pela Orquestra Sinfônica de Campinas, foi recebida entre "tímidos aplausos e sonoras vaias" (Coelho, 1982b, p.25). Houve "quem achasse que o Festival de Campos do Jordão não comporta a música contemporânea". Uma "bobagem", segundo o crítico musical Ênio Squeff (1982b, p.31), para quem a "música de concerto supõe a música contemporânea".

Essa "música de protesto erudita" ("O sabor da vaia no Festival de Campos", 1982, p.32), criada por Cozzella, "combina música serial rigorosa [...] dividida em três grupos sinfônicos, entremeada por mais ou menos 60 falas" (Coelho, 1982b, p.25), algumas obscurecidas pela interferência de ruídos: "É para ouvir isso com o ouvido esquerdo ou direito, maestro?"; "Atenção cultores da cultura superior: todos ao Circo Orlando Orfei!"; "Ivon Cury, como tu é grande! Precisaria que o Wittgenstein te apreciasse!"; "É pra levar a sério isto que estamos fazendo, maestro?"; "as elites brasileiras nãos se sentem envergonhadas, maestro?"; "Será que a cultura superior se aguenta, maestro?"; "Que direito tem esse cara (o compositor) de fazer estas coisas, maestro?"; "Os acadêmicos não ouvem desenho animado norte-americano não é maestro?"; "O cara ali da quarta fila manda dizer que isto é demais pra cabeça dele"; "É frágil, é precário, é incerto"; "Altemar Dutra", foram algumas das falas escritas para cada músico. Ao final da execução, a "maestrina Adriana Giarola, que regeu uma das 'orquestras' da Sinfônica ao lado de Benito Juarez e Helena Starzynski [...] deixou o palco sambando ao som de uma música carnavalesca, sob poucos aplausos e muitas vaias". Cozzella teria dito, segundo João Marcos Coelho (1982b, p.25), que não queria ser "conhecido como compositor", apenas sentia a "necessidade de criticar a elite". Como Brecht, Cozzella não teria "nada contra a elite, só que ela é muito pequena. Precisamos sacudir as elites, fazê-las acordarem" (ibidem).

Em outro artigo, Ênio Squeff (1982a) traz um comentário do maestro Benito Juarez sobre o ocorrido, mostrando condescendência sobre a reação do público que, minutos antes, havia ovacionado a soprano Niza de Castro Tank e espanto, pois esperava ainda mais vaias e menos conformismo por parte dos espectadores.

Justificando esses "apupos", Ênio Squeff (1982a, p.32) compara a recepção da peça de Cozzella à da *Sagração da primavera*, de Stravinsky, "vaiadíssima em sua primeira apresentação", em 1913. Squeff segue o texto incitando dúvidas quanto à qualidade da orquestra campineira, regida por Benito Juarez. Comentou o repertório da orquestra, um tanto polêmico, pois trazia alguns "sambas-canções", muito apreciados pelo mesmo público que rechaçou a peça de Cozzella. Um equívoco de compreensão musical, segundo Squeff. A peça de Cozzella tem "endereço certo", foi escrita para três orquestras com três regentes, foi feita para os "ouvintes de concerto deste e de outros festivais". Escrita para provocar aplausos, risos e até mesmo vaias. Mas o seu lugar é certo "seja ou não insólita, tenha ou não caráter conceitual, seja ou não um happening", seu contexto é o mesmo que o da "música romântica barroca ou medieval". A música contemporânea, para Squeff, assumiria seu "verdadeiro sentido na medida em que aparece ao lado de um Tchaikowsky". Assim, a orquestra de Campinas não lhe pareceu exorbitante, a vaia surgiu do ineditismo da peça de Cozzella.

No entanto, a mesma orquestra, ao fazer arranjos de música popular, cometeu um absoluto equívoco para o crítico. Em princípio porque, se a "música de concerto não entra nos festivais de MPB", não haveria "por que incluir a MPB em festivais de música de concerto. A recíproca não é verdadeira – mantenha-se a distância que o procedimento exige". Não haveria motivo para mobilizar uma sinfônica, para tocar uma

[...] música que em absoluto não fica melhor fora dos conjuntos para os quais foi concebida [...] Elitismo? Aceitaria a pecha se alguém me provasse que a "Aquarela do Brasil", de Ari Barroso, torna-se música de concerto pelo simples fato de ser executada por uma orquestra sinfônica. Não fica. (Squeff, 1982a, p.32)

Os aplausos a "Aquarela do Brasil" e as vaias para Cozzella demonstraram, segundo Squeff (1982a, p.32), um "confusionismo geral" e confirmaram que a vaia é apenas um "acidente histórico, nunca um atestado de qualidade ou incompetência".

No entanto, Cozzella, na época professor da Universidade Estadual de Campinas (Unicamp) e assessor do regente da Sinfônica de Campinas e do Coralusp, foi quem elaborou esse programa criticado por Squeff. De acordo com João Marcos Coelho (1982a, p.25), o músico teria uma "preocupação com a pobreza" musical no Brasil, onde nem a "música popular tem grande consumo". A música no Brasil ainda seria "sinônimo de canção letrada", a música instrumental só seria apreciada de fato no "morro (batuque) ou no interior (sanfona, viola)". Daí a necessidade de atuação dos compositores em vários setores: "Fazendo música para a elite visando sacudi-la; fazendo arranjos de música popular, para mostrar à massa a riqueza de timbres e sons de uma sinfônica; e também entrar em jingles etc." (ibidem). Daí, talvez a elaboração de um programa não muito convencional para um festival dedicado à música de concerto. Cozzella teria dito que não pretendia "'educar' o povo [...]. Ninguém vai tocar Beethoven pra eles. Tem mais é que fazer arranjo de música popular, que desta o povão gosta. E aos poucos descobre a riqueza da música instrumental" (ibidem). A sua peça "Sem título, com falas" teria sido feita como uma crítica às formas elitistas de "produção da música de concerto, tanto a tradicional quanto a contemporânea, de vanguarda" (Coelho, 1982b, p.25).

Um outro compositor também misturou a música de concerto com a música "popular" nesse festival de 1982. O pianista norte-americano Paul Schoenfield, com seu "corajoso recital", por ser a primeira parte "francamente popular", tocou peças de Eubie Blake, Arthur Marshall e Scott Joplin e James P. Johnson, seguidas de músicas de concerto, incluindo criações de Chopin, Beethoven e Bela Bartok, "ou seja, um clássico, um romântico e um moderno". Por ser a primeira vez que vinha ao Brasil, decidiu "sentir o público brasileiro em relação aos estilos populares norte-americanos". A "música popular" foi incluída em seu recital depois da superação de "preconceitos que dividem a música popular ou de concerto", segundo declarou, em decorrência de seu "amadurecimento". Justificou essa "maior flexibilidade" de seu repertório, pela defesa da sofisticação de estilos "populares" como o "*ragtime*, por exemplo", que é "escrito, tem partitura, não é improvisado, e há necessidade de certa virtuosidade para sua execução" ("Atrações internacionais no fim do Festival de Inverno", 26.7.1982). Uma tímida nota no caderno "Ilustrada" do jornal *Folha de S. Paulo*, de 6 de julho de 1982, apresentava outras atrações populares dessa edição do festival, que deixou a cidade em "clima de festa". Entre as "barracas de artesanato" da Praça Capivari, a "banda Municipal Monsenhor Nazareno Maggi, de Americana, tocou marchas, dobrados e frevos, dentro dos eventos comunitários do Festival". O Coral do Meio-Dia fez sua apresentação na Igreja de Capivari e a Banda Sinfônica do Conservatório de Tatuí ocupou o "Auditório Campos do Jordão", tentando convencer o "público de que uma banda tem o mesmo prestígio de uma orquestra", para estimular os músicos que "atualmente" sentiam sua "atividade relegada a segundo plano", segundo Luís Carlos Rodrigues, "líder dos naipes dos saxofones". Para esse músico, "as bandinhas do interior devem ser os celeiros naturais da formação de novos e melhores músicos e a participação de Tatuí num festival como este pode colaborar para que isto ocorra" ("Bandas e coral no Festival de Campos", 6.7.1982).

No festival de 1982, houve uma exposição de pintura do artista plástico espanhol Fernando Odriozola e uma de fotografia de Jorge Rosenberg e Oswaldo Camargo, ambas no saguão do Auditório de Campos do Jordão. As fotografias, em torno de 50, eram o registro do próprio festival.

João Carlos Martins, secretário da Cultura durante o festival de 1982, pretendia para 1983 um evento mais "humanista", mais "abrangente", abrindo-o para outras "manifestações artísticas", mas mantendo a "música de câmara e orquestral como carro-chefe". As artes plásticas poderiam acompanhar os estilos presentes na progra-

AO REVÉS DO "PÓS" 85

mação musical; por exemplo, um "painel barroco" faria parte do "ciclo de música barroca". João Carlos Martins teria afirmado que o Festival de Inverno de 1982 já havia sido organizado, quando assumiu o cargo de secretário, impedindo-o de provocar muitas mudanças, como aquela referente ao número de bolsistas. O secretário teria cogitado um aumento no número dos tradicionais 300.

Em relação aos festivais anteriores, algumas novidades foram mencionadas em um artigo publicado pela *Folha de S.Paulo* ("Custo de evento em Campos chega a Cr$ 150 milhões", 5.7.1982), como a participação mais ativa dos bolsistas que passaram a tocar em bares e restaurantes, descentralizando e tornando mais informal o festival de 1982. A "programação paralela nos principais pontos da cidade" também representou um diferencial pelo "maior apelo popular – bandas sertanejas, cantores populares, como Agnaldo Rayol e Luiz Airão" ocuparam um maior espaço nesse festival do que nos anos anteriores. Geraldo Mello, "coordenador dos eventos do auditório", teria lamentado a falta de nomes como Arrigo Barnabé, Itamar Assunção e Premeditando o Breque, que, de acordo com o texto, foram sugeridos, no entanto desaprovados pelos organizadores do festival. A presença desses artistas foi requerida e justificada como uma possível atração de um número maior de jovens turistas. O secretário da Cultura teria mostrado propensão em aceitar "nomes como esses nos próximos festivais, 'desde que a música popular não alcance parâmetros que estariam indo contra a estrutura do festival'".

Antonio Gonçalves Filho (1982, p.23) inicia seus comentários sobre as mudanças do festival de 1982 sugerindo-o, em relação aos seus antecedentes, como um evento, em princípio, conformado ao padrão desses festivais, indicando que, talvez, ele não tivesse resultado "tão polêmico quanto desejaria o atual secretário estadual de Cultura". Mas, em contrapartida, não repetiu, com certeza, os "escândalos de festivais anteriores, como o do ano passado, em que a cantora lírica Graziella Sciutti recebeu 10 mil dólares por uma única performance" (ibidem). Segundo o jornalista, uma quantia igual ao que receberia "uma orquestra como a de Count Basie". Um "rombo nos cofres públicos", apoiado por um funcionário da Secretaria de Cultura do Estado de São Paulo,

86 RITA LUCIANA BERTI BREDARIOLLI

que recebia uma comissão de 30% para "contratar grandes nomes da música erudita internacional". Funcionário que já teria sido demitido.

Outra novidade seria um piano novo, substituindo o emprestado por Eleazar de Carvalho, usado durante a inauguração do festival de 1982, por Arthur Moreira Lima para uma plateia de mais de duas mil pessoas, das quais somente, em número aproximado, 30% eram da população local. O difícil acesso ao auditório, de acordo com Gonçalves Filho (1982, p.23), poderia ter sido a razão para o grande número de turistas entre os espectadores. A disposição de ônibus coletivos facilitaria o acesso a partir do segundo concerto, regido pelo maestro Eleazar de Carvalho.

Mesmo assim, comerciantes teriam se manifestado, conforme o texto, sobre o caráter restrito do festival, feito para "turistas interessados em música erudita", deixando a comunidade local à parte. Houve também, seguindo o artigo, reclamações sobre a falta de espaço para a música popular e da "ausência de ídolos, caracterizando o fato como 'elitismo cultural'". Cláudio Santoro, maestro e professor de composição, convidado desse festival, teria discordado da qualificação dos festivais de Campos do Jordão como "elitista", justificando que toda "arte elaborada é como a ciência, requer um certo trabalho, uma certa educação. A música popular brasileira já conta com o amparo dos meios de comunicação, enquanto a erudita, não" (ibidem).

Para Gonçalves Filho (1982), o XIII Festival de Inverno de Campos do Jordão não resultou tão polêmico. Manteve-se adequado. Sua programação ainda era restrita à música. A participação da música popular havia sido ainda tímida e subordinada à música erudita, e o público "jordanense" ainda não se sentia integrado ao evento. Coincidente a essas demandas, enunciadas pela crítica desse jornalista, ocorreu o XIV Festival de Inverno de Campos do Jordão em 1983.

Diferentemente dos anos anteriores, a Orquestra Sinfônica de São Paulo (Osesp) não abriu o XIV Festival de Inverno de Campos do Jordão. Dessa vez, o Coral da Faculdade de Ciências Agrárias e Veterinárias do *campus* de Jaboticabal da Unesp, sob regência de Samuel Kerr, inaugurava a nova edição com músicas de Milton Nascimento, João Bosco, Wanderlay Martins, Renato Teixeira e Caetano Veloso. O espetáculo, dramatizado, reunia a música e o teatro, indicando os novos rumos daquele evento: um formato definido pela integração das várias linguagens artísticas, compondo sua programação com a reunião de música, dança, teatro, cinema, artes plásticas e o encontro de manifestações "eruditas" e "populares". Isso rendeu ao evento um caráter singular. Singularidade reafirmada – e causa maior da polêmica que o envolveu – pela substituição dos jovens instrumentistas, por professores de Educação Artística da rede pública de ensino, como bolsistas. Essa nova organização tornou-o alvo de muitas críticas, que ocupavam páginas inteiras de jornais da capital, como *O Estado de S. Paulo* e *Folha de S.Paulo*, e de outros do interior do estado, como o periódico *A Cidade de Santos*, transformando-o, também, em um dos mais divulgados entre os quarenta festivais.

"Popular", "populista"; "elitista", "pseudodemocrático": em representações do XIV Festival, instantâneos de educação, cultura e política nacionais[13]

Um certo "medo" por romper uma "tradição", por "invadir" um "território, meio sagrado", se fez notar no XIV Festival. A eleição de

---

13 Tomamos como fonte para esse subitem recortes de jornal xerocados e arquivados pela assessoria de imprensa do XIV Festival de Inverno de Campos do Jordão. Esses recortes, em um total de 226 publicações, integradas por 1 revista, 6 jornais da capital e 17 do interior paulista, e mais 2 periódicos do Rio de Janeiro, foram arranjados num conjunto encadernado, aberto em sua primeira página com o título "Memória 14º Festival de Inverno Campos do Jordão/83" e abaixo a indicação "Secretaria de Estado da Cultura Assessoria de Imprensa". Na página seguinte, um texto de introdução e, ao seu final, os nomes de Alexi Piccini (assessor de imprensa) e dos componentes da "Equipe de Campos do Jordão", Waldemir Marques (editor-chefe) os repórteres e redatores Fátima Murad, Izalco Sardenberg, Thereza de Almeida Penha e Carlos Frey; Silvia Maria Jabbur (secretaria e produção), Laura Gertrudes de Oliveira (relações públicas) e os fotógrafos Oswaldo e Firmino Nascimento. Os recortes dos jornais *Folha de S.Paulo* foram reencontrados em seu contexto de publicação no Arquivo do Estado de São Paulo; quanto aos outros, limitamo-nos à sua apresentação e a comentários a partir desse arquivo da "Assessoria de Imprensa da Secretaria da Cultura", incluído no acervo pessoal de Cláudia Toni.

88 RITA LUCIANA BERTI BREDARIOLLI

Franco Montoro havia despertado a "expectativa" pela novidade, a vontade de "fazer uma coisa mais popular", mais "multimídia", um postulado correto na época, mas impróprio para aqueles que defendiam o espaço da música erudita criado pelos festivais de Campos do Jordão (conforme entrevista concedida por Guto Lacaz à autora em 7 de fevereiro de 2007).

Uma amostra da reação de uma parte da comunidade musical – pequena mas contundente – daquela, em defesa do lugar designado para música erudita em Campos do Jordão, pode ser lida em nove textos publicados na *Folha de S.Paulo*, escritos pelos jornalistas e críticos musicais João Marcos Coelho e Ênio Squeff, por Antonio Gonçalves Filho, pelos músicos Gilson Barbosa, Régis Duprat e Maria José Carrasqueira. Seus textos somavam uma crítica de oposição ao XIV Festival de Inverno de Campos do Jordão, expandida para o campo político, alguns em arranjo irônico, cujos títulos anunciavam "equívocos", "incoerências", "problemas" desse novo modelo que estaria envolto pelo "espírito do FMI". Outros amenizavam a tendência depreciativa do evento e, mesmo questionando a sua validade, ora definindo-se em uma categórica oposição, ora pautando-se na ponderação de prós e contras, mostravam que o foco do debate não deveria recair sobre as alterações ou legitimidade do novo festival, mas sim sobre problemas históricos pertinentes aos campos da política, educação e cultura brasileiras, responsáveis não somente por aquele evento, como também pela polêmica que o envolvia.

Um único espaço foi aberto, nessa sequência de artigos publicados na *Folha de S.Paulo*, durante o XIV Festival, para a exposição das razões e dos objetivos do novo formato do evento. Tratava-se de um texto de Cláudia Toni publicado no "Folhetim", suplemento de domingo desse jornal, dedicado, no dia 10 de julho de 1983, à "música, em suas diversas manifestações". Uma chamada na primeira página desse jornal anunciava "Música no 'Folhetim', do samba ao erudito". Esse texto foi único, nesse jornal, em defesa das mudanças da nova edição. Outros cinco, publicados em dias anteriores ao início do festival de 1983, apresentavam-se como divulgação: um deles do novo formato; os outros relacionados aos espetáculos que compunham a programação desse festival.

Três artigos em um domingo: espectros e equívocos

No dia 3 de julho de 1983, uma página inteira do caderno "Ilustrada" da *Folha de S. Paulo* foi dedicada ao XIV Festival de Inverno de Campos do Jordão. Nela estavam dispostos em conjunto os artigos de João Marcos Coelho, Antonio Gonçalves Filho e Ênio Squeff. "O espírito de Campos migra para Gramado", título do texto de João Marcos Coelho (1983a), abria a página tomando toda a sua parte superior, coroando, junto a uma caricatura, os outros dois textos que a completavam. Nesse artigo, o jornalista insere trechos de falas de músicos profissionais, bolsistas de outras edições e do maestro Eleazar de Carvalho, que levou o modelo empregado em Campos do Jordão para a cidade de Gramado no Rio Grande do Sul. Todos os testemunhos defendiam a validade do antigo modelo do festival. O texto se refere a Campos do Jordão como "maior celeiro de músicos para o país". Destaques para relatos atribuídos a Roberto Minczuck, Oséas Arantes, Arcádio Arantes e Kathia Giugliano confirmavam em voz comum a importância dos festivais de Inverno de Campos do Jordão, para a descoberta de sua vocação, todos tinham entre 12 e 13 anos quando frequentaram as aulas durante o evento.

Em 1979, o mesmo jornalista havia também usado citações de bolsistas, dessa vez, para expor críticas ao formato do Festival de Inverno de Campos do Jordão daquele ano. Os temas destacados apontavam problemas que mais tarde, em 1983, fariam parte das justificativas e dos objetivos expostos pelo grupo responsável pelo novo modelo para os festivais de Campos do Jordão, resultando em sua versão de 1983. Em "Jovens músicos contra o arroz com feijão", de 1979, foi mencionada, por exemplo, a "indefinição total" quanto ao "futuro" dos bolsistas, assunto desencadeado a partir da notável "disputa pelo poder de parte dos organizadores", explícita em declaração atribuída a um bolsista de 15 anos:

> Olha, a gente não tem a menor ideia de quem sairá vencedor desta disputa, visível até para nós. Eu estou no Festival pela primeira vez. Estou achando ótimo, mas o que vou fazer depois? Onde vou tocar? Com quem

vou continuar estudando? Será que vão me dar a chance de voltar no ano que vem? (Coelho, 1979b, p.27)

Para Coelho (1979b, p.27), o que sobrava de "entusiasmo nesta garotada realmente fascinante" faltava em "definições futuras". Em reiteração a esse problema, inclui outras duas falas. Uma termina com a dúvida: "E nós, o que vamos fazer quando estivermos prontos para assumir nossa profissão?" (ibidem). A outra, uma indução à crítica sobre a falta de espaço para os jovens profissionais: "Pois é, que adianta a gente estudar que nem louco (trata-se de um violinista), se só existem duas ou três orquestras no Estado? Como é que a gente vai conseguir lugar para tocar? Esperando os que lá estão agora morrerem?" (ibidem). Outro bolsista, segundo o jornalista, teria falado sobre o "absurdo" de fazer um festival naquela cidade, sem uma "infraestrutura musical necessária", diferentemente da cidade de Tatuí, por exemplo. A "angústia" desses jovens bolsistas teria sido resumida, nas palavras do jornalista, por uma das críticas sobre a discrepância chocante, entre o caráter efêmero desse festival e a "realidade", vivida pelos bolsistas em cada uma de suas cidades de origem:

> Acho que não adianta muito a gente frequentar durante um mês uma superescola itinerante e efêmera, como acontece aqui. É duro voltar depois à nossa realidade feita de dificuldades econômicas e de falta absoluta de bons professores e condições de obtermos uma formação artística sólida. Isto vale principalmente para o interior, onde mora. (ibidem)

Depois dessa última frase, João Marcos Coelho (1979b, p.27) fecha seu texto endossando declarações atribuídas aos bolsistas: "Conclusão lógica, ouvida à exaustão nas várias conversas com eles: o dinheiro gasto num Festival de trinta dias sustentaria uma magnífica escola funcionando o ano inteiro – igualzinha à que povoa os sonhos dos bolsistas".

De volta ao artigo de João Marcos Coelho de 3 de julho de 1983, encontramos citações atribuídas ao maestro Eleazar de Carvalho referindo-se ao seu desconhecimento sobre o novo programa, motivo de seu silêncio. No entanto, teria declarado que aquele não era "um

AO REVÉS DO "PÓS" 91

local adequado para um professor se reciclar durante 15 dias. Se ele não conseguiu ser professor antes, não é lá que vai virar um" (Coelho, 1983a). O ideal para Eleazar, segundo o texto, era a junção dos dois modelos de festival, "mantendo o espírito original, onde os professores teriam o laboratório presente, que são os bolsistas" (ibidem). Quanto ao público restrito, uma das críticas à antiga estrutura, Eleazar teria respondido que o gosto do público foi subestimado. Resposta próxima ao discurso do ex-governador Abreu Sodré, quando da assinatura do ato de criação desse evento:

> O Festival foi criado para a música erudita, tanto quanto Wagner criou o de Bayrouth para a divulgação de sua música há cem anos. Pode-se colocar num festival erudito algo popular, como a bossa-nova, de uma riqueza incrível. Seria uma variação. Mas não se deve esquecer a caracterização essencial: não se pode apresentar *Parsifal* num festival de Rita Lee, seria imposição ao gosto de um público específico. E público específico nada tem a ver com elitismo econômico: hoje há curiosamente uma intelectualização maior da classe média para baixo, enquanto a alta gosta de Hipopotamus e Gallery. O elitismo é intelectual, e não social. (Coelho, 1983a)

Seria de "perplexidade" a postura de "grande parte da comunidade musical de São Paulo com os rumos de Campos" (ibidem). O maestro Alberto Jaffé teria definido como um "crime a eliminação da parte didática", e Maria José Carrasqueira, pianista, inicialmente, teria considerado "positiva a mudança", mas seria contrária a "eliminação pura e simples do modelo anterior, que era uma mola propulsora e cumpria o fundamental papel de animação musical" (ibidem). Um "esquema misto" seria, para a pianista, uma possibilidade mais adequada: "15 dias para educação artística e 15 para música" ou mesmo a produção de uma "ópera, o que envolveria todo tipo de arte num objetivo comum" (ibidem).

Sob o subtítulo "Desinformação", o artigo destaca a "surpresa" da pianista, ao saber que deveria cuidar ela mesma da confecção de cartazes e ingressos, além de pagar à Secretaria de Cultura 15% da renda total arrecada em sua apresentação durante a segunda quinze-

92 RITA LUCIANA BERTI BREDARIOLLI

na do XIV Festival de Campos. Segundo Coelho (1983a), um rumo diferente tomado pela Secretaria de Cultura paulista, pela decisão de "embolsar um extra". Citações de Gilson Barbosa, "primeiro oboé da Sinfônica Municipal desde 1978" e "ex-bolsista de festivais do gênero" terminam esse artigo, sendo considerado pelo jornalista como o "mais incisivo" de seus entrevistados. Sua fala, como editada por João Marcos Coelho, é a mais voltada à crítica política:

> A tônica é a falta de dinheiro. Ora, então o Festival deveria ser só pedagógico. Em vez disso, levam música popular. As concepções políticas e sociais passam para a arte do modo mais descarado. As pessoas que tomam o poder são em geral desinformadas, eu nem diria que têm má fé. De repente, dão-se o direito de fazer mudanças do jeito que entendem, sem ao menos olhar as experiências anteriores. Nem importa a posição política, interessa é o jogo do poder, vender um novo peixe. Com isso, a cada quatro anos empobrecermos nós, músicos, e a própria realidade brasileira. (ibidem)

"Etimologia e equívocos", de Ênio Squeff (1983a), apresentava argumentos partindo da etimologia da palavra festival para defender o quão equivocado era o novo modelo. "Etimologias são perigosas", o uso extemporâneo de alguns termos pode ocasionar enganos. Risco que o jornalista não assumiria ao designar o evento de 1983, em Campos do Jordão, como "festival", pois "haveria o perigo de chegar menos às origens do que ao desenvolvimento da expressão na sua história" (ibidem).

O sentido original de "festival", de acordo com o jornalista, se referia aos "deuses do Olimpo", definia "celebrações em que, à custa de música e dança, se homenageavam alguns deuses" (ibidem). A versão concebida por Eleazar de Carvalho em 1973 era uma "celebração à grande música que se produziu no Ocidente ao longo da história" (ibidem). Para Squeff, Eleazar de Carvalho inscreveu o "nome do Festival de Campos do Jordão nos melhores acontecimentos musicais do mundo. Não é uma contribuição que a história da música brasileira tenderá a esquecer" (ibidem).

AO REVÉS DO "PÓS" 93

Depois de atestar a importância dos festivais de inverno de Campos do Jordão para a formação musical de jovens brasileiros, por meio de exemplos de ex-alunos e dos concertos nacionais e internacionais apresentados, Squeff (1983a) termina seu artigo afirmando conhecer pouco a nova proposta, mas acreditava não exagerar, se expusesse "dúvidas no que respeita a sua relação com essa gênese possível da história dos festivais. Equívocos não são os que se pretendem: são apenas equívocos".

O último texto integrante dessa página era o do jornalista Antonio Gonçalves Filho (1983a), o mesmo que apontou alguns problemas tradicionais dos festivais de inverno de Campos do Jordão em 1982. O título de seu artigo, "Uma súbita e polêmica paixão pela MPB", predizia, pelo adjetivo "súbita", a tonalidade irônica que marcaria o decurso de seu texto, cuja chave de abertura era uma frase dedicada a Getúlio Vargas: "eu voltarei". A evocação a Getúlio Vargas denota o teor de seu texto, que defenderá as alterações do formato do Festival de Campos como uma reedição do "populismo" do velho político. Diferentemente dos outros dois colegas, Gonçalves Filho publica a versão dos organizadores do evento, mesmo assim manteve certa ambiguidade quanto ao crédito depositado sobre a validade do novo Festival.

O "sonho de transformar Campos do Jordão na 'Suíça brasileira'" estaria "definitivamente enterrado", escreve Gonçalves Filho (1983a, p. 3) ao iniciar seu texto, não somente pelo desastre ecológico ocorrido havia alguns meses na "estância preferida do governador Montoro", mas também pelas mudanças em seu festival de inverno, prova de que as "montanhas mágicas de Campos" em "nada tem a ver com Lucerna, o limpíssimo reduto da música erudita". "Ídolos do povão", como o cantor Cauby Peixoto, ocupariam o mesmo espaço que já foi outrora ocupado por "virtuoses", do nível de Madaglena Tagliaferro: Beethoven havia perdido para "Conceição, que vai receber o vultoso cachê de Cr$ 1,5 milhão para subir o morro, na voz de seu glamoroso intérprete" (ibidem). Por isso e pela abertura aos professores de Educação Artística, o autor lembrou que o festival havia sido apelidado de "Festival do MOBRAL". Os estudantes de música, excluídos dessa edição, pensaram, segundo o articulista, em protestar contra a nova tendência e o "certo 'populismo' do apêndice peemedebista".

O "fantasma de Getúlio Vargas anda à solta", mas o secretário da Cultura Pacheco Chaves teria garantido, segundo o autor, que não havia se deixado "seduzir pelo vírus populista". O texto sugere que o secretário eximiu-se de responsabilidades sobre as críticas aos festivais anteriores, nem ao menos o classificou como "elitista", como "alguns subordinados, preferindo não subscrever discursos alheios". Mas, de acordo com o jornalista, mesmo esquivando-se do encargo da origem da nova concepção, Pacheco Chaves não estaria disposto a permitir que o festival fosse transformado em território de "polarização política", para tanto permaneceria "aberto às críticas, porque isso faz parte do jogo democrático, ainda mais quando as mudanças são tão radicais" (ibidem). A reorientação do festival, direcionando-o à "população flutuante ou fixa" da cidade, poderia "mostrar que a cultura tem possibilidades de servir como veículo de incremento turístico" (ibidem).

O sorteio, como meio de seleção dos bolsistas de 1983, foi também abordado por Gonçalves Filho (1983a), em trecho aberto pelo subtítulo "Loteca cultural". "Hoje tem marmelada?", ironizava o jornalista. Uma possibilidade, de acordo com o jornalista, que respaldava seu argumento, por fonte obtida "em voz *off*". Nas edições anteriores, a seleção era feita por uma banca examinadora formada por "pessoas ligadas à Secretaria de Cultura e graúdos da música erudita". Na edição de 1983, "participaram 1.200 candidatos da loteca cultural". Para Ana Mae Barbosa, segundo a citação do jornalista, era a "forma mais democrática para o preenchimento das vagas". Em oposição, o músico Sigrido Leventhal, "ex-integrante da Comissão de Música do PMDB, que sugeriu as tais modificações", contestou esse tipo de escolha, dizendo tratar-se, na verdade, de um sistema antidemocrático, pois alguns professores, pela carência e desinformação, não estariam aptos a "assimilar o programa do Festival", e outros, talvez mais adequados, pelo sorteio, poderiam ficar de fora.

Quanto à alteração do público assistido – os professores de Educação Artística –, Gonçalves Filho (1983a) usou como introdução para seu comentário um esclarecimento atribuído a Cláudia Toni. Segundo o texto, os resultados do festival eram efêmeros, pois os músicos passavam 30 dias estudando, para depois voltarem as suas casas: "quem

AO REVÉS DO "PÓS" 95

afinal estávamos preparando, se o mercado não tem condições de absorver esses intérpretes?" (ibidem). Dessa exposição, o jornalista concluiu que, "em outras palavras, os professores de Educação Artística poderão, segundo a Secretaria, despertar em seus alunos o decantado 'gosto pela arte'". Em seguida apresenta cifras, fazendo um balanço de gastos públicos com esse projeto. Teriam sido investidos pela Secretaria de Educação "Cr$ 40 milhões". O XIV Festival, segundo Gonçalves Filho, teria custado "Cr$ 108 milhões, um quarto da verba disponível em 83 pela Secretaria de Cultura, para realização de outros eventos e atividades". Valor reduzido em relação ao festival anterior, avaliado em "(Cr$ 154 milhões), que, hoje não sairia por menos de Cr$ 300 milhões, a preços da galopante inflação musical".

A divisão das apresentações do festival em dois segmentos teria sido a responsável pela redução das verbas. Em 1983, nas duas primeiras semanas do evento, apresentaram-se os "'convidados' da Secretaria, recebendo cachês, dentre eles os competentes Hermeto Pascoal, Egberto Gismonti, Premeditando o Breque e Paranga". Nas duas semanas restantes, artistas se apresentariam por "sua conta e risco", recebendo 85% da bilheteria, os outros 15% iam para os "cofres da Secretaria". Francis Hime, César Camargo Mariano, Wagner Tiso, Grupo D'Alma e Arthur Moreira Lima estariam entre esses artistas.

O jornalista destacou "outra polêmica" nessa divisão. Segundo Gonçalves Filho (1983a, p.3), houve quem interpretou o "fato do pianista Arthur Moreira Lima, convidado de honra do último festival, ter sido jogado para a segunda quinzena como revanchismo político", pois havia tocado "várias vezes com João Carlos Martins, ex-secretário da Cultura, embora a assessora musical da Secretaria jure que não". Mesmo assim dúvidas pairavam sobre a condução do programa do festival: "por que pagar cachê a Cauby e não a Francis Hime?". A resposta atribuída a Cláudia Toni vem em seguida. Cauby representaria a música tradicional brasileira, "embora seus shows não desprezem efeitos algo hollywoodianos". Para o jornalista, essa afirmação poderia ser traduzida como: "tem apelo popular, o que interessa aos promotores do festival", pois, como teria concluído Cláudia Toni, "a MPB tem a ver com o cotidiano das pessoas, enquanto o músico erudito ainda não

96 RITA LUCIANA BERTI BREDARIOLLI

descobriu a fórmula dessa aproximação". Gonçalves Filho (1983a, p.3) finaliza esse subitem reafirmando o objetivo da "Secretaria", o de fazer com que o festival contemplasse seus "efeitos 'multiplicadores' (rememorando, ela [Cláudia Toni] espera que os professores repassem aos colegas e alunos a experiência cultural de assistir a conferências sobre arte, peças, filmes e shows)".

O "embarque do povão no barco da cultura", entretanto, estaria sendo feito apressadamente, de acordo com Gonçalves Filho, em introdução ao seguinte subtítulo "Elitismo *versus* populismo". Continuando em metáforas, isso faria com que muita gente acabasse por "morrer afogada", como afirmavam "insuspeitos críticos", caso de Cláudio Santoro, para quem o festival de 1983 não passava de "falso populismo", um "retrocesso incrível", apoiado pelos "interesses de multinacionais do disco para promover seus artistas". O jornalista não deixa dúvidas sobre a posição política de Cláudio Santoro, a quem enunciou como um "histórico defensor dos ideais socialistas", e depois desse esclarecimento, afirma que o maestro "classifica de 'triste' (com todas as letras maiúsculas) a modificação na estrutura de organização do festival". Em contra-argumento ao "elitismo", como justificativa para as mudanças no festival, traz uma citação atribuída a esse maestro: "não é suficiente o bombardeio da MPB pelo rádio? Se consideram a música erudita elitista, por que não fecham, também, as universidades, por que não proíbem Graciliano Ramos e fazem todo mundo ler literatura de cordel?".

Esse subitem é finalizado com citações de Sigrido Leventhal, o qual teria posto em dúvida a quantia destinada a esse festival, maior do que havia imaginado, "porque os artistas de música popular costumam cobrar bem mais caro que os eruditos". Mas a validade do festival, como se defendida por Leventhal, é também exposta no texto: "ao menos – espera-se – o grosso do público não deverá ser constituído de bolsistas, como nos anos anteriores".

O término desse artigo, indicado pelo subtítulo "Súbito amor à MPB", acena para uma opinião favorável. Sem tomar partido, Gonçalves Filho (1983a, p.3) finaliza seu texto com depoimentos de Bernardo Federowski, regente da Orquestra Sinfônica Juvenil de São

AO REVÉS DO "PÓS" 97

Paulo à época, e do compositor Conrado Silva,[14] coordenador de duas oficinas do XIV Festival. Federowski teria elogiado a diversidade da programação, acreditando em "bons resultados". Já Conrado Silva, "entusiasmado com essas alterações", teria considerado como inevitável a dedicação desse festival aos professores de Educação Artística, pois a "realidade cultural do Estado é essa e o importante é começar do início, incentivando os professores de Educação Artística a aperfeiçoarem a sua metodologia de trabalho". Continuando a citação, Conrado Silva teria afirmado que não esperava alterar "radicalmente esse quadro", por um trabalho feito com "300 bolsistas", embora fosse a "única alternativa". O jornalista seleciona como fechamento de seu artigo a opinião de Conrado Silva sobre a inserção da música popular na programação do Festival de Inverno de 1983. Segundo o jornalista, Conrado Silva teria ratificado a "proposta musical dos organizadores do festival, dizendo que a 'MPB é tão importante quanto a erudita'". Discussão que, de acordo com Gonçalves Filho, se tornaria "ainda mais acirrada" com esse festival.

"Um Festival e suas transformações"

No domingo seguinte, a contrapartida pelo texto de Cláudia Toni (1983, p.9). O artigo é aberto pela pergunta "Como modificar o Festival de Inverno de Campos do Jordão, alterando seu caráter e suas prioridades?". Seu texto tem por epígrafe versos[15] de uma aluna de um dos cursos realizados em uma escola de Campos do Jordão, durante os meses de maio e junho de 1983, por Paulo Portella, Ana Angélica Albano e Regina Sawaya. Esses cursos foram planejados como preparação para a oficina "Artes plásticas para professores", ministrada também por esses três professores durante o XIV Festival de Inverno de Campos do Jordão.

---

14 Conrado Silva também integrou a programação do XII Festival de Inverno de Campos do Jordão, em 1981.

15 "Caiu um cravo do céu /espalhou pela cidade desejo /ao tio paulo milhões de/ felicidade."

"Esta foi a primeira resposta que recebemos para o novo Festival de Inverno de Campos do Jordão. Explico" (ibidem). Assim foi o início do artigo. A partir da "resposta" dessa aluna ao trabalho de Paulo Portella, Cláudia Toni começa a sua apresentação. O texto segue em explicações sobre o trabalho desenvolvido em uma escola de primeiro grau em Campos do Jordão. Um trabalho anterior ao festival. Os orientadores dessa oficina propuseram um primeiro contato com a comunidade da cidade, para depois elaborar um projeto de curso a ser ministrado durante o XIV Festival. Segundo Cláudia Toni (1983, p.9), o resultado dessa experiência foi "surpreendente", pois a cada nova leitura da "infinidade de lindas coisas que as crianças escreveram, a cada instante que Paulo rememora a reação de professores, serventes, diretor, alunos, nos emocionamos e acreditamos sempre mais que a nova proposta é válida, é importante, não poderia ser adiada".

Em sequência a essa justificativa, é relatada a história das mudanças desse festival, atribuindo seu começo à observação dos resultados obtidos no Festival de Prados. Durante os 15 dias de duração desse evento, a "cidade toda" era integrada nas atividades programadas. A população, nesses dias, fazia música, participava dos cursos, cantava no coral, tocava na orquestra, assistia a conferências e concertos. Para Cláudia Toni (1983, p.9), por esse formato não havia "invasão, nem desrespeito aos valores de ninguém". O exemplo de Prados era "vivo e presente" para a Comissão de Música, quando da elaboração do novo projeto para Campos do Jordão, como contraposição a um "festival pronto", para uma cidade "tão somente espectadora". Em Prados, a cidade, sua comunidade era a "agente mesma do seu festival".

O envolvimento da comunidade era o exemplo deixado por Prados e o grande diferencial entre os dois festivais:

> [...] sabíamos que a estrutura em São Paulo era bastante diversa. Já se tornou quase folclórica a prática, no âmbito da cultura, do clientelismo. Há anos se assiste ao desfilar das autoridades do Interior paulista na Capital solicitando programações culturais para sua região. Sem dúvida alguma a hipervalorização da produção da Capital acabou por dizimar tudo o que era manifestação tradicional do Interior, tudo o que era produzido no Interior. (Toni, 1983, p.9)

AO REVÉS DO "PÓS" 99

Dessa constatação partiu a certeza da necessidade de inversão desse processo, e os responsáveis pela mudança dessa "realidade" seriam aqueles que têm "o acesso garantido à população infantil e adolescente: o professor de Artes ou Educação Artística" (ibidem). Portanto, com o intuito de acabar com o caráter clientelista da política cultural exercida até então, era preciso, na concepção dos envolvidos com o novo projeto, atuar na "base", em outras palavras, "privilegiar os professores". Para a Comissão de Música, segundo Cláudia Toni (1983, p.9), havia uma "total alienação dos artistas em geral em relação ao nível do ensino de artes na Rede de Ensino do Estado". Devido ao alto custo, "pouquíssimos" eram os jovens que tinham acesso a um "bom curso de música", o que ocorria também com aqueles que optavam por outros cursos de arte. Daí a questão: "o que é oferecido aos milhões que não têm condições socioeconômicas nem mesmo de travar contato com as artes?" (ibidem). Portanto, o "caminho mais acertado" parecia ser o de investir na formação do professor de Educação Artística, uma "via mais democrática de utilização do festival". A situação demandava "mudanças de base", o que se apresentava como "mais grave e urgente" era a formação de público e não de "profissionais –artistas", a fim de facultar o "acesso à cultura".

Cláudia Toni (1983, p.9) admitiu tal mudança, como alvo de crítica "desde as coerentes e que deveriam ser assimiladas para futuros festivais, até as injustas e decorrentes do grande distanciamento dos profissionais de música da realidade política, social e cultural do País". O mais importante, porém, era a orientação desse projeto, diferente de um "festival pronto, acabado como seus antecessores, que para sua compreensão bastaria desembrulhar e comer [...] Não buscávamos a receita do sucesso" (ibidem). O objetivo maior era construir um festival aberto ao "próprio exercício da crítica".

A quantidade de inscrições para o festival de 1983 indicava, segundo Cláudia Toni (1983, p.9), grandes resultados. Um número referente a "20 por cento do total de professores de Educação Artística da Rede Estadual de Ensino" se inscreveu, e 50 vagas eram destinadas a professores de Campos do Jordão, "uma das muitas formas de participação da cidade neste festival de 1983".

Em nenhum momento, de acordo com texto, a intenção foi a de retirar do jovem músico um espaço para a sua formação, mas justamente, pela preocupação com o mercado de trabalho para esses jovens, mudava-se a direção desse evento para o desenvolvimento de um público capaz de consumir a futura produção desses músicos. ·

Voltando às críticas, Cláudia Toni (1983, p.9) mencionou as "mais frequentes", aquelas que acusam o evento de "populista", principalmente por agregar "músicos populares" em sua programação. Quanto a esse qualificativo, o contra-argumento encontrou apoio no intuito de "dizimar a ideia da arte 'fina'", oferecendo aos professores participantes um "grande leque da produção brasileira, sem preconceitos", cabendo ao espectador "assistir, refletir, pensar sobre tudo o que se produz". O "velho fetiche de que a erudição é necessária e única via para um coerente trabalho em artes" deve ser extinto.

Cláudia Toni (1983, p.9) finaliza seu texto voltando aos versos que o iniciaram, advertindo em antecipação que os "elogios, sabemos, quase nunca são publicados [...]. Mas os bilhetes, como o de Jacilene para Paulo, contam muito: nos dão a certeza de que, ainda que a ideia possa e deva ser criticada por todos, estamos no caminho certo".

"Cultura-futebol, futebol-cultura": "clientelismos" e as "mazelas nacionais"

No mesmo dia 10 de julho, dois outros textos foram publicados sobre esse XIV Festival, ocupando metade de uma página do caderno "Ilustrada" da *Folha de S, Paulo*. Não eram favoráveis ao evento, mas também não o desvalorizavam, antes o inseriam em um histórico da política cultural brasileira, esta, sim, alvo de críticas incisivas.

"O espírito do campo migra para o gramado: a cultura-futebol e o futebol-cultura", com essa epígrafe jocosa, em referência ao título do artigo assinado por João Marcos Coelho do dia 3 de julho de 1983, Régis Duprat (1983) indica o caminho de seu texto, direcionado pela crítica à permanência de uma política considerada por ele "clientelista".

Para Duprat (1983, p.77), a mudança de governo resultou em uma mudança de clientela, mas não do clientelismo:

AO REVÉS DO "PÓS" 101

No fundo, é claro, todo governo é clientelista porque tem uma clientela.
A diferença surge quando essa clientela são as grandes massas marginalizadas do processo de aquisição e usufruto da cultura e não mais uma
clientela limitada aos frequentadores das salas e corredores dos palácios,
gabinetes e palcos usufruindo, por consórcio, das benesses do poder [...].
O que precisa acabar é essa estória (e História!) de *cultura-futebol* em que
vocês 22 jogam aí, ganham regiamente pra jogar, o time não muda nunca,
e se mudam continuam 22, e nós todos aqui [...] pagando entrada indireta,
a título de consumir a cultura feita pelos outros.

A Secretaria da Cultura teria se transformado em "mercado e trabalho", o "clientelismo anterior" seria o responsável pela mercantilização
da cultura, transformando-a em expectativa de emprego. Não era essa
a função do estado, por isso se pronunciava contrário tanto ao pagamento de "milhões para o Caubi", mesmo apreciando-o muito, como
também ao pagamento de "tais somas a qualquer Karajan, tupiniquim
ou não". A garantia de emprego não era de responsabilidade do estado.
   Uma política cultural endereçada ao cultivo de "hábitos na população que expressem um equilibrado discernimento na aplicação
das economias domésticas do cidadão na aquisição de um produto
cultural", isso corresponderia aos encargos do poder público, segundo
Duprat (1983, p.77). A função do estado é "pedagógica e edificante" e
"cresce" no fomento e na geração de "cultura e produtos culturais na
vida comunitária". O estado não deveria, para Duprat (1983), oferecer
"cultura" para consumo, mas seria sua real função propiciar a produção
dessa cultura pelo povo, incentivando o costume de viver uma "vida
comunitária". Ao estado caberia "promover estímulos para a revives-
cência e saúde da via comunitária. Aí a cultura tem um papel natural e
relevante, ativo e estimulante ao mesmo tempo em que agente gerador
de manifestações, a ação cultural é estimulante da própria vida comunitária" (ibidem). Essa ideia estaria presente nos programas do novo
governo, faltava apenas – e isso era o "engraçado" – "pôr em prática".
   Duprat (1983) termina seu texto dizendo que os "governos democráticos" poderiam aprender muito com os "governos de consórcio",
no "bom sentido, é claro". Razão teria, segundo Duprat (1983, p.77),

"dom Evaristo" ao propor o seguinte problema: "o que vai acontecer se o povo perder mais esta ilusão? A da experiência democrática!".

"Uma falsa dicotomia entre educadores artísticos e instrumentistas" foi instalada pela polêmica em torno desse festival de 1983, segundo Maria José Carrasqueira (1983, p.77), "fruto da falta de espaço existente na sociedade tanto para a arte como para a educação, que acaba dividindo o que deveria estar unido, pois ambos têm funções importantes e complementares dentro do processo artístico-cultural".

Em seu artigo, localizado na mesma página ocupada por Duprat, a pianista defendeu que o "instrumentista clássico" e "os chamados professores de Educação Artística" pertenciam à "mesma realidade", portanto refletiam "em suas ações e pensamentos as mazelas 'nacionais'" (ibidem).

Para Carrasqueira (1983), a situação do instrumentista no Brasil era um "desvairio" [sic], um caso à parte tanto na MPB como na música clássica. O instrumentista da música popular ainda vinha conquistando um certo espaço, segundo a autora, mas e o "instrumentista clássico, o músico de orquestra, de banda e o camerista? solista? Para quem tocam? Qual é sua função? Estão em vias de extinção?" (ibidem). O problema desse profissional resultava da falta de espaço, inclusive nos meios de comunicação, para o exercício de sua profissão e não no caráter elitista – "é o que dizem" – pressuposto para a música erudita.

Na "verdade", a questão se remeteria "mais à falta de acesso da maioria da população a um espaço cultural mais amplo. A música clássica é enriquecedora, e a população deveria ter acesso a ela" (ibidem).

Para Carrasqueira (1983, p.77), a música era "uma linguagem universal, por que não consumi-la sem discriminações?". Havia, para a autora, uma imposição ao gosto público, gerada pelo mercado fonográfico. A reversão desse movimento se daria com a remissão da arte para o cotidiano, para que a população pudesse vivenciá-la, não adiantaria "colocá-la como matéria curricular desvinculada da produção artística e dos próprios artistas" (ibidem). O "educador artístico" seria o "mediador entre a criança e o universo artístico", para tanto, deveria

AO REVÉS DO "PÓS" 103

[...] refletir sobre as diferentes formas de expressão, vivenciá-las e proporcionar aos alunos a experimentação dessas manifestações. Processo esse que liberta, leva à criação, humaniza, aguça a inteligência e a sensibilidade, possibilita a descoberta e o desenvolvimento do gosto estético. (Carrasqueira, 1983, p.77)

Seria, entretanto, uma utopia acreditar que os cursos de formação, dos futuros professores de Educação Artística, fossem capazes de propiciar a aquisição de domínio das várias linguagens artísticas, ao longo de sua curta duração. Não estaríamos, questiona a pianista, "correndo o risco de superficialização do conhecimento?". As crianças, o "público de amanhã", precisariam ter a oportunidade para "desenvolver sua capacidade criativa e crítico-analítica", caso contrário, não conseguiriam se tornar os "ouvintes conscientes de amanhã". E se quisessem ser "artistas, músicos e principalmente instrumentistas", encontrariam os "mesmos problemas, os mesmos obstáculos que enfrentamos atualmente. Até quando isso persistirá?".

A autora continua seu texto insistindo na falta de espaço para o músico instrumentista, na falta de apoio da imprensa, nas restrições e nos cerceamentos da indústria fonográfica, nas discrepâncias de cachê e na importância da organização da classe musical para impor às empresas privadas a "importância do seu trabalho". O apoio do estado seria necessário para a formação de

[...] novos públicos, alargando o universo de telespectadores, ouvintes e ativando a música nas escolas; os alunos têm que frequentar os teatros, os concertos, ter contato direto com os artistas, num programa que abranja desde a pré-escola até a universidade, através de projetos culturais – mas que sejam amplos e de qualidade, que tenham visão crítica, não incorrendo em falsas dicotomias, limitadoras e impostas!. (ibidem)

Pseudodemocracias

Uma semana depois, são publicados mais dois textos pela *Folha de S.Paulo*, ocupando mais que a metade de uma página do caderno

"Ilustrada". Um deles do músico Gilson Barbosa, o outro, um segundo texto do jornalista João Marcos Coelho. Gilson Barbosa (1983, p.66) constrói seu artigo "Mudanças pseudodemocráticas" a partir do texto de Cláudia Toni, publicado no "Folhetim". Afirmando-se na autoridade de sua autobiografia, apresenta-se como músico e ex-bolsista, ao defender a eficiência do modelo tradicional do Festival de Inverno de Campos do Jordão, e contesta as declarações feitas por Cláudia Toni sobre a condição dos músicos de concerto como "'privilegiados' em relação a outros artistas", e alienados em relação à "realidade política e social do país", decorrência da "infraestrutura administrativa e cultural do Brasil e não da profissão do músico" (ibidem).

Reconhece, ao introduzir seu texto, a grande quantidade de comentários sobre as "transformações ocorridas no Festival de Inverno de Campos do Jordão, tanto contra quanto a favor", antecipando seu "depoimento" como uma crítica "saudável" e "construtiva" (ibidem). Ao continuar seu texto, designou como imprópria a "ocasião para enfocar problemas ideológicos ou políticos", relacionados com as "novas diretrizes de governo". Não era essa sua intenção, tampouco "pretendia enfocar problemas específicos" sobre "músicos enquanto profissionais".

Depois desse preâmbulo, problematiza as afirmações de Cláudia Toni a respeito do Festival de Prados como referência para a remodelação do Festival de Campos do Jordão, publicado no "Folhetim". Gilson Barbosa (1983, p.66) considerou tal aproximação como fruto de uma "visão distorcida do que representa cada um desses festivais em seus respectivos objetivos". Tantos eram os festivais feitos para diferentes tipos de linguagem artística, por que não um dedicado à música de concerto? Não teria, pois, razão para a "restrição" de espaço para esse tipo de música. Para o músico, a "abrangência cultural proposta pelos festivais anteriores era evidente", dentro do que era um "grande festival de música para um centro cultural e econômico como o Estado de São Paulo" (ibidem), o que invalidaria a necessidade de sua extensão para outras áreas artísticas para adquirir amplitude.

Procurar apoio na "chamada cultura de massas, melhor dizendo, em eventos de música popular", para justificar "essa nova posição",

AO REVÉS DO "PÓS" 105

sugeria, para o músico, uma busca pelo "retorno fácil em termos de aceitação pelo público". Gilson Barbosa (1983, p.66) considerou

[...] desanimador ver toda a possibilidade de se ampliar a prática de festivais em um país tão carente como o nosso, musical e culturalmente falando, ceder lugar a modificações pseudopopulares como se a cultura fosse algo restrito às conveniências sociais e políticas de um momento e ainda fazendo concessões tipo "cultura para o povo" que soam mais demagógicas do que as arbitrariedades dos antigos donos do poder, não importando a que partido pertencessem.

Uma injustiça era, para Gilson Barbosa, a mudança ocorrida no formato tradicional do Festival de Inverno de Campos do Jordão, considerada como perda de um espaço conquistado. Democrático seria abrir e garantir lugar para todos, pois o "povo somos todos nós", e não transformar uma conquista em um "mero evento de atividades múltiplas de valor cultural relativo" (ibidem).

As "alterações de base como pretendem os organizadores do atual festival" não acontecem em uma "sociedade de contradições como a nossa", sem antes modificar a "infraestrutura socioeconômica do País" (ibidem).

A pretensão de "formar público" seria, na concepção do músico, subestimar o próprio público. "Cultura", para ela, não era "sinônimo de elitismo ou 'bom gosto'". Em conclusão ao seu artigo, assegurou que o nivelamento "por baixo" não se converteria em caminho para "melhorar o gosto do público".

Na mesma página ocupada por Gilson Barbosa, foi publicado o artigo "Festival de Inverno, problemas de um modelo", de João Marcos Coelho (1983b). Vinha acompanhado por três imagens ilustrativas. A maior delas, ao centro, apresentava quatro mulheres, legendada pela seguinte frase: "Maria Madalena, Neusa Maria, Bernardete e Mariângela, bolsistas para quem nada mudou". Ao lado dessa imagem, a foto de Sérgio Pizoli, integrante da equipe responsável pelas atividades pedagógicas do festival, e abaixo, a do secretário da Cultura Pacheco Chaves. Logo abaixo do título, que ocupava toda a parte superior da

106 RITA LUCIANA BERTI BREDARIOLLI

página, a indicação à tendência do texto: "Ao término das oficinas de trabalho, neste final de semana, reina em Campos a dúvida sobre os novos rumos do Festival". Nesse seu artigo, João Marcos Coelho (1983b, p.66) apresentava o novo festival – para o crítico "primeira versão de algo que não se pode chamar de festival" – como uma imposição, "uma malfadada 'reciclagem' – o termo mais adequado seria 'treinamento' – com uma série de eventos de caráter pretensamente popularesco". Portanto, nas palavras do jornalista, o que estava acontecendo em Campos do Jordão era algo feito "De cima para baixo", uma "coisa oficial", sem concretamente partir da realidade dos professores, os quais, segundo descrição algo caricaturesca, não pareciam

> [...] muito entusiasmados com as oficinas "do corpo"(?), as aulas do curso de Xerox e mesmo com "aulas" didático-turísticas como a realizada ao Palácio de Inverno do governador, onde eles ficaram sabendo, por exemplo, que a edificação foi concluída pelo então interventor do Estado, Ademar de Barros, além de informações inúteis sobre a origem dos candelabros. (Coelho, 1983b, p.66)

O "discurso" era, em suas palavras, "muito bonito", todos faziam um "notável esforço para acreditar nos novos objetivos" do evento, mas a prática era exemplificada pela fala das "quatro professorinhas". Para Coelho (1983b, p.66), a "Secretaria de Cultura do Estado conseguiu uma proeza de desvestir um santo e jogar sua roupa na lata do lixo, em vez de colocá-la em outro". Os trechos editados e incluídos pelo jornalista aludiam aos desconcertos da escola pública e faziam por confirmar a dúvida sobre a validade das mudanças da 14ª edição do Festival de Inverno de Campos do Jordão.

A professora "Neusa Maria Ferreira Camargo, 33 anos, há oito professora de educação artística no bairro paupérrimo do Jardim Santo Antonio em Osasco", não estava, de acordo com o texto, "enxergando sentido maior neste festival, ao término dos quinze dias de cursos e oficinas que frequentou" (ibidem). Neusa Maria Ferreira Camargo teria manifestado uma "grande desconfiança", a de que toda aquela

AO REVÉS DO "PÓS" 107

programação não havia sido elaborada a partir da "base, ou seja, na nossa realidade", mas feita "de cima para baixo; é no fundo, uma coisa oficial, uma espécie de 'presentinho' que finalmente nos deram". Sobre as "reuniões preparatórias promovidas pela Secretaria da Educação", a professora, segundo citação publicada, as caracterizou como um "vexame", um "pacote pronto, previamente preparado".

Outra "professorinha do Jardim Santo Antonio", moradora de um "tradicional reduto do PMDB", teria afirmado que nada havia mudado ainda no sistema estadual de ensino, permanecendo "tudo igualzinho ao tempo do PDS". Segundo o articulista, "Maria Madalena Alves, 34 anos, professora de educação artística no bairro chique de Osasco", teria considerado que o PMDB havia acertado "na mosca ao transformar radicalmente o festival de Campos", reservando-o aos professores, pois eram formadores de opinião, exercendo grande influência sobre seu "público", seus alunos, pelo extenso convívio durante o ano letivo. "Por que o PDS não pensou nisso antes?", perguntou-se o jornalista, antes de continuar a reproduzir uma declaração atribuída à professora sobre os efeitos da experiência vivida durante o festival: "um enorme receio de que 'Campos fique só na saudade, e pior, na minha saudade, apenas para eu contar aos meus netos que em 1983 estive aqui'" (ibidem).

Para João Marcos Coelho (1983b, p.66), os "depoimentos das quatro professorinhas [...] são exemplares, já que 80 por cento dos 300 bolsistas são mulheres". De acordo com o jornalista, a professora Neusa, inclusive chegou a "insinuar que, em vez de reciclagem, por que o Estado não pensa em tornar um bocadinho mais digno" o salário (ibidem).

O texto é concluído sob o subitem "Para que Festival", no qual expõe os argumentos de Cláudia Toni em defesa à formação de público. "O festival tal como era não passava de paetês, bijuterias", antes pensava-se apenas na "superestrutura", a necessidade de atuação, no entanto, se fazia notar na "infraestrutura". No entanto, tais argumentos, atribuídos à declaração de Cláudia Toni, foram imediatamente contestados pelo crítico, apoiado em uma falta de clareza, por ele notada, quanto aos motivos de reformular a "'superestrutura' à la Eleazar". De "concreto mesmo", em conclusão às suas ideias, ficaria, pelas palavras de João Marcos Coelho, o "depoimento de Neusa".

108 RITA LUCIANA BERTI BREDARIOLLI

Duas das pessoas citadas, nesse artigo assinado por João Marcos Coelho, contestaram as declarações a elas atribuídas.

Uma delas foi Mariângela Ferreira da Cunha Marcondes, professora-bolsista que expôs sua indignação quanto ao uso de suas palavras em duas cartas. Uma enviada à Ana Mae Barbosa:

Em meio à euforia de procurar resumir aos meus familiares, as experiências vividas como bolsista do 14°. Festival de Campos do Jordão, encontro pasma a preocupação dos meus, quanto ao meu desapontamento na participação deste acontecimento.

A causa disso? É que anterior a minha chegada, eles haviam lido a reportagem "Festival de Inverno, problemas de um modelo" publicada no 7° caderno da edição (ilustrada) de domingo da *Folha de S. Paulo*, (17/7).

Imagine meu espanto e indignação ao ver o quanto o sr. João Marcos Coelho distorceu as minhas palavras, conseguindo invertê-las no seu conteúdo.

Tomei a iniciativa imediata de escrever ao Sr. Boris Casoy, na certeza de direito que tenho de ver minhas explicações publicadas. É a cópia da minha carta, que por precaução estou lhe enviando. [...]

Como não posso deixar que incidentes como este venham decepcionar pessoas como você e sua equipe, que tanto deram de trabalho, dedicação e sacrifício para o sucesso deste festival, tomo a liberdade de repetir aquilo que pessoalmente já havia lhe dito. Tenho consciência da responsabilidade que me cabe agora como divulgadora das propostas de Campos e garanto o meu empenho, dento das minhas limitações, de um trabalho sério.

As avaliações que fiz, individuais, bem como aquela em que participei como representante da 10ª DRE de Pres. Prudente, facilmente verificáveis pela sua equipe, poderão atestar melhor o meu pensamento a respeito do trabalho desenvolvido no festival.

Agradeço a sua atenção, o carinho que de todos recebi, e peço que seja portadora dos meus protestos, de estima e consideração a todos que direta ou indiretamente, contribuíram para que nós professores tivéssemos esta oportunidade.

Nessa anexou outra, endereçada ao jornalista Boris Casoy, então diretor da *Folha de S.Paulo*:

AO REVÉS DO "PÓS"   109

Venho como assinante e assídua leitora desse jornal, protestar, no que me diz respeito, contra várias afirmações do jornalista João Marcos Coelho, no seu trabalho sob o título "Festival de Inverno, problemas de um modelo", publicado no 7º Caderno da edição de domingo último da *Folha de S. Paulo*. (17/7/83)

Logo na legenda que sublinhou a minha foto e a de mais três colegas, aquele cidadão assim se expressou: "M. Madalena, Neusa Maria, Bernardete e Mariângela (que sou eu) bolsistas para quem nada mudou". Esta foi a opinião de uma só colega do grupo, que jovem e já tão machucada pelas barreiras encontradas dificultando o exercício do magistério, foi instigada a dar vazão à sua descrença.

A atitude do entrevistador não permitia sequer os meus apartes.

Para mim tudo mudou. Desde o respeito e a consideração que recebi do governador que pessoalmente nos recebeu e em nós depositou a confiança de um investimento que deverá frutificar, por nosso intermédio na divulgação de uma filosofia educacional que acredita começar a mudar esta estrutura que aí está, imposta, importada, castradora, e limitada, na certeza das possibilidades que a Arte-Educação tem na formação de um pensamento analítico/crítico/criador, como solução antes de tudo de sobrevivência neste momento angustiante que o país vive.

Mais adiante, o mesmo jornalista afirma que a professora Mariângela Marcondes de Pres. Prudente, admitiu que só é professora de Educação Artística porque "fiz uma adaptação de mentirinha só para regulamentar minha situação funcional".

A frase foi pinçada e mal interpretada, e aqui eu quero esclarecer.

A nossa fala versava sobre a impropriedade ocorrida nos anos 70, quando antigos professores de formação específica em diversos setores da Arte, se viram despidos destas mesmas especificações para exercerem a *POLIVALENTE* função de professores de Educação Artística. No meu caso, professora de Artes Plásticas e Desenho, teria que arcar com a responsabilidade de responder também pelas áreas de Música e Artes Cênicas

O que eu disse e repito é que seria mentira afirmar que a adaptação que fiz me havia tornado apta a dar aulas de Música e isto só tinha realmente servido para regulamentar a minha situação funcional, pois o Estado nunca antes se preocupou em capacitar para tal desempenho, sendo esta a primeira vez que fazia cursos e participava de oficinas que me ofereciam oportunidades de reciclagem nestas áreas.

110 RITA LUCIANA BERTI BREDARIOLLI

Na certeza que tenho de meu direito a um espaço para esclarecer posições a mim atribuídas, na convicção de que este jornal honra a sua tradição de bem informar seus leitores, agradeço antecipadamente a publicação desta minha explicação.

Em entrevista concedida à autora em 16 de fevereiro de 2007, Sérgio Pizoli se pronunciou. Pelo texto, introduzido por um "sem querer", em sugestão a um descuido, Pizoli teria confirmado que "no fundo estes cursos não são educação, mas treinamento e transmissão de receitas prontas". Essa declaração foi veementemente contestada por Pizoli. Como poderiam ser "receitas prontas", rebateu, se os exercícios propostos eram apresentados como um projeto em aberto. Segundo sua contraversão, as experiências dos alunos-professores eram integradas às propostas dos orientadores das oficinas, criando algo diferente. Os trabalhos desenvolvidos buscavam sempre a construção de uma novidade, a partir do diálogo entre conhecimentos, da "troca entre repertórios". Para Sérgio Pizoli, assim acontecia o processo educativo naquele XIV Festival de 1983 e por isso suas propostas pedagógicas não poderiam ser identificadas como "receitas prontas".

O crítico e jornalista João Marcos Coelho escreveu ainda dois artigos fechando a sequência das publicações sobre o XIV Festival do jornal *Folha de S.Paulo*: um no dia 18 de julho e outro, último da série, no dia 27.

O primeiro era como uma continuação da crítica do dia anterior, com uma única exceção de abono positivo para o trabalho feito por Pedro Paulo Salles. Como introdução ao seu texto sobre o fechamento das atividades didáticas, realizadas durante a primeira quinzena do festival, o jornalista fala em "contradições estruturais" daquela 14ª edição, designada como uma "atabalhoada 'mudança'", constituída por um "inegável equívoco" (Coelho, 1983c, p.19).

As apresentações dos resultados finais das oficinas e cursos foram, "para dizer o mínimo [...] engraçadas", segundo João Marcos Coelho (1983c, p.19), "ora beirando à quermesse [...] ora obtendo algum resultado positivo (como no coro infantil formado por crianças de Campos, um bom trabalho de Pedro Paulo Salles)". Elogio incomum,

AO REVÉS DO "PÓS" 111

apaziguado pela seguinte conclusão: "o saldo indica que os equívocos foram infinitamente superiores aos escassos acertos" (ibidem).

Quanto à recepção da crítica proveniente da "comunidade musical" pelos organizadores do evento, o crítico justifica, por um destaque das "entrelinhas", somente percebidas pela convivência diária com o "'staff' de Educação e Cultura", que "este 'festival curiosamente extrapolou o chamado universo artístico, para adentrar o reino político" (ibidem). Essa afirmação prepara uma resposta àqueles que, por "acusações veladas", nominavam o grupo de oposição ao novo modelo do festival como "malufista". Tal resposta atingia Pacheco Chaves, ao qualificar de "boas" as "relações de amizade" que o secretário mantinha com seus "antecessores pedessistas", segundo João Marcos Coelho. Para o jornalista,

[...] se o problema da reformulação no início não era de caráter político, com o decorrer do festival esta dimensão está mais do que clara – acabou por recalcar a real natureza do debate em torno de Campos, que deveria ser puramente de política cultural. (Coelho, 1983c, p.19)

O artigo segue em críticas à aparelhagem de som, outro "defeito grave" dos espetáculos "ditos 'populares' – agora se prestigia indistintamente o popular, seja ele Caubi, Blitz ou independentes" (ibidem). O som havia prejudicado, segundo o jornalista, um "ótimo show" do "excelente grupo Paranga, de São Luís do Paraitinga", e o "belíssimo show" de Egberto Gismonti, para um imenso público que "lotou não apenas o interior, mas toda a parte externa do auditório". Sucesso repetido, pois já havia se apresentado, com êxito, no festival de 1981, quando foi o primeiro músico popular a ocupar o auditório de Campos, e para uma plateia, "basicamente" erudita, mostrou como "inexistem rótulos que separam o clássico do popular" (ibidem).

Ao encerrar o artigo, traz um depoimento atribuído a Benito Juarez. De acordo com sua exposição, o maestro depositara confiança na seriedade dessa nova organização. Contudo, teria um "defeito grave", o de simplesmente jogar "fora o espaço anterior conquistado com dificuldades por homens como Eleazar de Carvalho". Novamente usando de um depoimento como respaldo, o jornalista segue citando o maestro para quem "a questão [...] transcende as polarizações político-partidárias". Concluindo a referência às opiniões de Benito Juarez, João Marcos Coelho afirmou que o maestro considerou "benéfica a polêmica" em torno do festival, "pois só assim iremos ao fundo desta questão crucial". E termina em elogios à apresentação da Sinfônica de Campinas, que "manteve seu perfil altamente saudável de fazer conviver a tradicional música de concerto com projetos híbridos ou inovadores", louvores retomados em seu último artigo, do dia 27, quando reitera crítica favorável à apresentação da Orquestra Sinfônica de Campinas, como no ano anterior, quando se referiu ao trabalho de Benito Juarez e Damiano Cozzella, apresentado no XIII Festival.

Concluindo o conjunto de artigos da *Folha de S.Paulo*, um último de Ênio Squeff do dia 20 de julho. Nele, chama os organizadores do XIV Festival de "bem intencionados", ao contradizer a acusação de que estavam vinculados aos empreendimentos comerciais, uma "bobagem" na opinião do crítico. No entanto, não os eximia da "influência do imenso lobby da música de consumo que avassala tudo neste País" (Squeff, 1983b, p.27). Nunca havia ouvido falar sobre festivais de música popular abertos à música de concerto, mesmo com "toda a democracia suposta destes eventos". Bela Bartok nunca havia sido executado em "festivais de rock e quejandos". Nem por isso havia qualquer reclamação sobre "falta de democracia" por essa restrição. O Municipal já teria sido aberto para a música popular, mas, segundo Squeff (1983b, p.27), o contrário não acontecia.

O absurdo estaria, para o jornalista, "imbricado em quase tudo no Brasil". Por exemplo, a falta de cerimônia "com que o governo projeta o fim dos nossos problemas com a morte compulsória, pela fome, de milhares de brasileiros, para que a economia de mercado continue como está, é apenas um sintoma" (ibidem). Outro absurdo seria o "confucionismo em torno de quase tudo", mas especialmente sobre o problema da música de concerto. Não que devêssemos "discutir se Caubi Peixoto é ou não um bom cantor (e é)", mas importante, de fato, era averiguar se, obscurecido por esse falacioso problema da "popularização" da música, não estaria o "lobby das empresas de disco direta ou indiretamente

AO REVÉS DO "PÓS" 113

acopladas aos projetos ditos 'culturais'. Na verdade, quando se põe música popular num projeto estatal faz-se apenas o que a indústria já por si mesma impõe" (ibidem). Afirmar que Beethoven não é apreciado pelo "povo" é esquecer os limites de divulgação pelos meios de comunicação desse tipo de música. A variação da facilidade de acesso, de acordo com o texto de Squeff (1983b, p.27), determinaria o gosto do público.

Em seu texto, o crítico tenta, por meio desses argumentos, decompor a ideia da música de concerto como elitista ou privilegiada, descrevendo um mercado fonográfico dominado por outro tipo de música. Se o público tinha preferência por uma delas era por uma imposição de gosto e não pela própria opção, definida pelo conhecimento de várias formas de música, com isso pretendia contradizer o argumento dos organizadores do festival, ao atribuí-lo a uma postura mais democrática, mostrando a música de concerto como marginal, pelo pouco espaço que ocupava nos meios de comunicação e mercado fonográfico:

> Certa vez um amigo de uma gravadora me disse que nós que gostamos (e fazemos) de música de concerto somos marginais. Nunca duvidei disso e está aí Campos do Jordão que já nos marginalizou e, naturalmente, em nome do povo. Precisaria aduzir que o FMI é também um estado de espírito? Evidentemente, não. (Squeff, 1983b, p.27)

Ao todo foram 15 publicações encontradas, sobre o XIV Festival de Inverno de Campos do Jordão, no jornal *Folha de S.Paulo*. Nove grandes espaços das páginas do caderno "Ilustrada", em sua maioria aos domingos de julho de 1983, foram ocupados por textos críticos às mudanças no formato desse evento. Nenhum argumento favorável foi publicado, com exceção do texto de Cláudia Toni no "Folhetim". Os outros cinco textos se resumiam a notas de divulgação, em sua maioria, favoráveis à programação do festival de 1983. Dessas, uma única, no dia 24 de maio, anunciava, a partir de informações fornecidas em entrevista coletiva com os organizadores do evento, as "Novas Prioridades no Festival de Inverno", divulgando as alterações de programação e parte didática, que tornaram esse "festival aberto, amplo, aceitando as mais variadas formas de arte".

114 RITA LUCIANA BERTI BREDARIOLLI

"Projeto Arte Educação"

A *Cidade de Santos* foi outro periódico que abriu espaço para a oposição ao XIV Festival. Dois textos e uma nota foram publicados nessa direção. Um deles era a reprodução do artigo publicado na *Folha de S.Paulo* de Antonio Gonçalves Filho (1983b), então intitulado "Festival de Campos: do erudito ao populismo"; o outro era um editorial que abordava três assuntos demonstrando "Quando o pouco caso é aparente" (10.7.1983) no âmbito cultural. Dentre eles, uma referência ao Festival de Inverno de Campos do Jordão, antes composto por "elitistas rodas de música erudita que podiam ser questionadas na sua função, mas nunca na sua qualidade. Agora em lugar da música instrumental séria, temos Cauby Peixoto brilhando em lantejoulas e cantando para professores de Educação Artística" ("Quando o pouco caso é aparente", 10.7.1983). O texto segue em crítica à escolha do cantor para compor a programação de um evento dedicado à formação de professores:

> Ora, se queremos que esses mestres formem seus alunos em direção a uma cultura popular séria, e não popularesca, não podemos colocar como atração coisas desse nível, entregues aos braços da exploração imposição comercial do mercado fonográfico. ("Quando o pouco caso é aparente", 10.7.1983)

Outros quatro espaços, atribuídos a esse periódico, foram ocupados por textos de divulgação, em tom favorável, das "profundas alterações", das "importantes inovações", da "experiência pioneira" e do "Projeto Arte Educação", esse último era o título de um texto sobre os objetivos da Secretaria da Educação relacionados ao ensino da arte para o estado de São Paulo.

Nesse texto, eram apresentadas todas as mudanças planejadas para essa área educacional:

> [...] aumento da carga horária semanal de aulas; que as aulas sejam lecionadas simultaneamente e não em dias alternados; que a matéria seja ensinada desde o 1º Grau; que toda escola seja dotada de uma sala especial para Educação Artística e melhor remuneração para os professores. ("Projeto Arte Educação", 18.6.1983)

AO REVÉS DO "PÓS" 115

Essas eram, segundo o texto, as "prioridades do Projeto Arte Educação, divulgadas pela Secretaria de Educação, após os encontros regionais de professores da matéria, realizados em vários pontos do Estado" ("Projeto Arte Educação", 18.6.1983). Esses encontros de "arte-educadores", segundo citação atribuída a Ana Mae Barbosa, tiveram por objetivo "identificar entraves existentes na rede para o desempenho do professor e apresentar os projetos de solução" (ibidem). Tais reuniões já haviam sido realizadas em cidades do interior paulista, como Sorocaba e Campinas, do litoral e "área três da Capital". Entre os vários problemas expostos, foi destacada a "péssima qualidade" dos livros didáticos, contendo em "roupagem nova", velhos "conceitos da década de 50; os desenhos para colorir, que impedem a criança de formar sua própria imagem das coisas e da natureza; a valorização do desenho geométrico, no lugar da arte" (ibidem).

A "reciclagem" desses professores seria promovida pela Secretaria da Educação, o que "não seria difícil", segundo o texto em citação ao depoimento de Ana Mae Barbosa:

Eles são poucos – 6.500 – e nós contamos também com 300 bolsistas, que participarão do XIV Festival de Inverno de Campos do Jordão e que reformularão, através do ensinamento que receberão, os seus conceitos. Dessa forma eles serão efetivos agentes das mudanças que queremos implantar nessa área, dando especial atenção ao teatro, artes plásticas expressão corporal e música. Esperamos que estes bolsistas ensinem o que aprenderam a grupos de 20 professores. Só com isso teremos dado a todos as bases de nosso posicionamento frente à Educação Artística. (ibidem)

Posicionamento pretendido divergente da política educacional anterior, cujo objetivo, pelo texto, se limitava à criação de corais nas escolas, o chamado "Movimento Coral". A intenção não era "desarticular" tal "Movimento, mas ampliá-lo", pois "Educação Artística" não se restringia aos corais.

Desconfianças sobre um prospecto

O jornal *O Estado de S. Paulo* dedicou oito textos ao XIV Festival, todos textos de divulgação, com exceção de dois artigos de Maurício Ielo. O primeiro desses artigos, publicado no dia 13 de julho, foi intitulado pela pergunta "Para onde aponta o novo Festival de Inverno?", lançando incertezas sobre as consequências das experiências geradas pelo novo formato. Em destaque, ao lado do texto, uma introdução: quem saberia "dizer como vai acabar esta décima quarta versão [...]?" (Ielo, 1983a). Ainda não havia respostas daqueles que dele participaram, seus "organizadores, monitores e os 400 bolsistas", esses "personagens" que experimentavam um "misto de satisfação e perplexidade", pelo simples motivo da "perda de controle" daquela situação, uma expressão-chave para compreensão daquele evento, segundo Ielo. Fato passível de previsão, dada a "proposta de 'fazer a cabeça' de desconhecidos, imprevisíveis e até temidos professores de Educação Artística", por meio de um "programado, *ma non troppo*, tratamento de choque".

Em duas colunas paralelas a esse trecho destacado, é disposto o artigo de Ielo. Logo no primeiro parágrafo, a advertência sobre as consequências de uma completa mudança em um evento tradicional: não seria "indolor". Em sequência, o jornalista aborda as alterações no público-alvo, antes os "jovens estudantes de música em busca de aperfeiçoamento", agora "400 professores de uma esquecida matéria do currículo das escolas de 1º e 2º Graus: Educação Artística". Profissionais de

> [...] formações completamente díspares – tanto faz ser formado em Belas Artes, Música, Teatro ou outra área conexa, pois o currículo será sempre o mesmo – o professor-padrão dessa matéria continua sendo uma incógnita, da mesma forma que as razões da mudança na Lei de Diretrizes e Bases, que determinaram a sua criação sem saber exatamente o que seria. (Ielo, 1983a)

A esses professores, "quase que na função de cobaias", foi aberto o Festival de Inverno de Campos do Jordão, sem interesse pelo seu

AO REVÉS DO "PÓS" 117

trabalho antecedente em sala de aula. Mas o enfoque não seria esse. De acordo com Ielo, as ações desse evento eram remetidas a projeções futuras. Preferiu-se "imaginar o que poderão fazer na aula, na escola, para si mesmos". Essa seria a causa de uma tensão "inevitável", mesmo antes de iniciar o evento. As críticas proliferavam: "estragar toda uma tradição de trabalho com músicos? Privá-los de um festival que era seu e que ninguém ousa negar, tinha bons resultados [...]?".

Não havia como saber se tudo isso "valeu a pena", mas as "consequências concretas" já despontavam próximas ao final: "os 400 professores não voltarão aos seus pontos de origem da maneira como chegaram". Segundo Ielo, a "participação ativa foi muito acima do esperado e deslocou o centro visível das atividades para esses cursos, em detrimento dos eventos programados para a noite, inconcebível nas 13 versões anteriores".

Apesar disso, ainda continuava "pequena" a participação da comunidade local, o que poderia mudar com a "chamada 'intervenção urbana'", que seria realizada em praça pública, pelas oficinas das áreas de música, artes plásticas, teatro e o "levantamento da situação cultural da cidade", uma "radical proposta que a maioria dos professores presentes desconhecia até o dia 3 de julho".

Fora essa perspectiva, Ielo aponta o "Circo Xicuta Show", um "circo mambembe" como local de "maior participação" da comunidade local. Algo que seria familiar àquela população, ao contrário dos organizadores do festival admirados com a existência de tal espetáculo. Seria esse o "troco para a intervenção urbana?", perguntava o jornalista.

Como "destaques" desse festival – "alguns até mesmo inimagináveis" – foram enumerados, pelo autor do artigo, os "laboratórios de mamulengos e de 'Xerox como meio de expressão'". Além desses, também se destacaram "Arte da fibra", "Arte do movimento na educação", "Educação pelo movimento" e "Jogo dramático", oficinas que, de forma "natural", acabaram integrando-se, de acordo com declarações atribuídas a Ana Mae Barbosa.

Os professores estariam aptos culturalmente para "absorver a postura aberta que era exigida? Uma professora de Educação Artística,

118 RITA LUCIANA BERTI BREDARIOLLI

mal formada e que leciona numa pequena cidade do Interior resistirá a tudo isso?". Essas perguntas, de acordo com Ielo, "certamente atormentaram" a equipe pedagógica responsável pelo evento. Ao sair de uma reunião, Ana Mae Barbosa teria contestado críticas sobre a obviedade do projeto:

> Alguém me disse que o festival seria um fracasso porque apresentava o óbvio. Foi como sentir uma pancada séria em todo o projeto. Mas a questão talvez seja essa. Agora é o momento de colocar esse óbvio nas diversas áreas, porque esse óbvio era desconhecido pela maioria. (ibidem)

Ielo continua seu texto indicando "certa falta de comunicação" entre as duas secretarias envolvidas com a organização do evento, provocando, embora sem intencionalidade, "alguns ruidosos zum--zum-zum", mantidos restritos a um "plano muito interno", para não perturbar o "exterior". Os organizadores optavam então, como uma espécie de defesa, conforme sugestão do texto, por manifestar ao público "histórias mais ou menos folclóricas". Segundo Ielo, "todo festival precisa disso". Dentre elas, a da "suave freira", integrada "perfeitamente" ao grupo da oficina de expressão corporal, a dos aplausos do público à presença de Franco Montoro no espetáculo do Circo Xicuta Show e a de Olivier Toni, apresentando a Lucy Montoro a "paradoxal situação de Campos do Jordão [...] cidade paulista com maior índice de mortalidade infantil, ao lado das caras mansões para temporadas de férias".

Mas outra pergunta foi evidenciada: "15 dias são suficientes para os professores 'mudarem a cabeça'?". Em resposta, "evidentemente que não, da mesma forma que não era o tempo adequado para um curso de aperfeiçoamento musical nas versões anteriores". No entanto, diferentemente dos anos anteriores, o investimento se pautava pela aposta no "efeito multiplicador" das ações de cada professor em sua "escola, com seus alunos".

Ielo apresentou outras intenções manifestas por outros coordenadores, mas a multiplicidade de ideias é por ele mencionada como "falta de um objetivo mais definido", algo admitido, segundo o jornalista,

AO REVÉS DO "PÓS" 119

por Cláudia Toni, que teria justificado tal ausência pela proteção à "criatividade", o ponto alto dessa primeira versão do novo festival.

Ielo termina seu texto fazendo uma avaliação dos espetáculos, em sua maioria, aceitos pelo público de forma bastante favorável.

O segundo artigo de Maurício Ielo foi publicado no dia 19 de julho, sob o título "Campos do Jordão, festival que não acabou". no qual discorre sobre os desdobramentos do festival de 1983. De acordo com as intenções de seus organizadores, como enunciado por Ielo (1983b), o XIV Festival de Inverno de Campos do Jordão não findaria no dia 17 de julho. Seria reiniciado com o retorno dos "400 professores de Educação Artística que conviveram juntos durante 15 dias, experimentando e experimentando-se" (ibidem), às suas atividades docentes. O festival de 1983 começaria quando esses professores-bolsistas retomassem seu trabalho cotidiano, enfrentando, em "diferentes níveis de intensidade, seus próprios alunos, colegas de outras matérias, diretores, inspetores, o peso de uma tradicional e pesada estrutura burocrática e, principalmente, a realidade da matéria que lecionam (tentam lecionar?)".

Se avançarem nessa direção, o XIV Festival de Inverno teria começado e por extensão, de acordo com o texto de Ielo, poderia então ser julgada a "validade de todo o processo de mudança pelo qual passou".

Discutir tal resultado, antes de observar o efeito que surtiu concretamente nas escolas, seria, para Ielo, "inadequado, inoportuno, incorreto". Mas cobranças dos resultados das avaliações de bolsistas, monitores e promessas do secretário Pacheco Chaves deveriam ser feitas antes de julho do próximo ano.

A primeira questão levantada durante a reunião para avaliar o evento se referia à continuidade do processo iniciado durante os dias de festival. O secretário da Cultura teria garantido que o Festival de Inverno seria "descentralizado", seria levado para outros pontos do estado. Pacheco Chaves teria considerado "muito interessante" aquela experiência. Franco Montoro, "evidentemente deslocado", participou da avaliação, "como se fosse apanhado de surpresa para discorrer sobre um tema que não era de seu conhecimento". Apesar disso, continuou Ielo, "não se deu mal, na perspectiva dos monitores e bolsistas, pois seu discurso seguiu pela linha da busca da criatividade – mesmo tema enfrentado por ele há 15 dias, na abertura". Mas Montoro, nas palavras do jornalista, "tentou fazer da criatividade o tema de um discurso eminentemente político, enquanto o festival tomava a criatividade como base ideológica, o que transcende a posição do governador".

Durante a avaliação, "muitas surpresas", e a "certeza de que esses 15 dias ficarão marcados para esses professores". Das discussões, dois dos "melhores" temas, na opinião do jornalista, foram a função da Educação Artística no currículo escolar e a "formação ideal" dos professores. E Ielo lança mais uma questão – que pairou no ar, sem ser feita diretamente – ao leitor, fechando o parágrafo: "até quando serão precisos festivais, encontros, eventos isolados ou não para suprir as falhas do processo educacional, ainda mais quando é exatamente esse processo educacional que está em xeque?".

"Apressada" seria qualquer intenção de uma apreciação crítica sobre a parte pedagógica. Houve "evidentemente resultados disformes", tanto pela ação dos coordenadores das oficinas quanto pela recepção dos professores, mas insistir em uma avaliação imediata seria precipitação ineficiente. Alguns não teriam aproveitado, até mesmo, teriam rejeitado. Mas, em sua "maioria", os professores, "especialmente" do interior do estado, "deixaram abrir sua cabeça. Se gostaram do que entrou, o caso é outro. Pela manifestação coletiva e final, o ponteiro pende, levemente, para o sim". Prova disso, segundo Ielo, foi a suspensão das atividades de intervenção pelos próprios professores, pois concluíram que isso significaria "intervir, literalmente, numa cidade que não conhecia o que se passava nos três centros desses cursos". Acabariam caracterizadas como "apresentações gratuitas", e os "primeiros a entender" isso foram os próprios professores-bolsistas.

Quanto a essa aproximação dos professores-bolsistas com a cidade, há uma outra versão descrita no jornal *Vale Paraibano* ("Os bolsistas do festival: um trabalho criativo que já está nas ruas") do dia 12 de julho de 1983. Nela são mencionadas "intervenções" realizadas durante o "último fim de semana", nas praças de Albernéssia e Capivari, resultado das "atividades destes grupos de trabalho do festival". As apresentações foram realizadas por uma iniciativa dos próprios bolsistas, de acordo com o texto, participantes de duas oficinas: "Mamulengo" e "Acervo

AO REVÉS DO "PÓS" 121

Artístico Cultural de Campos do Jordão". Foram reunidos "grupos de teatro de bonecos, catira, duplas sertanejas, folclore japonês, escola de samba e a sanfoneira Zeza". De acordo com o artigo, o "público prestigiou os espetáculos, participando de todas as manifestações, inclusive de desfiles pelas ruas, idealizados pela oficina 'Mamulengo'". Um dos componentes do "Clube de Catiriteiros Jordanenses" teria afirmado a importância desse "trabalho desenvolvido pelas oficinas do Festival de Inverno", pois divulgava a "cultura e o folclore que, por falta deste tipo de apoio, estão morrendo".

O trabalho desenvolvido pela oficina "Acervo Artístico Cultural de Campos do Jordão" foi mencionado, em outro artigo do *Vale Paraibano* ("400 bolsistas em Campos do Jordão", 12.7.1983), como uma "homenagem" à cidade de Campos do Jordão. Um "levantamento minucioso do acervo cultural local" teria sido feito pelos participantes desse curso, obtendo como um de seus resultados a organização de uma mostra de "artistas da cidade", dentre eles o pintor Jagobo. Mais uma vez, no dia 13 de julho de 1983, a integração entre os bolsistas e a comunidade local foi divulgada ("Hoje em Campos o humor do Premê"). Dessa vez, as datas e os locais das apresentações dos grupos de "catira e música japonesa" e da "escola de samba e um coral" foram citados, e a organização dos espetáculos, atribuída às oficinas de "Mamulengo" e "Coral". Segundo o texto, os grupos se apresentaram no dia 9 de julho, no coreto de Albernéssia e, no dia 10 de julho, na praça de Capivari. Não houve referência ao curso "Acervo Artístico Cultural de Campos do Jordão" nesse artigo.

De volta ao artigo de Maurício Ielo (1983b), temos como conclusão uma crítica à programação dos espetáculos noturnos, "modisticamente chamadas de eventos". Diferentemente dos anos anteriores, quando representavam uma espécie de "coroamento" às atividades diárias dos músicos-bolsistas, os espetáculos dessa 14ª edição pouco se relacionavam com os cursos e as oficinas. Dessa forma, apresentavam-se mais como recreação, lazer, um suplemento, ao invés de complemento da formação dos professores. Isso teria gerado, de acordo com o jornalista, "muitos desentendimentos, às vezes tediosos, entre as secretarias da Cultura e da Educação, desagradavelmente patentes" (ibidem). Dois

122 RITA LUCIANA BERTI BREDARIOLLI

espetáculos, na opinião de Ielo, destoaram dessa tendência: Egberto Gismonti e a Orquestra Sinfônica de Campinas. Para o jornalista, foi justamente o regente dessa última, Benito Juarez, quem mais entendeu toda a mudança ao reconhecer os "valores de uma e de outra iniciativa", oferecendo ainda uma "sábia sugestão: 'o Festival de Campos não pode ser encarado pelo lado emocional. Isto só atrapalha e, infelizmente, o que se viu foi este ponto aparecer nas posições pró e contra sobre o atual festival. Não é pelo emocional que se discutem propostas". Assim Ielo termina seu texto.

Quase contraponto

Dezesseis artigos arquivados pela Secretaria da Cultura foram atribuídos ao *Jornal da Tarde*. Em sua maioria de divulgação das mudanças, dos eventos, sem nenhum teor depreciativo, ao contrário, favorável, principalmente quanto à programação dos espetáculos. A ênfase, como nos textos de Maurício Ielo, era voltada para a parte didática. Assim foi com os artigos de Olney Krüse e o de Laura Greenhalgh.

Olney Krüse (1983) apresenta a defesa dos organizadores pelas declarações atribuídas a Cláudia Toni e Ana Mae Barbosa. "Há muita gente insatisfeita, claro. Recebi até ameaças, mas não vou desistir", teria dito Cláudia Toni (ibidem). A citação continua em justificativa à necessária reformulação do festival, ainda durante a campanha para eleição do governador Franco Montoro:

> [...] já alertávamos para o elitismo inútil em que se afundava o Festival de Inverno de Campos do Jordão. Consumindo verbas astronômicas ele servia a uma pequena elite de música erudita, alguns músicos e poucos pianistas. A própria estrutura da secretaria de cultura é 90% musical. Por que privilegiar apenas um setor minoritário? O Brasil inteiro tem apenas oito orquestras sinfônicas e milhares de músicos desempregados que nem mesmo podem dar aulas. São poucas as escolas e raros os cursos de música no país e eles formam profissionais que não têm mercado para trabalhar. Para finalizar: em 14 anos de festival não se criou nenhuma escola de música no Brasil e não se fizeram avaliações dos resultados. (Krüse, 1983)

AO REVÉS DO "PÓS" 123

Tão "combativa" e "enfática" como Cláudia Toni, apresentava-se Ana Mae Barbosa, segundo o texto. Partidária, das mesmas ideias, defendia a nova estrutura do festival pela constatação da necessidade de ações em direção à formação dos professores de Educação Artística, os quais estariam, segundo citação de Krüse, arraigados ao século XIX. Continuando a citação atribuída a Ana Mae Barbosa, o ensino da arte para esses professores se resumiria em "ensinar (e 'entender') o desenho geométrico no lugar da verdadeira arte. O último curso, pequeno e discreto, para preparar professores de educação artística em São Paulo aconteceu em 1975. E era um curso descartável, de ideias prontas". O artigo descreve a abertura aos professores, em substituição aos "circunspectos e concentrados pianistas debruçados sobre seus eventuais piano". Aborda o número de interessados, "1.200", e o custo da bolsa de cada um, "127 mil cruzeiros". A confiança no efeito multiplicador, decorrente do trabalho dos docentes, é o exemplo "definitivo" usado pelas duas organizadoras para respaldar as alterações: "até o ano passado o Festival beneficiava um pequeno grupo de poucos músicos, e agora nada menos do que 16 mil crianças paulistas serão atingidas pela reciclagem dos professores".

Segundo descrição de Krüse, os participantes dos cursos teóricos e práticos aceitavam "bem-humorados", cheios de "interesse e boa vontade as muitas informações que estão recebendo o dia todo em cansativas e intermináveis aulas", consideradas pelos professores, segundo o jornalista, como uma "lavagem cerebral". Os professores estariam "Aprendendo tudo", ao frequentarem as oficinas, e, especificamente no campo das artes visuais, recebiam "maciças doses de informação estética". O restante do texto é dedicado à descrição das oficinas, mencionando as aulas realizadas pelo pintor Jagobo, pela pedagoga Maria Luiza Roxo, Jaqueline Brill e Lula, coordenador da oficina de mamulengo.

Krüse finaliza seu artigo divulgando a "bem cuidada" mostra de "pequenas obras-primas" de Bonadei, Pancetti, Guignard, Gomide, Rebolo, Segall e Babinski, uma oportunidade para os "professores-cobaias", os quais, como "formigas que só andam em grupos numerosos", ocupavam a cidade inteira.

O festival da "descoberta"

Laura Greenhalgh (1983), mesmo sem deixar clara sua opinião, apresentou, isenta de teor negativo, as atividades didáticas, reiterando a preocupação dos orientadores das oficinas em não fornecer aos professores-bolsistas "fórmulas", "receitas", ou "técnicas prontas". Para a jornalista, "o antigo festival do aprendizado cedeu lugar ao festival da descoberta" (ibidem).

Diferentemente dos anos antecedentes, quando o festival era finalizado com um espetáculo "solene" e a confraternização dos bolsistas, a 14ª edição assistia, em seu término, à exaustão daqueles que dela participaram. Tão "intenso" foi o trabalho durante aqueles 15 dias que muitos desejavam "voltar para casa mais cedo".

Tratava-se, no entanto, de um "cansaço especial", resultado de uma combinação, em partes iguais, de exaustão de trabalho, com a excitação da "descoberta". Partindo de uma "proposta básica de tentar uma reciclagem do professor", esse festival teria, nas palavras de Greenhalgh, atingido "dimensões muito maiores", por vezes encontrando o "imprevisível" e o "inesperado", fato considerado "positivo" pelos participantes e que justificaria a "canseira coletiva".

Um evento "desconcertante" qualificou a jornalista, especialmente para os professores, pelo choque de suas primeiras expectativas com a prática. Desde o início,

[...] foram levados a compreender que não lhes seriam fornecidos fórmulas ou receitas de como aproveitar melhor os seus alunos nas aulas de Educação Artística. Eles não seriam amarrados por técnicas prontas sobre como pintar um quadro, como afinar um coro ou como ensaiar um texto de teatro. O antigo festival do aprendizado cedeu lugar ao festival da descoberta. (Greenhalgh, 1983)

Laura Greenhalgh destacou também, em seu texto, a presença de um espaço destinado aos cursos teóricos, contrariando uma "tendência" de oposição a esse tipo de atividade, por considerá-la inadequada a um evento desse gênero. "A professora Ana Mae Barbosa, da Secretaria da Educação, sempre fez questão de defender o espaço da teoria", de acordo com a jornalista, uma defesa bem-aceita pelos "bolsistas", pois houve, nos momentos finais do festival, a reivindicação pelo "aumento deste espaço nos próximos anos".

No entanto, para a jornalista, a "ação cultural do festival" teria encontrado seu desenvolvimento no interior das oficinas práticas. "Sem encontrar esquemas de trabalho já prontos", os participantes foram defrontados com oportunidades para a descoberta de novas abordagens de trabalho com seus alunos. O objetivo dessa ação é estimular a criação e a propagação de uma "visão diferente do ensino da arte para pelo menos 16 mil alunos da rede oficial (e aí está o efeito multiplicador anunciado para o festival deste ano, desde a sua fase de organização)".

Durante as oficinas, segundo Greenhalgh, era notória a "postura tradicional que se tem sobre o ensino da arte", exteriorizada pelos depoimentos referentes às dificuldades enfrentadas no cotidiano do ofício, como a falta de material ou de espaço adequados.

As oficinas propiciaram, de acordo com o texto, descobertas de possibilidades de enfrentamento dos limites impostos por uma estrutura adversa, como o "reconhecimento do meio", como fonte de trabalho pelo aproveitamento de materiais sucateados ou naturais, como experimentado em algumas das oficinas práticas.

A jornalista destacou o incentivo à "investigação do meio" em quase todas as oficinas. Como exemplo mencionou a coordenada pelo professor Conrado Silva, quando promoveu o reconhecimento da paisagem sonora da cidade de Campos do Jordão pela atividade de captação de seus sons; e também, segundo Greenhalgh, no curso prático de teatro, pela proposta aos alunos de caminhar pelas ruas "em busca de uma leitura mais ampla da cidade". A partir do material visual coletado durante esse passeio, os professores-alunos dessa oficina elaboravam jogos dramáticos.

A inclusão de Campos do Jordão como "centro de tantas investigações" denotava a intenção de "mostrar ao bolsista a importância de um trabalho na escola a partir da realidade do aluno, da sua comunidade", de acordo com a explicação de Silvana Garcia, como citado por Laura Greenhalgh.

126 RITA LUCIANA BERTI BREDARIOLLI

Por sua vez, as "oficinas também tinham a preocupação de partir da realidade dos bolsistas" como a de "Canto Coral", iniciada a partir do conhecimento musical de cada professor-aluno; e a de "Xerox como meio de expressão", quando fotografias de familiares eram usadas como matéria-prima para o desenvolvimento do trabalho.

Greenhalgh mencionou ainda a atuação do "observador" nas salas de aula e a intenção em realizar um livro sobre as experiências ocorridas durante essa edição do Festival de Inverno de Campos do Jordão.

Quanto à "Programação noturna", o destaque foi para o "Coral da Unesp", regido por Samuel Kerr, mostrando um trabalho muito divergente daquele feito em "escolas a partir de posturas envelhecidas", conseguindo em "muitos momentos assustar e comover o público". Outra apresentação mencionada foi a do Madrigal Músicaviva, envolvendo a plateia numa "incrível viagem que partia da solene 'Missa Secunda', de Hans Leo Hjassier, chegando, sem tropeços, à fossa amorosa de Lupicínio Rodrigues, em 'Nervos de Aço' e 'Vingança'". Depois desses dois espetáculos, o "conceito de coro estático e unicamente apoiado na linguagem musical" deveria ser "revisto", segundo a jornalista. Ao expor a variedade musical e de linguagens artísticas que compunham a programação do evento, Greenhalgh o designou como "pluralista".

O subtítulo "Críticas e mudanças" anunciava o final de seu artigo, introduzido pela certeza, reiterada pelos organizadores do Festival de Campos do Jordão, de que essa edição não poderia ser considerada um "modelo acabado".

As críticas manifestas desde a "divulgação da notícia de que o Festival de Inverno não mais atenderia apenas aos estudantes de música", segundo Greenghald, não abalaram a convicção da comissão organizadora do festival sobre a "urgente" necessidade de "transformação do ensino da arte em todo o Estado". Mas mudanças nesse novo formato de festival também eram reconhecidas necessárias pela sua comissão organizadora. Mudanças que, segundo Greenhalgh, teriam começado a ser debatidas nos encontros de avaliação, realizados ao longo dos 15 dias do festival, dos quais participavam os professores-bolsistas, "solicitados a manifestar suas impressões sobre a experiência desenvolvida em Campos do Jordão".

Ao final, todos, "bolsistas, professores, coordenadores, monitores, artistas convidados e até mesmo os funcionários das secretarias [...] se igualaram na medida em que todos, rigorosamente todos, estreavam numa experiência pioneira", que não se findaria ali, pois, em próxima etapa, seria desdobrada no trabalho com os alunos.

Os professores, embora "cansados", pareciam "inquietos", situação "bem" refletida, nas palavras de Greenhalgh, pelo comentário do compositor Conrado Silva:

> [...] o festival levantou questões de toda ordem para os bolsistas, e só daqui a algum tempo este material será decantado. É inútil tentar fazer com que eles racionalizem, neste momento, essas experiências. Agora, o importante será mesmo viver o processo.

Anúncios do novo

Com exceção de três notas pejorativas de Telmo Martino, os outros textos do conjunto de 16 atribuídos ao *Jornal da Tarde* mencionavam o XIV Festival de Campos do Jordão como um evento de "caráter deselitizante", "democrático", uma "experiência pioneira", um festival "abrangente". Qualitativos que se repetiam nos artigos de jornais da grande São Paulo e do interior paulista, como no *Diário do Grande ABC*, *Diário de Guarulhos*, *Gazeta do Rio Pardo*, *Tribuna de Santos*, *Diário de Piracicaba*, *Jornal da Divisa* (da cidade de Ourinhos), *Jornal da Região de São José dos Campos*, *Jornal de Marília*, e outros ainda da capital como a *Folha da Tarde*, todos se referindo às "importantes inovações", às "profundas alterações", pelo "fim de preconceitos", justificados pela inclusão da música popular, pelas "modalidades interdisciplinares", por aceitar as várias linguagens artísticas. O "sucesso" e a "total aprovação também eram divulgados". Somavam-se a esse conjunto 37 textos do *Diário Popular* e 44 do jornal *Vale Paraibano*, todos em conteúdo positivo, constituindo-se como as principais vozes favoráveis ao novo modelo, tornando-se também os principais divulgadores das oficinas realizadas para os professores.

128 RITA LUCIANA BERTI BREDARIOLLI

Em 4 de julho de 1983, o jornal *Diário Popular* ("Campos do Jordão já vive seu clima de Festival de Inverno") anunciava um "festival polêmico" que não "premia mais a música erudita como fato único e tem como filosofia principal, seu efeito multiplicador". Essa seria a "primeira grande manifestação da proposta de 'descentralização e participação' do Governo Montoro". Descentralização por ter sido aberto a "todos os campos da cultura"; participação, pois ampliou a abrangência do festival para todo o interior paulista, "premiando o professor da rede estadual de ensino". Nesse primeiro artigo de divulgação do Festival, o *Diário Popular* terminava com o suspense sobre as "muitas expectativas" sobre aquela versão "polêmica".

No dia 19 de julho, o mesmo jornal divulga a sua aprovação ("Pesquisa aprova novo festival"): "Um festival bem-sucedido, tanto na parte de shows, como pelo fato de ter proporcionado muitas amizades, aprendizados, conhecimentos, convivências maravilhosas e difíceis. Enfim, momentos encantadores". Esse seria o comentário de uma "professora-bolsista", com o qual tem início o texto, destacado das "pesquisas de opinião realizadas pela socióloga Sueli Preuss Giannotti, com os bolsistas e público em geral".

A abertura do XIV Festival, depois de um "dia inteiramente preenchido por atividades didáticas, discussões sobre a situação do ensino e de experiências práticas novas", para a maioria dos professores-bolsistas, também foi destacada pelo *Diário Popular* ("Montoro abre festival e destaca professor", 6.7.1983). A "importância" desse evento e a defesa de seus objetivos foram tema dos pronunciamentos daqueles que presidiram a cerimônia, o governador Franco Montoro, o secretário da Cultura João Pacheco Chaves, o secretário da Educação Paulo de Tarso e o prefeito de Campos do Jordão, João Paulo Ismael. Segundo o texto, a defesa da "criatividade" foi o mote do discurso do governo:

> [...] o professor é o principal agente da transformação cultural desejada para o País. É o grande colaborador no processo de criação de um novo modelo, que substitua a passividade pela criatividade, pela construção de novos valores autenticamente brasileiros [...] a criatividade é fundamental para superarmos a crise atual.

AO REVÉS DO "PÓS" 129

Da fala de Paulo de Tarso, o *Diário Popular* ressaltou que, "bastante aplaudido", o secretário teria dito que a "nova versão" do evento fazia parte do "projeto do Governo Montoro de 'resgatar a dignidade do ensino público em São Paulo, para que este possa voltar a ser, como no passado, motivo de orgulho para o Estado'".

Acenos positivos

A abertura oficial do evento também foi tema para o jornal *Vale Paraibano* ("O modelo econômico brasileiro sufocou a cultura", 6.7.1983). O título apresentava uma frase atribuída ao governador "O modelo econômico brasileiro sufocou a cultura" e, em subtítulo, destacava-se: "abrindo o festival, Montoro pede criatividade". Antes do texto, uma grande imagem do Coral da UNESP que abriu o XIV Festival de Inverno de Campos do Jordão, com a interpretação de músicas que expressavam a "realidade da vida do lavrador, numa tentativa de retratar com fidelidade o cotidiano do trabalho rural". Durante essa apresentação, o filme *Ó xente, pois não*, de Joaquim Assis, foi projetado.

O texto continua em descrição dos objetivos desse grupo, ressaltando a intenção de servir como um laboratório aos alunos de música da UNESP, "como um método contínuo de reflexão em torno de 'como fazer música' e de avaliação dos procedimentos corais".

Em prosseguimento, uma crítica feita pelo governador, durante o seu discurso, sobre o desprezo pela cultura – "fundamental em todos os campos" – instituído pelo "modelo de desenvolvimento brasileiro". Montoro, em sua explanação, teria se manifestado quanto ao reconhecimento do presidente Figueiredo sobre a "tragédia" que assolava o país devido à crise econômica. No entanto, para Montoro, de acordo com o artigo, não havia sido a nação quem fracassara e sim o modelo a ela imposto. A saída para essa situação estaria, de acordo o pronunciamento atribuído a Montoro, em uma "maior participação cultural, que libere a criatividade do povo".

A "cultura" teria sido enfatizada pelo governador como o "elemento gerador de mudanças na sociedade", a partir dela seria construído por todos "'juntos' [...], este imenso Brasil".

130 RITA LUCIANA BERTI BREDARIOLLI

O objetivo do governo paulista, seguindo o texto, seria "repetir este festival em outras cidades para que a experiência de Campos do Jordão possa ser ainda mais difundida". Algo que só poderia ser feito, de acordo com o governador, "com a colaboração de todos os interessados". Uma colaboração necessária para que "possamos abrir caminhos juntos, já que o governo não pode criar uma dádiva e oferecê--la de maneira paternalista".

No dia 8 de julho, o *Vale Paraibano* ("No festival, uma nova dinâmica cultural e artística") traçava o histórico desse XIV Festival de Inverno, descrevendo as constatações resultantes das críticas ao direcionamento do antigo modelo, restrito "a uma elite musical". Desses "estudos e discussões, apresentou-se como inevitável a necessidade de uma profunda transformação em sua estrutura". O Festival de Prados era tomado como exemplo de uma alternativa bem-sucedida, conseguindo "excelentes resultados" pela abertura a diferentes áreas artísticas e por buscar uma "relação estreita e participativa com a comunidade local". O olhar para a "realidade" fez emergir, entre outras, a indagação:

> [...] que espécie de privilégio tem hoje o imenso contingente humano representado pelo aluno da Rede Estadual de Ensino, massacrado há anos por metodologia arcaizante, falta de recursos materiais, técnicos, estrutura curricular sofrível e alienada?.

Em sua "forma tradicional", os festivais de inverno de Campos do Jordão seriam limitados, segundo esse artigo, "tão somente à estrutura periférica", visavam "aperfeiçoar em um mês, o estudante de música erudita", um contingente mínimo devido ao escasso número de escolas de formação musical existentes no país. Esse privilégio "somente" ao "estudante de música" seria "uma via pouco democrática".

Outro problema do antigo formato, indicado por esse texto, era o "alijamento a que era confinada a própria cidade de Campos do Jordão". A integração da "Prefeitura Municipal de Campos do Jordão", na organização do evento, foi um dos passos para resolver essa questão. A mudança do público atendido exigiu a participação da Secretaria da Educação.

AO REVÉS DO "PÓS" 131

Os cursos teóricos e práticos, segundo o artigo, promoveriam o contato do professor com "novas técnicas, novos métodos, novas linguagens. Nesse momento, portanto, o festival passa a ser efetivamente uma experiência multiplicadora e de base, não mais periférica". Dessa forma, os "400 profissionais" passariam por uma "experiência pioneira no País, que pretende não só oferecer uma atividade de extensão ao professor, mas, principalmente atingir diretamente o aluno, aquele que pode e deve ser sensibilizado para as atividades culturais e artísticas".

O *Vale Paraibano* anunciava, quatro dias depois, o cumprimento do objetivo da sua programação didática "de aprimorar a formação dos professores de Educação Artística" ("400 bolsistas em Campos do Jordão", 12.7.1983). Dividido em quatro subitens intitulados, em sequência, "Corujões", "Crianças", "Aprofundar vivências" e "Bonecos e teatro", o artigo descrevia as ações pedagógicas experimentadas pelos professores-bolsistas. O primeiro subitem tratava de uma iniciativa noturna, denominada "grupo dos corujões", gerada pela reunião "espontânea" de professores-bolsistas, para trocas de informações sobre os acontecimentos do dia. O segundo abordava dois dos cursos teóricos: "Evolução do Jogo Dramático da Criança" e "Leitura Crítica da TV" foram destacados e comentados, ambos pelo desenvolvimento de trabalhos que propunham a aproximação do professor ao universo infantil. O primeiro por meio de jogos, levando os professores de volta às brincadeiras como "esconde-esconde, faz-de conta, etc."; o segundo pela análise e interpretação de desenhos animados.

O terceiro subitem trazia exemplos de oficinas práticas que estimulavam a produção dos professores-bolsistas em vários meios de expressão. Três oficinas foram citadas: "A arte do movimento na educação"; "Xerografia"; e "Introdução à linguagem do *videotape*". O último subitem desse texto menciona outras três oficinas, a de "Mamulengo", a de "Arte da fibra" e a de "Teatro na sala de aula". O primeiro curso teria possibilitado, além da confecção de vários bonecos, a encenação de "estórias do cotidiano com finalidade didática". As duas últimas oficinas teriam criado um trabalho em conjunto, destacado pelo artigo como "perfeito", em sua complementação, pois cenários e figurinos

132 RITA LUCIANA BERTI BREDARIOLLI

criados em "Arte da Fibra" foram usados em montagem produzida na oficina "Teatro na Sala de Aula". "O festival teve um ótimo resultado" (18.7.1983), assim foi anunciado o final da programação didática pelo *Vale Paraibano*. Ao longo do texto, trechos atribuídos aos secretários Pacheco Chaves e Paulo de Tarso e ao coordenador de oficina Paulo Portella confirmavam a avaliação positiva. Para Pacheco Chaves, as "mudanças introduzidas foram muito férteis em propiciar novas oportunidades aos professores da área de educação artística", motivo para a continuidade dessa experiência em 1984, "aprimorando alguns aspectos que teriam falhado desta vez".

Segundo o texto, algumas "pequenas falhas" foram justificadas por Geraldo Anhaia de Mello e João Paulo Ismael, pela escassez do tempo, pois a "atual administração tem apenas cinco meses de governo". Paulo de Tarso teria declarado intenções de ampliação do festival em 1984, contando com uma "participação maior do Vale do Paraíba". Para os professores, "a reciclagem de conhecimentos é de grande importância", segundo Paulo Portella, especialmente porque os participantes voltariam para as suas regiões, com o dever de "transmitir" o que vivenciaram para seus colegas.

Mais um artigo publicado pelo *Vale Paraibano* abordava o "bem-sucedido" festival ("Pesquisa aprovou clima do festival", 20.7.1983). Sucesso comprovado pelos resultados, "ainda parciais", obtidos pela pesquisa realizada por Sueli Preuss Giannotti. Desse estudo, de acordo com afirmações atribuídas à pesquisadora, constatou-se "uma satisfação bastante expressiva", com toda a programação do festival. Segundo o texto, algo surpreendente para os que "achavam que o festival perderia consideravelmente com as mudanças". O motivo para a avaliação positiva teria sido, "segundo as próprias pessoas ouvidas", a "nova mentalidade empregada", que abriu o festival para todas as "expressões artísticas, ao contrário do que acontecia com os festivais anteriores", quando somente "se apresentavam músicas eruditas".

De acordo com esse texto do *Vale Paraibano*, o encerramento oficial das atividades didáticas do festival se deu em um "clima de festa e emoção", numa reunião de todos os que delas participaram. Pacheco Chaves, em seu discurso, teria contestado as críticas que "alguns órgãos

AO REVÉS DO "PÓS" 133

da imprensa" teriam dirigido à estrutura do XIV Festival de Inverno: "houve quem dissesse que o festival virou um Mobral da cultura [...]. Se isto é verdade, está na hora de fazer o Mobral da economia, da política, porque vocês estão nos mostrando que os resultados foram positivos". Sua defesa continuou por considerar o novo festival como uma "síntese entre educação e cultura". Pacheco Chaves teria dito, segundo o artigo, que separar educação e cultura é uma "forma esdrúxula de considerar a ambas [...]. O que o País precisa é que educação e a cultura sejam cada vez mais enriquecidas por iniciativas como esta".

Por sua vez, o governador Franco Montoro teria proferido um discurso "eminentemente político, conclamando a iniciativa popular na busca por soluções para a crise que se abate sobre o País". Fundamentar o festival sobre o "estímulo à criatividade dos professores" significou a indicação do "caminho perseguido para se chegar às soluções desejadas". Para o governador, a arte e a cultura teriam como função a nossa aproximação com a "realidade [...]. Se não nos empenharmos em aprofundar nosso conhecimento sobre a realidade, sentindo as aspirações do povo e traduzindo-as na arte e na cultura, não chegaremos a uma transformação".

Esse texto foi concluído pelo subtítulo "proposta multiplicadora". Ao introduzi-lo, trechos atribuídos ao discurso de Ana Mae Barbosa, confirmando que do "balanço dos resultados dos cursos e oficinas: 'Ficou demonstrado mais uma vez o poder articulador da arte. Saímos daqui não com produtos acabados, mas com projetos a serem desenvolvidos em cada região e em cada município do Estado'".

Sobre o festival, Ana Mae Barbosa o teria definido como uma "incrível possibilidade de renovação para o professor de arte", pois não foi oferecida "receita pronta", mas a possibilidade de um aprofundamento no "processo criador", a fim de que encontrassem soluções para os problemas específicos enfrentados ao longo do exercício de seu trabalho em sua sala de aula.

Em uma última declaração, atribuída a Ana Mae Barbosa, é destacada a importância do "entendimento do festival como um evento do novo processo educacional, não para transmitir conhecimento, nem para fazer a cabeça do professor, mas para estimular o desenvolvimento de cada um".

Por fim, o texto define como "principal objetivo" da reunião de avaliação final da programação didática a "discussão das formas para se levar os conhecimentos adquiridos à comunidade". Em "linhas gerais", os professores apresentaram como propostas: "a preservação de festivais como esse, a criação de escolas-piloto que apliquem as modernas técnicas pedagógicas, salas específicas para Educação Artística e apoio maior das secretarias municipal e estadual de Educação".

Ao abordar o final da programação de eventos, no dia 30 de julho de 1983, o *Vale Paraibano* adiantava, em seu título "Popular e erudito juntos, derrubando preconceitos", o teor do texto que ressaltava a abertura do novo festival às diversas "formas e tendências artísticas, ao contrário dos anos anteriores, quando apenas a música erudita era destacada". O jornal frisava a manutenção do espaço para a música de concerto. No entanto, "derrubando preconceitos", as mudanças feitas no festival abriram a programação para os "mais variados espetáculos de música popular": do "vanguardismo instrumental de Hermeto Paschoal e Egberto Gismonti", aos "artistas da MPB", com "destaque para Cauby Peixoto".

O XIV Festival de Inverno de Campos do Jordão, criado por esse conjunto de recortes arquivados por sua "assessoria de imprensa", apresenta-se como contradição.

As opiniões, antagônicas em extremos, ora implacavelmente favoráveis, laudatórias, ora destruidoras, ferinas, mantiveram para a história, pela equivalência de opostos, a polêmica, talvez uma das maiores qualidades desse evento.

Cunhado pelo desejo democrático de alguns, assim disseram ter se cumprido – ou quase – não somente pela abertura às várias linguagens artísticas, sem descriminação ou privilégio de categorias; ou pela abrangência do público ao ser direcionado aos professores da rede oficial de ensino; mas também por se comportar como palco de debate.

A polêmica em torno do XIV Festival de Inverno de Campos do Jordão propiciou a emergência de temas, um tanto dissimulados em tempos de chumbo.

As "mazelas nacionais" foram expostas. Pessoas imersas em um cenário feito de desejo e euforia por mudanças, insuflados por uma utopia remanescente, engendraram a polêmica em torno desse evento. No entanto, a crença nessas mudanças e na concretização da democracia acabou, em alguns, frustrada, calada, entre outros muitos motivos, pelos paradoxos que fizeram retroceder essas mudanças desejadas. Em 1984, o Festival de Inverno de Campos do Jordão retomou o velho formato. Tudo voltou ao que era – ou quase. A música erudita retomou seu lugar como condutora do evento e ações em outras linguagens artísticas voltaram a ocupar a programação de "eventos paralelos", como "Além da realidade" e "Eletro performance", de Guto Lacaz, agendado para o dia 23 de junho no Cine Clube Campos do Jordão.

Em 1984, o catálogo do XV Festival de Inverno de Campos do Jordão trazia três textos de apresentações em menção à importância e necessidade desse evento, em sequência assinados pelo secretário da Cultura Jorge da Cunha Lima, pelo coordenador pedagógico Sigrido Leventhal e por seu diretor artístico Eleazar de Carvalho, o qual deixou, em suas linhas, a sugestão de um seu legado:

> Trouxe a semente para outro pitoresco recanto: Campos do Jordão. Germinou. Citado como o "criador do Festival de Inverno de Campos do Jordão" neste ano realizando a XV temporada consecutiva – levei em 1982, para a acolhedora cidade de Gramado (RS) a mesma semente que recebi de Koussevitzky, como o mesmo atleta que transporta o facho com a sagrada chama da cultura, e que desejo fique acesa "for ever". A semente foi plantada em terra boa, contando com a sensível acolhida do governador do Estado de São Paulo, Secretário da Cultura, da Prefeitura Municipal da Estância de Campos do Jordão – todos esperançosos e confiantes no sucesso do Festival.

Na *Folha de S.Paulo* de 2 de julho de 1984 ("Campos do Jordão abre o Festival de Inverno"), lia-se que o festival daquele ano havia sido inaugurado com as presenças do governador do estado Franco Montoro, o secretário da Cultura Jorge da Cunha Lima e o prefeito de Campos do Jordão João Paulo Ismael. O "festival volta às origens", dizia o texto em seu último parágrafo, mas dessa vez não terminaria ao final de julho, pois os estudantes de música clássica teriam "cursos intensivos patrocinados pelo Estado"; dos 158 bolsistas, 50 seriam contemplados com outras bolsas com duração de um ano. Algo diferente. Uma consequência de conflitos, revisões, debates? O modelo de 1983 não resistiu, mas reverberou em cada um daqueles que dele participaram, incluindo seus detratores.

A polêmica em torno do festival de 1983 o inscreveu no tempo como dissonância, criada pela contraposição dos vários "lugares de enunciação" que o representaram. E por essa amálgama de vozes, de ataques e defesas, não desprovidos de tendências e afetos, podemos nos aproximar de representações de uma época, por vezes imersas, outras, emersas das linhas e entrelinhas de cada artigo.

O que gerou a polêmica em torno desse evento? De que estavam falando as pessoas que emitiram e publicaram suas opiniões nos jornais? Um ponto em comum une todas essas vozes, aparentemente díspares: a emergência ou urgência de solução para problemas político--educacionais de longa data, que afligiam e ainda afligem um país. Esse debate perdura sem vencedores. Alguns, talvez, ainda seguem, com insistência, a resistir contra a infeliz sensação da contínua perda de uma "ilusão", a da "experiência democrática".

3
DO FESTIVAL,
TEMAS (PÓS) MODERNOS DE ARTE E EDUCAÇÃO

"Profetismo e esperança que resultam do caráter utópico de tal forma de ação, tomando-se a utopia como a unidade inquebrantável entre a denúncia e o anúncio. Denúncia de uma realidade desumanizante e anúncio de uma realidade em que os homens possam ser mais. Anúncio e denúncia não são, porém, palavras vazias, mas compromisso histórico."

(Paulo Freire)

Em trânsito

Entendemos e usamos categorias como referências a uma junção de fenômenos discriminados; um "fato de discurso"; desdobramentos de e desdobrável em outros discursos e ações. Partindo dessa compreensão, abordaremos alguns dos temas integrantes do conjunto de fenômenos concernentes ao ensino de arte, categorizado como "pós-moderno".

A categoria "pós-moderno" indica uma concepção de ensino de arte envolvido com tópicos, "lugares-comuns" de um discurso ainda presente. Designa um ensino da arte envolvido pela contestação dos

138 RITA LUCIANA BERTI BREDARIOLLI

limites entre categorias culturais, como "popular" e "erudita"; pela falência da ideia de história como evolução em direção ao progresso futuro, narrada em grandes feitos; pela descoberta do "outro", e, portanto, do diverso, do múltiplo, do heterogêneo, do "multi"; pela rejeição de verdades e valores universais. Um ensino da arte proposto sob a predominância de enunciados sobre o "local", o "sub", o "marginal". Atento às representações políticas, sociais, culturais, de gênero. Permeado pela profusão intensa, ágil e infinda de informações, pelas palavras ou imagens e novas mídias que nos afetam, independentemente se temos ou não conhecimento desse afeto. Essa nova "ordem conceitual" enfrenta como lugar de ação um espaço institucionalizado, nascido sob um entusiasmado projeto moderno de formação de uma identidade nacional pela homogeneização, executado dentro de limites estritamente estabelecidos por uma fragmentação disciplinar, seguindo padrões culturais supostos universais.

Dessa discrepância, é estabelecida uma situação favorável à desistência, à frustração, à descrença, à passividade. As reestruturações conceituais sobre educação, concebidas em resposta às reconfigurações sociais, culturais, políticas, chocam-se com um sistema educacional conservador, sustentado pela falta de apoio de toda a ordem, dos responsáveis pela sua organização, orquestrando e disseminando a certeza da impossibilidade de qualquer reação. Sistema fundamentado na manutenção da violência que alimenta e é alimentado pela brutalidade da força de uma "realidade" tornada natural.

Entretanto, houve tempos propícios ao desejo e à crença na produção da mudança. A década de 1980, por exemplo, foi marcada por ações reativas a uma estrutura vigente não somente política, mas também conceitual do ensino da arte brasileiro. Podemos considerar como uma dessas ações – por seus conteúdos, objetivos, justificativas, e concepções metodológicas – o XIV Festival de Inverno de Campos do Jordão. Evento identificado como transição de um ensino de arte "moderno" para "pós-moderno".

Três "ênfases" norteadoras da organização desse festival seriam as indicações dessa característica, segundo Ana Mae Barbosa (2007): a "ênfase na crítica, ênfase no contexto e ênfase na leitura". Sem sequên-

AO REVÉS DO "PÓS" 139

cia predefinida, ou hierarquização valorativa, essas três instâncias se articulavam nos exercícios propostos aos professores-bolsistas.

Como exercício da crítica, os professores eram estimulados a constantes avaliações sobre as experiências vividas durante as oficinas. Como em uma "leitura" expandida próxima ao sentido proposto por Paulo Freire, era incentivada desde a leitura dos livros da biblioteca, especialmente organizada para o evento, até a "leitura da própria cidade", passando pela "leitura da coleção de arte" do Palácio Boa Vista. Vinculada a essa "leitura crítica", mantinha-se a atenção ao "contexto", tema específico para algumas das ações do programa pedagógico do XIV Festival de Inverno de Campos do Jordão.

Essa articulação entre "crítica", "contexto" e "leitura" era uma constante em textos escritos sobre as oficinas práticas, desde o relatório das reuniões preparatórias realizadas na Pinacoteca do Estado.

A manifestação desse senso comum e mais o trabalho feito em conjunto por coordenadores de diferentes oficinas construíram uma estrutura de ensino para esse evento de 1983, oposta à "polivalência" instituída pela imposição da disciplina Educação Artística no currículo escolar em 1971, quando um único professor era obrigado a oferecer aos seus alunos conhecimentos sobre diferentes linguagens artísticas, independentemente de sua especialidade.

Contestando essa tendência, organizadores e coordenadores das oficinas do XIV Festival de Inverno de Campos do Jordão desenvolveram trabalhos direcionados ao estabelecimento da diferença entre "integração de linguagens" e "polivalência".

Karen Müller, por exemplo, uma das coordenadoras da oficina "Arte e comunidade: vivências, espaços e memórias" da área de teatro, distinguiu – em entrevista concedida à autora em 13 de fevereiro de 2007 – a polivalência da "integração" que ocorreu em Campos. Havia uma diferença entre o domínio sobre todas as linguagens e o trabalho em várias linguagens voltado a uma ideia comum, esse era o foco dos cursos desenvolvidos no festival de 1983. Um "foco contemporâneo". O trabalho, para se caracterizar como integrador e não polivalente, deve se apresentar como uma "somatória integrante, integradora", guiada por um "objetivo comum", possibilitando ao aluno a percepção desse vínculo, de um "elo comum", do diálogo entre as diversas experiências. Karen Müller (1983, p.10) descreve uma ação "importante" para o avanço da reflexão sobre a "polivalência, o professor especialista e a integração entre as áreas". No final da primeira semana do festival, integraram uma aula comum alunos da oficina de Jacqueline Bril, com outros participantes das três oficinas "Arte e comunidade: vivências, espaços e memórias". Essas três oficinas, "desenvolvendo linguagens diferentes, mas apoiadas em princípios pedagógicos semelhantes", abordaram um mesmo tema: arte e comunidade. Fazia parte desse conjunto a oficina de música, orientada por Conrado Silva, também coordenador de um dos cursos teóricos, igualmente sobre a linguagem musical; a de artes plásticas, ministrada por Fioravante Mancini; e a de teatro coordenada por Silvana Garcia e Karen Müller.

De acordo com Müller (1983), esse evento interdisciplinar foi o único pela exiguidade do tempo, embora houvesse uma intenção de integrar essas três oficinas em vários momentos no decorrer dos cursos.

Organizada por Christina Rizzi, Maria do Rosário Martinez Correa, Nurimar Valsecchi e Rosa Maria Camporte, a oficina "Slide, luz, som e movimento" apresentava como objetivo uma "vivência interdisciplinar", exercitada pela interação entre as "expressões plástica, musical, corporal e dramática". A produção de slides, "a partir de pesquisa", de um "material documental, sobre os resultados" e a abertura à participação das crianças nesse processo compunham a ementa desse curso prático.

Essa semelhança entre "princípios pedagógicos", que propiciou iniciativas como essas do grupo responsável pela oficina "Slide, luz, som e movimento", ou da articulação entre os coordenadores das oficinas da área "Arte e comunidade", pode ter sido resultado, entre outros fatores, da forma como foi concebida a parte didática do XIV Festival de Inverno de Campos do Jordão.

Encontros na Pinacoteca

Em abril de 1983, um grupo de pessoas, envolvidas com o ensino e formação de professores de arte, foi reunido para discussão do projeto pedagógico desse festival. Desses encontros, realizados na Pinacoteca do Estado de São Paulo, foram definidas diretrizes comuns para condução dos cursos práticos, também concebidos naquele fórum.

Problemas, sugestões e pontos de partida para execução dos cursos foram enumerados em uma síntese organizada depois da "Reunião de 08/04/83". Nessa, 23 itens foram registrados, alguns com a indicação da autoria da fala por nomes entre parênteses. A quantidade de itens sobre a necessidade e importância da integração da comunidade, moradores de Campos do Jordão, transformou-a em um dos principais objetivos da reformulação do festival de 1983.

Essa interação deveria ter como base o respeito às manifestações culturais locais. Os cursos deveriam cuidar para não sobrepor uma cultura a outra. Não deveriam "'ensinar' cultura", mas partir do conhecimento da cultura local, como "trabalhar com a realidade das crianças (Marco)" ou "mobilizar os professores de Educação Artística da Cidade (Paulo)".

Os cursos deveriam ser um *abre-alas* para as manifestações culturais espontâneas da comunidade". A importância da "leitura da cidade" foi destacada por "Cristina" como forma de tornar a "experiência de julho" ponto de partida para uma "transformação maior". A intervenção na cidade deveria partir do conhecimento daquele contexto, para promover a interação e não a imposição de culturas.

Não somente a concepção pedagógica do festival foi pauta nessa reunião, mas também a seleção dos professores-bolsistas e a viabilização de ajuda para as despesas deles. Pensar o festival como algo feito a partir e para a cidade, tornando-o uma experiência passível de desdobramentos futuros, um início para frutescência de novas ideias e ações, era a intenção predominante nos registros da organização do XIV Festival de Inverno de Campos do Jordão.

Sobre essas reuniões precedentes, na Pinacoteca do Estado de São Paulo, para organização das oficinas, Ana Mae Barbosa (1984,

142 RITA LUCIANA BERTI BREDARIOLLI

p.127-44) destaca como problema o limite de tempo, que teria dificultado discussões necessárias sobre "conceitos de arte-educação; diferenças entre o ensino da arte para crianças, para adolescentes e adultos; relação entre teoria e prática; o geral *versus* o particular nas propostas de ensino".

Reciprocidade tácita

Os cursos práticos, chamados de oficinas, foram, em sua maioria, concebidos nesse fórum de discussão e abrangiam as "áreas" de "teatro de bonecos", "teatro", "música", "história da arte", "artes plásticas", "expressão pelo movimento", "*videotape*", "televisão", "interdisciplinar", "tapeçaria", "pré-escola" e "xerografia".

Na área de "teatro de bonecos", uma oficina foi oferecida, elaborada por Luiz Maurício Britto Carvalheira, seu tema era o "mamulengo".

Em teatro, três oficinas constavam do programa ("Festival de Inverno de Campos do Jordão", 1983a): "O teatro na sala de aula", de Marly de Jesus Bonome Vita, na época funcionária da Secretaria da Educação; "Arte e comunidade: vivências, espaços e memória", de Karen Müller e Silvana Garcia; e "O jogo dramático: origem do teatro-evolução e vivência", de Joana Lopes.

Quatro oficinas contemplavam a área de música: "Arte e comunidade: vivências, espaços e memória", de Conrado Silva; "Canto coral", coordenada por Celso Delneri, Fábio Cintra e Marco Antonio da Silva Ramos; "Educação musical", de Pedro Paulo Salles e Renato de Moraes. "Introdução à linguagem pictórica", de Gilson Pedro, e "História da arte e leitura do meio: Campos de Jordão", monitorada por Cildo Oliveira, Dilma de Melo Silva, Elza Maria Azjenberg e Maria Heloisa Correa de Toledo Ferraz, integravam a área de história da arte.

Integravam a área de artes plásticas as oficinas: "Acervo Artístico Cultural de Campos do Jordão", ministrada por Antonio Lucio Galvão, Maria Aparecida do Nascimento e Nurimar Valsecchi; "Arte e comunidade: vivências, espaços e memória", de Fioravante Mancini Filho; "Meios alternativos de interferência da imagem", de Ana Cristina Pereira de Almeida e Maria Heloisa Correa de Toledo Ferraz;

AO REVÉS DO "PÓS" 143

e "Artes plásticas para professores", ministrada por Ana Angélica Albano Moreira, Maria Regina Barros Sawaya e Paulo Portella Filho.

Maria Cecília Lacava foi responsável por "Educação do movimento", oficina que formava, junto com "Corpo, material e ação", de César Barros e Rô Reyes, "A arte do movimento na educação", de Jaqueline Bril, e "Dança Livre e Jogos Corporais para adolescentes", de Marília de Andrade, a área de expressão pelo movimento. Guto Lacaz ministrou a oficina "Introdução à linguagem do *video-tape*". José Manoel Morán e Mariazinha F. de Rezende Fusari coordenaram a oficina "Apreciação de televisão". A oficina interdisciplinar "*Slide*, luz, som e movimento", como dissemos, foi concebida e realizada por Maria Christina Rizzi, Maria do Rosário Martinez Correa, Nurimar Valsecchi e Rosa Maria Camporte. Pela oficina de "tapeçaria" ficou encarregada Wanda Moreira Canto. Iara Borges Caznok coordenou "Uma nova visão da pré-escola", e a oficina "Xerox como meio de expressão" ficou sob responsabilidade de Oscar Teixeira Soares.

As oficinas eram avaliadas constantemente por seus participantes, em movimentos reservados para reflexão crítica e autocrítica; pelos "críticos de residência", Paulo Pasta e Teixeira Coelho; e pelos "observadores-participantes", monitores de outras oficinas que frequentavam outros cursos enquanto não ministravam os seus próprios. A observação era escrita e sua forma final era o resultado do trabalho conjunto entre o "observador" e o coordenador da oficina observada.

Os temas dos cursos teóricos evidenciavam uma direção ao estudo da criança, seu desenvolvimento social, emocional, intelectual, crítico e expressivo. Essa parte era integrada pelos cursos: "O desenvolvimento social da criança (Erik Erikson)", ministrado por Helena Maffei; "O desenvolvimento emocional da criança (Freud)", coordenado por Miriam Chnaiderman; "O desenvolvimento intelectual da criança", sobre Piaget, orientado por Zélia Ramozzi; "A evolução do jogo dramático da criança", oferecido por Joana Lopes; "A música na educação", ministrado por Conrado Silva; "A evolução da expressão plástica e gráfica da criança", sob orientação de Ana Cristina Pereira de Almeida; e, por fim, "Leitura crítica da televisão: a criança", coordenado por José Manoel Morán e Mariazinha F. de Rezende.

144 RITA LUCIANA BERTI BREDARIOLLI

A falsa cisão entre teoria e prática, vertida em estruturação curricular, é causa de um resistente equívoco de julgamento que condena a reflexão teórica como alienação da realidade. A organização do programa didático do XIV Festival de Inverno de Campos do Jordão mantém essa divisão entre cursos teóricos e práticos evocando uma estrutura disciplinar fragmentária típica de uma organização tradicional, "moderna", de ensino. Mas, ao mesmo tempo, proporciona a sua correspondência, por exemplo, ao atribuir a orientação de alguns desses cursos aos mesmos monitores. Joana Lopes, Conrado Silva, Ana Cristina Pereira de Almeida, José Manoel Morán e Mariazinha F. de Rezende Fusari propuseram e coordenaram as oficinas práticas, cujo conteúdo era relativo ao desenvolvido em seus cursos teóricos.

Além desse ponto de convergência entre "cursos teóricos" e "oficinas práticas", Mariazinha F. de Rezende Fusari, por exemplo, foi "observadora-participante" da oficina de "Introdução à linguagem do *videotape*", ministrada por Guto Lacaz, e Helena Maffei observou e relatou a oficina "Educação musical", de Pedro Paulo Salles e Renato de Moraes.

Cursos práticos também requisitaram em sua execução a teoria, como no caso de "História da arte e leitura do meio", orientado por Maria Heloisa Correa de Toledo Ferraz e Vitória Daniela Bousso, feito pela junção da análise de obra com informações sobre história da arte e a produção plástica dos seus participantes.

Ao abordar a relação entre teoria e prática envolvida na preparação e realização do programa do XIV Festival, Ana Mae Barbosa (1984, p.131) destacou, de uma pesquisa feita entre os professores-bolsistas, que "apenas vinte" tiveram dificuldade em estabelecer, sozinhos, a relação entre os cursos teóricos e as oficinas práticas. Quanto aos demais, aparentemente, teriam entendido que "eles próprios poderiam e deveriam se exercitar reflexivamente, estabelecendo uma ligação inteligível entre o que descobriam", pela própria experiência vivida nas oficinas, e o que "poderia acontecer com a criança em contato com o fazer artístico", pelo conhecimento sobre o "desenvolvimento emocional, social, intelectual" da criança, adquirido nos cursos teóricos (ibidem). Pretendia-se, portanto, propiciar uma "linha de autoaprendizagem" em reação a uma espera passiva por "receitas de aulas", sustentada

AO REVÉS DO "PÓS" 145

pela ideia de que a "receita tem de ser inventada por eles próprios e os ingredientes devem ser diferentes, de acordo com cada grupo, cada contexto e, se possível, cada criança" (ibidem).

Uma das formas dessa interação entre a "prática pessoal e a teoria (acerca dos diversos aspectos do desenvolvimento da criança e da codificação do meio ambiente)" foi a integração de crianças em oficinas como as de música, mamulengo, teatro, pintura, desenvolvendo um trabalho conjunto com os professores- bolsistas. A demarcação de um lugar para a teoria tinha também outro sentido à época.[1] Significava parte de um esforço em demonstrar a sua importância para a realização do ensino de arte, visto até aquele momento como essencialmente prático. Ao deixar explícita a separação entre teoria e prática, resguardando ao mesmo tempo espaço para sua interlocução, o programa didático do XIV Festival de Inverno de Campos do Jordão manteve a relevância de cada uma das partes, bem como sua interdependência. Ana Mae Barbosa (1984, p.134-5) atesta essa inexorável reciprocidade tácita entre teoria e prática ao nos lembrar que os temas escolhidos para os cursos teóricos – tanto aqueles sobre o desenvolvimento infantil quanto os de teoria da música e análise crítica de televisão – "são generalizações classificatórias a partir de uma práxis e de uma observação direta da criança", não surgiram de "meras elucubrações mentais", mas nasceram da percepção de uma situação concreta.

Fomentos

Além dos cursos oferecidos, os professores-bolsistas tiveram à sua disposição uma biblioteca especificamente organizada para esse evento por Maria Christina da Silva Souza.

---

1 Havia na época, segundo Ana Mae Barbosa (1984, p.134), "certa onda de contracultura" condenatória da teoria, um dos motivos de cautela quanto ao tempo dedicado aos cursos teóricos durante o festival. Mas, se a "intelligentzia universitária" apresentava-se "saturada de teoria", a "prática educacional cotidiana", representada na opinião dos professores-bolsistas, reivindicava a sua necessidade e relevância, ao referir-se ao tempo dedicado aos cursos teóricos como "insuficiente" (ibidem).

Em um texto ("Uma biblioteca no festival: relato que virou reflexão"), datado de 18 de julho de 1983, Maria Christina da Silva Souza descreve a experiência de organizar uma biblioteca para esse festival. Refere-se a ela como um desafio, movido pela crença no "papel do bibliotecário como elemento modificador da realidade". O conjunto bibliográfico foi relacionado, e um guia, apresentando os assuntos que compunham o acervo, foi feito e copiado para facilitar o uso da biblioteca por "todos os participantes do evento". Junto a isso, foi feito um "trabalho com professores e alunos, quer em contatos pessoais quer nas classes", para familiarizá-los com o acesso e uso da biblioteca. Segundo Souza (1983), essa foi uma experiência "incrível", pois o "pessoal estava ávido por informações".

O acervo era "mínimo" de acordo com sua descrição, mas "de qualidade". Seu relato termina pela afirmação de que a "Biblioteca é elemento de integração. Foi assim nos quinze dias em que ela existiu no Festival".

Um outro instrumento de apoio para o professor, durante o XIV Festival, foi o sexto número da *Revista Ar'te*.[2]

Na página 2 dessa edição, os objetivos de motivar debates e apresentar diferentes, até mesmo "divergentes" conduções "contemporâneas" de ensino da arte, eram explícitos nos seguintes termos:

> Este número publica aspectos (divergentes entre si até) sobre Tendências Contemporâneas do Ensino da Arte. Constituem um material que Ar'te propõe para discussão no quadro do Festival de Inverno de Campos de Jordão (3 a 17/7/83). É mais uma edição especial, em 20 páginas no lugar das habituais 16.

Esse número especial da revista publicada pela ECA durante os anos 1980, dedicado inteiramente ao XIV Festival de Inverno de Campos do Jordão, trazia vários textos sobre arte-educação. Artigos

---

2 Houve, durante o festival, uma mesa-redonda, intitulada "Metodologia do ensino da arte", para debater o conteúdo dessa revista. Outra mesa foi feita como forma de fomentar o debate em torno da arte. Formada por Samuel Kerr, Thomas Ianelli, Guto Lacaz e Teixeira Coelho, essa mesa discutiu a "Arte: hoje" (Barbosa, 1984, p.132).

AO REVÉS DO "PÓS" 147

de Ana Mae Barbosa, em defesa do conhecimento da história em "Para que História"; de Peter Füller, que escreveu "Pela recuperação de um método e da arte"; Stephen Spender, que discutiu a diferença entre "A maneira Oriental e a maneira Ocidental" de relação com a arte; de Conrado Silva, que conceituou uma "Oficina de Música"; uma entrevista com Ernst Gombrich, feita por Ana Mae Barbosa; e uma carta de uma jovem professora de arte, identificada como A. L. F, discorrendo sobre as dificuldades de sua profissão, formavam o conjunto de textos dessa edição, lida pelos participantes do XIV Festival de Inverno de Campos do Jordão.

A edição seguinte (número 7-8) desse periódico foi também dedicado ao evento. Nessa publicação, consta o texto "Uma avaliação sem máscaras", de Ana Mae Barbosa; em seguida, o título "Oficina Arte e comunidade: teatro, vivências, espaços e memória" abre o artigo de Karen Müller sobre essa sua oficina; na página seguinte, uma entrevista com Conrado Silva sobre a sua "Oficina de Música" e um texto de Paulo Pasta sobre suas observações referentes à "Oficina de Xerox". Além desses, publicaram-se o texto de Hudnilson Jr., um dos artistas-orientadores do curso prático de "Xerox como meio de expressão", e uma entrevista com Oscar Teixeira, outro orientador dessa mesma oficina, e Guto Lacaz, responsável pela oficina de "Introdução à linguagem do *videotape*". Concluem a parte dedicada ao XIV Festival dessa mesma edição as observações de Helena Maffei sobre a "Oficina de Educação Musical" e a "Opinião dos bolsistas".

Esses relatos, feitos pelos próprios orientadores e também pelos "observadores-participantes" e "críticos em residência", junto a outros posteriores de alguns coordenadores de oficinas e professores-bolsistas, e mais as avaliações dos cursos práticos, escritas por seus participantes, indicam que, além da interdisciplinaridade, apresentavam-se como temas das atividades do XIV Festival de Inverno de Campos do Jordão a consideração da cultura local como integrante do processo educativo; a diversidade cultural; o conceito de arte como produto de cultura; a valorização e recuperação do posicionamento crítico do educando, no caso os professores-bolsistas, ao integrá-los como construtores de seu processo de aprendizagem, evidente no cuidado com a avaliação

148 RITA LUCIANA BERTI BREDARIOLLI

e autoavaliação dos trabalhos realizados nas oficinas; e a "pedagogia problematizadora" de Paulo Freire.

A reincidente evocação desses itens, nos textos de seus participantes, imprimiu, nesse evento, a atenção à "leitura" e à coexistência de múltiplos códigos culturais.

"Textos", "contextos": o "local" e o "universal" em "leituras críticas"

No texto "Uma avaliação sem máscaras", Ana Mae Barbosa (1983, p.5) ressalta a postura dos organizadores do XIV Festival de Inverno de Campos do Jordão de "rejeição à homogeneização", tanto do conhecimento quanto da metodologia. Uma única determinação comum era mantida: "desenhar o curso em torno de: Leitura do processo criador de cada um; Leitura da criança; Leitura do meio ambiente; Leitura da obra de arte" (ibidem). Decisão firmada ainda durante os encontros na Pinacoteca do Estado, em abril de 1983, como apontado na introdução de uma "proposta" para estruturação dos projetos das oficinas, assinado pelo "pessoal de música":

> Levando em conta: a. A proposta inicial de se realizar uma "leitura do meio" e uma "leitura da obra de arte". b. A necessidade de se realizar uma "leitura da linguagem da criança". c. A divisão dos três projetos na última reunião (15/4) – a história da arte, leitura do meio e da memória e o grupo integrado que partiu do trabalho de slides, *propomos*: 1. Que existam três temas-objetivos fundamentais a serem desenvolvidos por todas as áreas de expressão e comunicação: I. LEITURA DA LINGUAGEM DA CRIANÇA; II. LEITURA DO MEIO; III LEITURA DA OBRA DE ARTE. ("Proposta para estrutura dos projetos de oficinas", 1983)

O item I foi rasurado. A palavra "LINGUAGEM" foi riscada e substituída pelo termo "desenvolvimento". Uma outra interferência nessa proposta mimeografada é uma chave congregando os três itens pela designação "obj. do curso".

AO REVÉS DO "PÓS" 149

O texto segue em justificativas para cada um dos itens. O "desenvolvimento da linguagem da criança" seria observado, "por exemplo", em relação à linguagem plástica, pelo uso técnico dos materiais ou por um trabalho específico para promoção desse desenvolvimento; a "leitura do meio" seria realizada pelo relacionamento com a "cidade", com a "natureza, o social", por trabalhos desenvolvidos nas "ruas, nas vilas, e no próprio grupo de bolsistas"; e a "leitura da obra de arte – em todas as linguagens" seria praticada pela análise, vinculada à "História", e pela "criação a partir desta análise".

Após essas considerações sobre o primeiro ponto dessa proposição, outros três são definidos:

> 2. Que cada área específica discuta no sentido de apresentar uma proposta de oficina para cada um destes temas-objetivos; 3. Em cada um dos temas-objetivos haverá, portanto, necessariamente, uma proposta de cada área, que poderá se efetuar em oficinas integradas ou específicas; 4. O bolsista poderá desta forma optar por temas ou por áreas de interesse, podendo inclusive passar por todos os temas. Obs: o tema II pode estar contido no "tema III", ou seja, por esta proposta elaborada pelo grupo de música a partir dos debates realizados durante as reuniões na Pinacoteca do Estado, a "leitura do meio" ("tema II"), poderia estar contida na "leitura da obra" ("tema III"). (ibidem)

Essa "proposta" de Pedro, Renato, Margarete e Biba (o "pessoal da música") e o texto "Uma avaliação sem máscaras", de Ana Mae Barbosa (1983), estão separados pelo próprio festival. A proposta referia-se à realização do festival, e o texto fazia uma avaliação do evento realizado. Os discursos sobre o vir a ser e o feito são coincidentes e se refletem nos títulos e relatos sobre as oficinas, tanto em alguns projetos como em textos posteriores à sua execução, como no projeto para a oficina "Levantamento do Acervo Artístico Cultural de Campos do Jordão", ministrada por Antonio Lucio Galvão, Maria Aparecida do Nascimento e Nurimar Valsecchi, ou no relato de Regina Maria Lintz Funari sobre o curso prático "História da arte e leitura do meio", orientado por Maria Heloisa Correa de Toledo

150 RITA LUCIANA BERTI BREDARIOLLI

Ferraz e Vitória Daniela Bousso. Também se fizeram presentes na apresentação do curso prático "Leitura crítica da televisão: a criança", ministrado por José Manoel Morán e Maria F. Fusari, e ainda nos textos do projeto de curso de Guto Lacaz e do relato sobre sua oficina realizada por Maria F. Fusari.

Mesmo considerando as diferenças no exercício das "leituras" expressas nesses textos sobre os trabalhos desenvolvidos durante o XIV Festival de Campos do Jordão, podemos notar um eixo comum que é o de assumir a leitura "como interpretação cultural" (Barbosa, 1998, p.35), concepção próxima ao sentido de "leitura" de Paulo Freire.

O ato da leitura, para Paulo Freire (1981), não se limita à decodificação mecânica do texto, mas é estendido para a conscientização do leitor sobre suas relações com seu meio. A "leitura" de Paulo Freire expande-se para "leitura do mundo", pois realizada pela "percepção das relações entre texto e contexto". Para Freire, a educação é um ato político, e o educando, o "leitor do mundo", um sujeito capaz de atuar sobre o seu "contexto",[3] interferindo nele à medida que o lê criticamente.

Ensinar a ler, dessa forma, não é feito um fim em si mesmo, mas um meio de viabilização do processo de engajamento do sujeito com o seu contexto, seu meio, sua história. A "leitura" de Freire não é restritiva à compreensão de caracteres, sílabas, palavras, frases, é um ponto de partida para a compreensão do "contexto", tanto da própria escrita e do escritor quanto, e especialmente, do leitor (Pillar, 1999,

---

3 Flávia M. C. Bastos (in Barbosa, 2006, p.230), ao propor um "modelo de arte/ educação baseada na comunidade", desdobramento de sua pesquisa de doutorado, realizada em 1999, apresenta como fundamento desse seu interesse por uma arte/ educação, "que parte da valorização da cultura local e dos recursos existentes e disponíveis na comunidade", as ideias de Paulo Freire, "especialmente sua filosofia educacional comprometida com a libertação da dominação". Ao discorrer sobre tal pensamento, afirma que, para Freire, a "educação é um processo político que ou reforça as injustiças sociais, pelo controle da consciência, ou promove mudanças pelo processo de reflexão crítica chamado 'conscientização'. Para Freire o objetivo fundamental da prática educativa é promover a consciência crítica, marco referencial da mudança".

p.14), entendido, nesse processo, como "sujeito" capaz de modificar, conscientemente, o seu mundo.[4] A "leitura" não restritiva à apreciação formalista de obras, mas extensiva ao "contexto", tanto da produção da obra quanto da sua exposição, como também daquele que a recebe – o seu "leitor" – integra o discurso "pós-moderno" de ensino da arte. Discurso esse, aliado ao conceito de arte como "produção e reprodução cultural, compreensível apenas se considerados o contexto e os interesses de suas culturas de origem e recepção" (Arriaga, 2007).[5]

A noção de arte vinculada a condições culturais problematiza ideais "modernos" como a "universalidade da arte", que estaria presente e seria alcançada pela ênfase nos "elementos e princípios formais" da linguagem artística. Ao buscar o entendimento universal, a fala comum a todos, independentemente de seu contexto, as experiências estéticas "modernas" voltaram-se à sintaxe da arte, investindo na pesquisa das "puras relações formais", vertendo-se para uma "crescente abstração" (Efland et al., 2003, p.27).

O sentido da obra, desse modo, acabava definido por suas relações formais, responsáveis, também, pela identificação de produções estéticas do "outro" como "arte". Seguindo esse cânone "moderno", "essencialmente ocidental", categorias como "arte folclórica", "arte primitiva", "arte tribal" ou "arte popular" foram delimitadas (ibidem, p.33-4).

---

4 A alfabetização de Freire, "intrinsecamente, conecta o ato de ler e escrever com a tomada de consciência de nossa historicidade e a possibilidade de questionar e transformar o mundo em que vivemos" (Bastos in Barbosa, 2006, p.330).

5 Anne Cauquelin (2008) nos adverte sobre a impropriedade de compreensão do contexto, da realidade como algo estável. Por ser composto pela instabilidade de "elementos em mutação contínua", não "consiste". A autora afirma que "quem quiser pôr sob um mesmo anteparo a preocupação com a realidade, ou seja, a grande diversidade de atividades que ocupam o campo artístico da arte contemporânea, arrisca-se a dizer nada do tudo, e, sobretudo, esquecer aquilo que o termo promissor de contextualidade encerra", qual seja, a "atividade viva da arte de hoje, não porque ela se aproximaria de uma realidade da qual não se sabe grande coisa (exceto em que ela não consiste), mas porque ela assume todo o seu sentido fora daquilo em que ela consiste" (ibidem, p.119-21). É, portanto, uma arte que existe "fora de si", exporta-se. Sua "não-consistência interna" clama pelo exterior para adquirir corpo..

152 RITA LUCIANA BERTI BREDARIOLLI

Arthur Efland (in Guinsburg; Barbosa, 2005, p.179), ao abordar a oposição "Universalismo Modernista *versus* Pluralismo Pós--Moderno", o faz a partir do exemplo de Owen Jones, que em 1856 publicou uma "'Gramática do Ornamento', um conjunto de princípios universais que poderia cingir toda a arte ornamental mundial". Efland (ibidem, p.179) define esse "esforço para reduzir a arte a uns poucos elementos e princípios, aplicáveis a toda arte de qualquer lugar" como um "exemplo modernista tipicamente ocidental" (ibidem). Esse livro de Jones, um "estudante britânico", teria sido resultado de um levantamento sobre "formas ornamentais de todo o mundo". Esse "empréstimo" cultural, segundo Efland, é justificável se considerarmos que, dentro de um "projeto moderno", a arte seria regida por "'leis universais', descobertas no Ocidente".

Ao considerarmos os "aspectos sociais e culturais do processo de expressão e formalização" de um objeto artístico, a análise formal torna-se insuficiente. O discurso "pós-moderno" privilegia por oposição, ou revisão crítica, o "local" ao "universal". A "universalidade da estética formalista" é rejeitada em favor do "conhecimento do contexto cultural" (ibidem).

Essa mudança discursiva é evidenciada em produções, entre elas as artísticas, ao tratar de temas em diálogo sobre outras "esferas", como antropologia ou sociologia ou filosofia, numa integração que se propõe política. Esse rearranjo semântico é motivado pela ideia de aproximar a arte à vida comum. Projeto em oposição ao da modernidade, por buscar romper a esfera[6] que rendera à arte seu caráter "autônomo", talvez,

---

6 Richard Shusterman (in Zielinsky, 2003, p.125-6) afirma que o "processo de diferenciação das esferas culturais", identificado por Weber e Habermas como "projeto da modernidade", reforçou, durante o Iluminismo, uma "antiga agenda filosófica" de marginalização do artista. Segundo o autor, o "progresso da razão", representado pela modernidade, "desmitificou a visão de mundo religiosa e dividiu racionalmente o domínio da cultura em três esferas distintas", a ponto de permitir um "melhor" progresso da razão em cada um desses domínios por meio de sua especialização. Tais esferas dividem-se entre a "cognitiva ou científica, a prática – que inclui a ética e a política – e, finalmente, a estética, sendo cada uma governada por sua própria forma específica de razão". Essa tripartição "reflete-se na análise crítica do pensamento humano de Kant em termos de razão pura, razão prática e juízo estético".

AO REVÉS DO "PÓS" 153

melhor dizendo, autotélico. Mesmo que esse "projeto pós-moderno" ainda não tenha se realizado[7] – pois algumas muitas dessas produções não mais reforçam aquilo que buscam contradizer, encerrando ainda mais, ao invés de romper, a sua "jaula de vidro"[8] –, seu novo discurso

---

7 A distância entre arte e vida comum continua a ser mantida pelos ritos institucionais, como os discursos legitimadores de críticos, professores, historiadores, ou a determinação e sacralização de lugares apropriados a objetos artísticos, reafirmações da arte como "domínio especializado". Essa resistente presença da "lógica da modernidade, de especialização e originalidade espiraladas" continua a conduzir artistas "para a afirmação de sua incisiva distinção, não só de outras profissões, mas de outros artistas", forçando-os a "desenvolver um individualismo particularmente agudo", distanciando-os mais da compreensão e apreciação pública. Dessa forma, as produções artísticas desses tempos reativos à tradição moderna acabam por intensificar a ideia de arte pela arte, que ela própria tenta contestar (Shusterman in Zielinsky, 2003, p.127-8).

8 Essa expressão integra um texto de Robert Kurz (1999), no qual, em crítica radical, discute a arte contemporânea: "A separação entre vida e arte é um velho trauma da modernidade. Todos os artistas que querem dar expressão a uma verdade e que se consomem em suas criações sempre sofreram com tal separação. Pouco importa se a arte, em suas várias manifestações, revela a beleza bem-proporcionada ou, ao inverso, a estética do feio, se faz crítica social ou busca redescobrir a riqueza das formas naturais, se adota uma orientação realista ou fantástica: ela sempre permanece separada do cotidiano, da realidade social, como que por uma parede de vidro intransponível. As criações artísticas ou são ignoradas ou tornam-se mundialmente famosas como objetos de museu, já mortos antes mesmo de nascer. O artista assemelha-se, desse modo, a uma figura da tragédia antiga: tal como a água e as frutas esquivam-se ao sedento Tântalo, assim também a vida se esquiva a ele; tal como o rei Midas, que morreu de fome porque todos os objetos em que tocava transformavam-se em ouro, assim também o artista, como ser social, morrerá de fome, pois todos os objetos em que toca transformam-se em puros objetos de exposição; e tal como Sísifo, ele sempre empurra sua rocha inutilmente – sua obra permanece sem mediação com o mundo. Todas as tentativas da arte para romper seu gueto de vidro foram frustradas. Esculturas expostas em fábricas e quadros pendurados nas paredes de escritórios permaneceram corpos estranhos; preleções literárias em igrejas ou escolas nunca superaram o caráter de eventos obrigatórios. Quando os dadaístas, por desespero, recorreram aos meios da provocação e transpuseram mictórios ou canos enferrujados para os átrios sagrados da arte, a fim de zombar da burguesia, essa oferta foi tomada com profunda seriedade e catalogada tal como as esculturas de Michelangelo ou os quadros de Picasso. Eis a definição tautológica: arte é tudo aquilo que a sociedade percebe *a priori* num espaço separado, numa área reservada chamada 'arte' e que, por isso, nessa sua impregnada objetividade artística, pode ser colecionada com independência de todo conteúdo, a exemplo de selos ou coleópteros".

154 RITA LUCIANA BERTI BREDARIOLLI

requer um novo tipo de "leitura". Em tempos "pós-modernos", tempos de revisão de paradigmas, essas mudanças de conceito e produção instalam crises, "crise epistemológica", "crise da crítica".[9] A inadequação dos antigos parâmetros para essa nova crítica,[10] "que não pode

9 Sobre crise, crítica e "crise da crítica", João Alexandre Barbosa (1998, p.16-8) nos oferece a reflexão: "À medida que a gente se aproxima do final do século, fala-se a todo momento de crise: crise dos valores, crise das artes, crise da sociedade, crise da economia, crise da política, crise mundial, crise disso e daquilo, de tal maneira que vai se perdendo, como parece ser natural, o próprio valor da palavra, chegando, então, à crise maior, a da própria linguagem. Em cada canto, em cada aspecto da atividade humana, percebe-se um lugar de crise, como se não fosse normal submeter sempre tais atividades a um processo permanente de indagação, por onde a própria ideia de crise seria encarada antes como derivada de um processo crítico que é o procedimento genuíno de todo aquele que reflete sobre a sua circunstância e sobre as coisas que a constituem. Crise e crítica não apenas têm o mesmo étimo, a mesma origem na linguagem, como fazem parte de um processo maior de reflexão sobre as próprias relações entre o homem e a mulher e a realidade. Neste sentido, a crise que se nomeia é o resultado da crítica a que se submete essa ou aquela maneira de relacionamento com o mundo. É por isso que se chega mesmo ao paroxismo em se falar de uma crise da crítica". Steven Connor (1996, p19), por sua vez, afirma que houve um "progressivo afastamento das instituições da crítica do engajamento social, político e cultural". Recorrendo às afirmações de Terry Eagleton, situa o "ponto alto da crítica" na "'esfera pública' burguesa do século XVIII, quando ainda era possível ver a atividade da crítica como forma de diálogo, com seus conflitos e desacordos confrontados por um terreno de consenso e de livre intercâmbio comunicativo" (ibidem). Para o autor, a "subsequente academização da crítica no século XIX e, de forma acelerada, no século XX dotou-a de base institucional e estrutura profissional, mas, nesse mesmo movimento, assinalou o começo do seu sequestro voluntário do domínio público" (ibidem).

10 As aguras atuais da crítica e dos críticos de arte foram expostas por Priscila Rossinetti Rufinoni (2008) em seu texto "Laços (perversos?) entre ética e estética: a 26ª Bienal de São Paulo": "Qual o lugar do crítico na arte contemporânea é pergunta constante. Em que solo movediço pode ele fixar qualquer perspectiva? De onde pode ele falar? Pode ser prescritivo (ou proscritivo) como o foram no passado os cultores desse não-gênero? Pode (ou deve) apenas reportar-se às obras, descrevendo-as, assimilando-as a algo diluído chamado – ainda – de discurso? Deve (ou pode) selecionar na multiplicidade de experiências aquelas que figurarão nas mostras, exposições e livros? Se pode selecionar, deve também mostrar critérios? Um sintoma do não-lugar (des)ocupado pela crítica é a guinada dos estudos das obras para a estrutura. É notável como atualmente seduzem mais os leitores textos sobre as instituições, o museu, o 'mercado' (mesmo para o singelo

AO REVÉS DO "PÓS" 155

mais situar-se sob qualquer perspectiva universalizante", reivindica "cada vez mais uma visão da alteridade, da contextualização e do relativismo", contrapondo-se a qualquer tendência de homogeneização (Zielinsky, 2003, p.10). "A essência das coisas, a natureza dos universais, as categorias transcendentais pertencem ao passado" (ibidem). No "texto" e/ou nos "contextos" "pós-modernos", os questionamentos buscam a "constituição histórica das categorias, das próprias noções e sobre a forma como essas construções mentais encontram-se contempladas nas instituições" (ibidem). Nesse conjunto de fenômenos enunciados, a "crítica pós-moderna toma a forma de crítica cultural" e atribui aos críticos e professores a função de "analisar a arte em seu contexto cultural" (Efland et al., 2003, p.70).

Ao salientar a importância do "contexto" para a compreensão, análise, "leitura" de uma obra, Kerry Freedman (2003) observa a necessidade em usar esse termo no plural. Para a autora, devemos, ao realizar tal empreendimento crítico, pensar em "contextos" e não em um "contexto": "contexto definitivamente significa contextos, pois nenhuma imagem ou objeto tem somente um contexto" (ibidem, p.49).

Duas categorias de "contextos" são então definidas por Freedman (2003, p.50): "contextos de produção (o artista e o seu meio) e contextos de apreciação (o espectador e o seu meio)".[11] O estudo, no primeiro caso, abrange as "teorias, tais como teorias estéticas, que

---

comércio pátrio se usa esse termo pomposo) do que análise sobre as manifestações cuja existência daria sentido à própria estrutura. Parece sempre mais ferino e crítico dirigir-se contra o mercado ou o museu, contra o 'modelo' da Bienal etc., etc., do que investigar a fundo as ambiguidades da própria arte que deveria ser o cerne das preocupações. Ou não? Ou é a estrutura cultural (o que se chamava 'sistema' até bem pouco tempo) que dá sentido, que investe de sentidos todas e quaisquer manifestações? E então voltamos ao círculo de giz que circunscreve o vazio. Quem ocupa esse outro lugar, o lugar da (ou na) estrutura – para evitarmos precisar recorrer a alguma mão invisível do museu – e a faz selecionar e investir de sentidos objetos, manifestações ou qualquer outra coisa (ou não-coisa) que possa ser dita arte? Vale ressaltar – com Adorno – que todo núcleo de especialistas fechado na pretensa objetividade de seus juízos submerge em uma razão subjetiva esquecida de si e dos interesses que camufla".

11 Freedman (2003) se refere a *production contexts* e *viewing contexts*, por nós traduzidos como contextos de produção e apreciação.

tenham influenciado o artista, bem como sua história pessoal e meio social" (ibidem). Já os "contextos de apreciação" seriam os ambientes nos quais as produções visuais são "vistas e usadas", integrando tal conjunto as "salas de aula, teatros, museus, galerias, televisão ou revistas" (ibidem). Junto a isso também devem ser avaliadas concepções estéticas e outras construções teóricas que interfiram em nosso olhar. Mas o que Freedman (2003) considera como "mais importante" é a dependência desses contextos de apreciação ao *imagic store*, a "coleção de imagens guardadas na memória" de cada um ou de um grupo de pessoas. Esse imaginário seria responsável por nos levar a entender as referências constituintes das imagens, reconstruir conhecimentos e criar novas imagens e objetos.

"Contextos" de produção e apreciação, "tais como culturas, países, comunidades, instituições (incluindo escolas) e as condições sociopolíticas sobre as quais a arte é feita, vista e estudada", são para Freedman (2003, p.88) fundamentais para "entender a cultura visual e manter a integridade do artista e da cultura na qual ela foi gerada".

Todavia, esse "contexto de produção", quando compreendido como algo dado, inerte e preso a um tempo passado, é também alvo de revisão crítica. Em "Semiotics and art history: a discussion of context and senders", Mieke Bal e Norman Bryson (2009) abordam "os novos problemas" com os quais a história da arte e a semiótica tiveram que se defrontar. Além de "polissemia de significados", "relações entre narrativa e imagem", "diferença sexual em relação aos signos verbais e visuais" e "veracidade da interpretação", incluíram os problemas de autoria, contexto e recepção, assuntos emergentes do questionamento sobre uma "história da arte positivista", que agrega como conquistas a "autenticação de obras" e a "história social".

Esses dois campos de estudos, segundo Bal & Bryson (2009), teriam como fundamento a ideia de uma apreensão total das circunstâncias de produção do trabalho artístico. No entanto, esse "conhecimento positivo" de um "contexto" é problematizado pela contestação à noção de "fato" como algo estagnado e homogêneo: o "problema residiria no próprio termo 'contexto'. Precisamente porque ele tem a raiz 'texto', enquanto seu prefixo [con] o distingue do passado; 'contexto' parece

AO REVÉS DO "PÓS" 157

confortavelmente fora de alcance da ubíqua necessidade de interpretação que afeta todos os textos" (ibidem, p.244). Para os autores, "contexto" é "texto" e, dessa forma, é constituído por "signos que requerem interpretação". O que propõem não é o abandono de sua análise, mas a valorização dos *insights* como meios de interpretação. A "leitura" de uma obra deveria ser feita a partir da interação da análise simultânea das práticas do passado e da nossa interação com elas. Desse modo, a obra começa a ser compreendida como "efeito" e "afeto", e não como produto de uma era distante.

O "contexto" reivindicado por Paulo Freire não é esse tipo de "contexto coercitivo",[12] mas é entendido como uma criação estabelecida no embate entre aquele que "lê" e aquilo que é "lido", entre aquele que "vê" e aquilo que é visto. Nessa tensão "dialógica", que deve ser mantida insolúvel, é gerado o conhecimento.

Para Freire (1999, p.73), a "educação problematizadora", que nasce desse embate, não é

[...] fixismo reacionário, é futuridade revolucionária. Daí que seja profética e, como tal, esperançosa. Daí que corresponda à condição dos homens como seres históricos e à sua historicidade. Daí que se identifique com eles como seres mais além de si mesmos – como "projetos" –, como seres que caminham para frente, que olham para frente; como seres a quem o imobilismo ameaça de morte; para quem o olhar para trás não deve ser uma forma nostálgica de querer voltar, mas um modo de melhor conhecer o que está sendo, para melhor construir o futuro. Daí que se identifique com o movimento permanente em que se acham inscritos os homens,

---

12 Ao debater a "acirrada polêmica em torno da prática da montagem largamente utilizada" por Walter Benjamin, Marcos Nobre (1998, p.168) argumenta, ao seguir o pensamento benjaminiano, que "seremos obrigados a fazer uma tradução dos termos que diria mais ou menos o seguinte: diante da 'maldição dos teores de coisa', vale dizer, diante da dominação cega da valorização do capital – vale dizer ainda: diante do perdurar do mito –, só nos resta a redenção da revolução proletária e, como prática teórica, a montagem surrealista que libera os objetos dos contextos coercitivos violentos em que se encontram aprisionados, uma concepção de história, enfim, em que todos os seus momentos sejam 'citáveis' sem exceção, em que cada um desses momentos seja uma '*citation à l'ordre du jour*'".

158 RITA LUCIANA BERTI BREDARIOLLI

como seres que se sabem inconclusos; movimento que é histórico e que tem o seu ponto de partida, o seu sujeito, o seu objetivo [...]. O ponto de partida deste movimento está nos homens mesmos.

Está nas relações desses "homens" com o seu mundo – pois não há "homens sem mundo, sem realidade" – está, portanto, situado no "seu *aqui* e no seu *agora*" (ibidem, p.74).

De profecias também é feita a história de Walter Benjamin. Uma história "descrita a partir do ponto de vista do presente imediato, atual; pois cada época tem uma possibilidade nova, mas não transmissível por herança, que lhe é própria, de interpretar as profecias que lhe são dirigidas e que a arte das épocas anteriores contém" (Benjamin apud Didi-Huberman, 2008, p.127). Uma história feita a "contrapelo" por um olhar em reverso que garante a relação não do "presente com o passado", que é "puramente temporal", mas do "Pretérito com o Agora", por isso "dialética".

Também a imagem, para Benjamin, não é constituída na relação entre passado e presente. Ela emerge do encontro entre o "Pretérito" e o "Agora", como "num relâmpago para formar uma constelação", nesse sentido é "dialética em suspensão" (Didi-Huberman, 2005, p.182).

Esse "movimento dialético" deve ser reconhecimento em "toda sua dimensão 'crítica', isto é, ao mesmo tempo em sua dimensão de crise e sintoma" (ibidem, p.171-2). A "imagem crítica" – pois, e por isso, em crise – é, segundo Didi-Huberman (2005, p.171-2), a "imagem que critica a imagem", e que assim age sobre nossas formas de vê-la, suspendendo-as em crítica, "ao nos olhar, ela nos obriga a olhá-la verdadeiramente", não para decifrá-la, mas para recriá-la.[13]

A leitura de uma imagem, por meio dessa condição histórica, fundamentalmente "anacrônica", é oposta a "toda compreensão vulgar

---

13 "O segredo reside, pois, na dialética. Como Walter Benjamin havia afirmado: a imagem é a dialética em suspensão. E sendo dialética, ela é crítica: ao nos olhar, ela nos obriga a olhá-la e a constituir esse olhar. É somente dessa maneira que se poderia falar Em 'ler' uma imagem, segundo Didi-Huberman: no sentido benjaminiano e também freudiano. Ler não no sentido de decifrar, mas de retrabalhar a imagem na escrita, que é ela mesma imagética, portadora e produtora de imagens" (Pereira, 2009).

AO REVÉS DO "PÓS" 159

ou neopositivista do 'legível'", que tende à redução da imagem a "seus 'temas', a seus 'conceitos' ou a seus 'esquemas'" (ibidem, p.182). A imagem enfrentada em seu "Agora da recognoscibilidade – traz no mais alto grau a marca do momento crítico". O instante da "recognoscibilidade" gera o choque e é nele que estaria, para Benjamin, a verdade na iminência de sua explosão e, por ser "explosiva, portanto fascinante, permanece ela mesma ilegível e 'inexprimível', enquanto não se confrontar com seu próprio destino, sob a figura de uma outra modalidade histórica que a colocará como *diferença*" (ibidem, p.170).[14] Daí seu sentido de "origem" como um "turbilhão no rio do devir", distante da ideia de "fonte", de "gênese das coisas". Essa "origem" não deve seu conhecimento pela "existência nua, evidente, do factual", ela é apenas percebida numa "dupla ótica": por um lado, como uma "restauração, uma restituição" e, por outro, como "algo que por isso mesmo é inacabado, sempre aberto" (ibidem).

Essa "leitura" em revés, sustentada por uma história construída pelo choque com o presente, é reconhecida nas palavras de Ana Mae Barbosa, expostas em um dos capítulos de *A imagem no ensino da arte*, também publicado no número 1 da *Revista do MAC*, em abril de 1992. Ao apresentar o trabalho de "leitura de imagem" desenvolvido no Museu de Arte Contemporânea da Universidade de São Paulo, Barbosa (1992) apresenta a concepção de história da arte norteadora de tal projeto:

> Não adotamos um critério de História da Arte objetivo e cientificizante que seja apenas prescritivo, eliminando a subjetividade [...] analisar as características formais do objeto no seu habitat de origem não pode ser o escopo máximo da história da arte. Cada geração tem o direito de olhar e interpretar a História de uma maneira própria, dando um significado à História que não tem significação em si mesma.

---

14 Didi-Huberman (2005, p.170) menciona o termo "diferença", usado por Derrida em lugar de "origem", ao discutir o conceito de "origem" de Walter Benjamin. Segundo o filósofo, "'diferença' é concebida por Derrida como a "'origem' não plena, não simples, a origem estruturada e *différante* das diferenças. Portanto o nome 'origem' não lhe convém mais'" (ibidem).

160 RITA LUCIANA BERTI BREDARIOLLI

Para concluir seu texto, Ana Mae Barbosa (1992) recorre à citação de dois autores. Primeiro a afirmação de Benedetto Croce de que "toda História verdadeira é História Contemporânea"; depois Ortega y Gasset "com sua frase dramática 'o passado sou eu'". Para Barbosa (1983b, p.2), a história "não é uma questão de evidência, mas uma tarefa analítica que resulta de ideologia, imaginação e plausibilidade".

A "leitura" é para Ana Mae Barbosa, assim como o era para Paulo Freire, um dos fundamentos para o processo educacional, entendido por ambos como "essencialmente político". O conceito de "leitura" reivindicado por esses dois educadores, e condutor das atividades pedagógicas do XIV Festival de Campos do Jordão, envolve a "cons-cientização de nosso pertencimento histórico e cultural". A "leitura" proposta por Freire e Ana Mae Barbosa pretende-se, ao mesmo tempo, gerada e geradora de "reflexão crítica e participação social" e guarda um "profundo comprometimento com a transformação social", pela democratização de códigos culturais. Essa forma de ensinar a "ler", que não se restringe à decodificação sintática, mas é expandida aos contextos, força a aproximação entre arte e comunidades, bem como a ampliação da ideia de arte ao valorizar "práticas e objetos de origem não-acadêmica". Essa atitude, para Flávia Bastos (in Barbosa, 2006, p.231), correspondente "a uma visão política radicalmente participa-tiva e democrática", abala as fronteiras entre "alta" e "baixa" cultura, cultura "popular" e "erudita" e cultura de "massa",[15] questionando

---

15 A expressão "cultura de massa" foi rejeitada por Raymond Willians e pelos inte-grantes do Centro de Cultura Contemporânea da Universidade de Birmingham, pois considerado elitista, responsável pela "oposição binária entre alto e baixo, oposição essa que despreza 'as massas' e sua cultura. O conceito de 'cultura de massa' também é monolítico e homogêneo, portanto neutraliza contradições culturais e dissolve práticas e grupos oposicionistas num conceito neutro de 'massa'" (Kellner, 2001, p.50-1). Essa discussão proposta por Douglas Kellner (2001) avança para o conceito de "cultura popular", ao contestar a definição feita por John Fiske e "outros expoentes dos estudos culturais contemporâneos", por entendê-la generalista, ao incluir a produção midiática como popular. Para o filósofo norte-americano, a "'cultura da mídia' é uma 'forma de cultura de cima para baixo', que muitas vezes reduz o público a receptor passivo de significados mastigados. Da maneira como é usada por Fiske, Grossberg e outros, a expressão 'cultura popular' destrói a distinção entre cultura produzida pelo povo, ou 'pelas

AO REVÉS DO "PÓS" 161

a distinção valorativa entre elas, e considera o "poder educativo dos meios de comunicação de massa e outras tecnologias eletrônicas; assim como das representações midiáticas de temas raciais, de classe e gênero", como tema de estudo (Efland et al., 2003, p.80).

Ana Mae Barbosa (1996, p.34), ao reconhecer o "poder educativo dos meios de comunicação", defende em *A imagem no ensino da arte*, cuja primeira edição data de 1991, a necessidade de "alfabetizar para a leitura de imagem", tanto da "imagem fixa" quanto para a "imagem em movimento", pelo exercício da "leitura" do cinema e da televisão.

O ensino da arte "pós-moderno" amplia seu referencial imagético, assumindo como seu conteúdo não somente imagens consideradas artísticas, mas também imagens que circulam em nosso cotidiano, veiculadas por todos os meios de comunicação, e, para compreendê-las ou diferenciá-las em sua representação ou função, o "contexto" é uma das referências essenciais. O "contexto" passa a "componente definidor da experiência artística e estética" quando o foco da questão "o que é arte?" teve um deslocamento, incentivado pelas teorias multiculturalistas, para a questão "quando é arte?" (Barbosa, 1998, p.42).

Em *A imagem no ensino da arte*, Ana Mae Barbosa (1996) enfatiza a história da arte ao abordar a contextualização. No entanto, em *Tópicos utópicos*, Barbosa (1998) revê essa opção por considerá-la presa a um pensamento "modernista" e, portanto, insuficiente para responder às questões que se apresentam como "pós-modernas". Ressalta então o caráter multíplice do "contexto", como rede de relações que pode ser estabelecida pelas vias da sociologia, antropologia, psicologia, arqueologia, entre outras definidas pelo professor de acordo com suas intenções. Por essa característica, Christina Rizzi (in Barbosa, 2002, p.69) associa essa ideia de contextualização ao pensamento complexo de Edgar Morin, afirmando também que contextualizar é "operar de maneira conatural à linguagem hipertextual e é em si mesmo uma forma de conhecimento relativizada, pois pode ser subjetivamente/

---

classes populares', e a cultura da mídia produzida para as massas, deleitando-se assim num 'populismo cultural' (McGuigan, 1992) que muitas vezes celebra de modo acrítico a cultura da mídia e de consumo'" (ibidem).

162 RITA LUCIANA BERTI BREDARIOLLI

ou socialmente construída". Dessa forma, permitiria a prática de uma educação rumo à "multiculturalidade e à ecologia". Efland et al. (2003, p.83) afirmam que a contextualização nos leva a considerar os "entornos, a compreensão das interações entre particularidade e generalização, e a tomada de consciência do papel que o poder desempenha no mundo". Ao contextualizarmos, segundo seus argumentos, deparamo-nos com representações que auxiliam a ponderação sobre as verdades como instituições de poder.

Essa ideia vai ao encontro das proposições do sociólogo Pierre Bourdieu (2004). Ao referir-se, especificamente, à análise de um artefato, aponta como relevante a consideração sobre a sua representação social para a época de sua produção e para a época de sua apreciação. A compreensão de um objeto, para o autor, depende da avaliação dos "contextos" de sua criação e apreciação, considerando seus significados para ambos os tempos e lugares. Bourdieu descreve a relação de um espectador com um objeto, em uma sequência construída a partir do repertório daquele que observa. Informações sobre o objeto e o "contexto" de sua execução se somariam como ampliação desse repertório inicial. Junto à descrição desse procedimento de análise, Bourdieu (2004, p.279-94) faz uma crítica às instituições responsáveis pelo manejo desses repertórios – a escola e a família – alertando para uma tendência de favorecerem a reprodução de "modelos de pensamento, de percepção ou de expressão", transformando-os em doutrinas, "preceitos, receitas e fórmulas", perpetuados em forma de um "habitus diretamente apreendido uno intuitu nas práticas que engendra, em termos de um estilo global que não se deixa decompor pela análise".[16]

---

16 Em *Tópicos utópicos*, Ana Mae Barbosa (1998), apesar de não usar esse termo, provoca o professor a repensar seu *habitus*, defendendo sua autonomia em relação à escolha ou elaboração de uma metodologia de trabalho, em especial de "leitura" de imagem. Para a autora, "métodos de interpretação não têm interesse em si mesmos, mas interessam apenas porque refletem teorias que buscam esclarecer como a interpretação é construída", por isso, ao invés de estabelecer uma forma única para interpretação como um "receituário", apresenta várias proposições de análise de imagem, motivando o reconhecimento da pluralidade metodológica disponível ao professor. A autora cita experiências em museus orientadas sob a proposta triangular, como as realizadas por arte-educadoras brasileiras como

AO REVÉS DO "PÓS" 163

Especificamente em relação à produção artística, Terezinha Losada (2005) defende uma "leitura" também pautada no confronto entre "repertórios". Segundo a autora, o nível de afinidade entre o "repertório"[17] do artista e do espectador determina a comunicação entre ambos. Assim, no encontro com informações sobre obra e/ou artista, a "leitura" é ampliada além da "apreciação direta". Losada (2005) ressalva o cuidado com a insuficiência dos dados "contextuais" para uma análise, o que poderia torná-la um "frio exercício de erudição". Usando como referência Wolfgang Iser, afirma que, quando uma "leitura" é feita da relação entre dados contextuais da obra e o repertório daquele que a observa, "a arte passa a ser um 'acontecimento', e não apenas uma ficção ou cópia da realidade [...] o encontro com a obra configura-se num fato, uma experiência que transforma a nossa vida, nem que seja apenas durante o ato da leitura" (ibidem).

A inclusão das referências pessoais como componentes de um processo de conhecimento é requisitada pela "pedagogia crítica" – assim como o foi pela "pedagogia problematizadora" de Paulo Freire – considerada por Arthur Efland (in Guinsburg; Barbosa, 2005) como uma alternativa de resistência às "forças hegemônicas" que definem a sociedade "pós-moderna", como o "mundo Mac",[18]. Uma pedagogia

---

Mariangela Serri Francoio e Elly Ferrrari. Mais à frente em seu texto, apresenta outras possibilidades de análise, como formalismo, iconografia, iconologia, análise epistemológica, teleológica, arqueológica, e ainda tendências psicológicas ou psicoanalíticas de interpretação da imagem, fenomenologia, teoria da recepção, *Reader Response*, semiologia, semiótica, deconstrucionismo e o feminismo.

17 Terezinha Losada (2005, p.47), em sua tese de doutorado, define "repertório" como "o conjunto de referências pessoais, culturais, como também os próprios conhecimentos artísticos que o artista e o público receptor possuem previamente".

18 O "'mundo Mac'" é uma das duas "sequências imaginárias" descritas por Benjamin Barber em seu livro *Jihad vs Mc World*, citado por Arthur Efland. Essa "sequência pinta o futuro em cores pastéis e brilhantes, um retrato do avanço das forças econômicas, tecnológicas e ecológicas, que forçam uma integração e uniformidade, hipnotizando as pessoas em todos os lugares com música rápida, computadores rápidos e comida rápida – MTV, Macintosh e MacDonald's – pressionando as nações a virarem um mesmo e homogêneo parque temático, um mundo 'Mac' amarrado pela

164 RITA LUCIANA BERTI BREDARIOLLI

fundada na "crítica cultural pós-moderna", construída pelo objetivo de tornar os estudantes "cônscios das forças predatórias em suas vidas". Esse discurso educacional assume argumentos do "feminismo, teoria crítica marxista, hermenêutica e multiculturalismo", numa revisão de pressupostos "modernistas". Seu interesse centra-se numa "igualdade educacional", respeitando, no entanto, a heterogeneidade étnica, racial e social (ibidem, p.175-85). Por isso, essa "igualdade" proposta pela pedagogia crítica seria diferente de um ideal universalizante, característico da modernidade, pela qual todos devem seguir padrões e valores comuns de acordo com parâmetros estabelecidos por uma ordem cultural hegemônica, e diferente também do "novo universalismo pós-moderno", definido pela ordem do capital e da mercadoria.

A "pedagogia crítica" – não ao acaso coincidente com o pensamento de Paulo Freire – propõe a igualdade não no sentido de homogeneização, de padronização, mas no sentido de ruptura com a hierarquização de valores sobre tais diferenças. Seu discurso defende o respeito à diferença, à diversidade e não à distinção ou discriminação. A "pedagogia crítica" não se realizaria pela imposição de padrões de bom gosto ou comportamento, seu objetivo seria o de promover a "leitura" crítica desses padrões, desses valores que discriminam, condenam, subjugam. Por isso, entendida como alternativa, como resistência e como possibilidade de transformação. O ensino da arte "pós-moderno" deveria, segundo Efland (ibidem, p.177), assumir essa condição crítica, realizando-a pela ênfase na "habilidade de se interpretar obras de arte sob o aspecto do seu contexto social e cultural".

"Leitura" em Campos

A ênfase sobre a "leitura" como objetivo comum das ações pedagógicas do XIV Festival de Inverno de Campos do Jordão revela uma concepção educacional compreendida em seu potencial transformador,

---

comunicação, informação, diversão e pelo comércio. Preso entre a Babel e a Disneylândia, o planeta está se desfazendo, e ao mesmo tempo relutantemente se recompondo" (Efland in Guinsburg; Barbosa, 2005, p.180).

AO REVÉS DO "PÓS" 165

escolhida como "processo político" capaz de gerar mudanças pelo exercício da "reflexão crítica", pela "conscientização", como definido pela "pedagogia problematizadora" de Paulo Freire.

Nos cursos programados para o XIV Festival de Campos do Jordão, a "leitura" coexistia com a "livre-expressão", a ênfase na sintaxe visual, a concepção de história da arte linear e evolutiva, ou ainda com a diferenciação entre "obra de arte" e "artesanato", integrantes de um repertório adequado ao designado ensino da arte "moderno".

Dentre os cursos do XIV Festival de Inverno de Campos do Jordão, cinco eram dedicados especificamente à "leitura" de imagem, um teórico e outros quatro práticos. No entanto, outros cursos e ações que não se propunham explicitamente como de "leitura" integravam-na como um de seus procedimentos, como no caso de todos os cursos teóricos criados a partir da ideia de "leitura da criança".

Esses tratavam do desenvolvimento infantil e da relação da criança com meios expressivos como o teatro, a música, o desenho, a televisão. Da arquitetura desses cursos, obtivemos três textos e um relato oral. Os textos abordam os temas "desenvolvimento emocional da criança", por Miriam Chnaiderman; "desenvolvimento cognitivo da criança", por Zélia Ramozzi-Chiarottino; e "desenvolvimento social da criança", por Helena Maffei. Em entrevista concedida à autora em 26 de fevereiro de 2007, Helena Maffei recuperou sua aula "expositiva com perguntas", ilustrada por reproduções de gráficos e de uma tapeçaria representando os "ciclos de vida", desenhada pela mulher de Erik Erickson, projetadas em *slides*. O público era grande, composto por mais ou menos "100 pessoas". Mesmo "basicamente expositivo", o curso, segundo Helena Maffei, pelos exemplos expostos e "escuta das questões", tornou-se "dinâmico", adjetivo usado, surpreendentemente para Maffei, em avaliações feitas pelos participantes, manifestando uma recepção favorável, apesar da estrutura do curso.

Textualmente voltados à "leitura", estavam o curso teórico "Leitura crítica da televisão: a criança", ministrado por José Manoel Morán e Maria F. de Rezende Fusari, e os cursos práticos "Introdução à linguagem pictórica", "História da arte e leitura do meio: Campos do Jordão", "Introdução à linguagem do *videotape*" e "Apreciação de

166 RITA LUCIANA BERTI BREDARIOLLI

televisão", ministrados, respectivamente, por Gilson Pedro; Cildo Oliveira, Dilma de Melo Silva, Elza M. Azjenberg, Maria Heloisa de Toledo Ferraz e Daniela Bousso; Carlos Augusto Lacaz; José Manoel Morán e Maria F. de Rezende Fusari.

O curso teórico "Leitura crítica da televisão: a criança" foi descrito, em sua ementa, como "encontros que visam discutir as várias experiências de análise dos meios de comunicação, em particular a televisão, procurando estimular um conhecimento mais organizado e mais crítico" ("Festival de Inverno de Campos do Jordão", 1983a, p.13). Dele foi encontrado um texto datilografado – "Leitura crítica da televisão: a criança" –, sem data, que contém características de uma apresentação programática, incluindo os nomes de seus orientadores da seguinte forma: "prof. José Manuel Morán, com colaboração da profa. Maria F. Fusari". Alguns de seus trechos foram escritos em primeira pessoa, no entanto são aqui mencionados como de autoria conjunta de Morán e Fusari, por terem, ambos, orientado esse curso. Uma rubrica na página 3 talvez seja a indicação de um autor, mas não foi possível a sua identificação.

Como introdução, a necessidade de aproximar a "Escola e os Meios de Comunicação, principalmente a Televisão", pois, seguindo o texto, a "criança assiste em média a mais horas de TV do que horas de aula e aprende, antes intuitivamente, a linguagem audiovisual" (Morán & Fusari, s. d.). O curso apresentava como objetivo auxiliar o desenvolvimento de uma "metodologia de análise da televisão", explorando assuntos envolvidos no relacionamento entre televisão, escola e criança. Debate desdobrado em prática, na oficina de "Apreciação de televisão", também orientada por Morán e Fusari. O caminho usado para alcançar esse objetivo teria sido a observação das "articulações entre a linguagem visual, verbal e musical", desvelamento das ideias implícitas e compreensão do "contexto em que a televisão está inserida". Após a introdução, um subtítulo frisava "o que é ler criticamente a televisão". Esse item iniciava com uma discussão sobre a "leitura crítica", justificando sua importância pela constatação de que toda pessoa lê e interpreta a "realidade", seja de forma "fragmentária, desorganizada ou sistemática".

A "leitura crítica da comunicação", especificamente, era movida

AO REVÉS DO "PÓS" 167

pela ideia da existência de uma "leitura ativa por parte de cada um de nós diante de qualquer mensagem e diante de qualquer meio". A criança, por exemplo, não "permanece passiva diante da televisão", isso não corresponderia "à realidade". Ao contrário, o que foi visto e ouvido seria reelaborado, incorporado, "em primeiro lugar, como "imitação", posteriormente, articulado com outras informações, recebidas pelos contatos estabelecidos "na escola, na sua casa ou na rua".

Em seguida, o texto apresentava a diversidade de "graus de leitura", que poderiam ser qualificados como "fragmentados ou sistemáticos". Isso foi feito por um exemplo. Uma pessoa assiste a uma novela e dirige sua atenção ao figurino de uma personagem. Para os autores, um "grau mínino de percepção" que descarta toda a complexa trama de relações da narrativa. Porém, esse "grau mínimo, fragmentário, incluiu a escolha de algumas mensagens a partir de um referencial decidido pelo receptor: neste caso, a moda". Tal nível de "leitura" foi definido como de "*senso comum*", caracterizado por um "saber fragmentado, incompleto, mas que filtra as mensagens, a partir de um ponto de vista", o que corresponderia a uma "leitura ativa, mas não suficientemente 'crítica', no sentido do original grego: crítica como discernimento, como julgamento do que é positivo ou negativo para alguém".

Eşse nível de análise, denominado no texto como "espontaneísta", poderia ser ultrapassado para um outro "*mais sistemático*, mais organizado", pela busca de "informações realmente esclarecedoras do referencial do meio em questão, da televisão, por exemplo". Mas o cuidado com as fontes é de fundamental importância. Em algumas delas, como em "revistas como *Amiga*", não muito mais seria encontrado do que o "conhecimento anedótico sobre a vida dos atores-personagens de uma telenovela". Quando realizada, a "leitura crítica" poderia "direcionar, com economia de esforços, a interpretação – coerente – das mensagens veiculadas pelos meios". Ao final desse item, Morán e Fusari apontaram, como "nível mais profundo de leitura crítica", o momento no qual uma "comunidade debate sua própria leitura, tanto de seus processos de comunicação como dos meios por ela utilizados".

O último item desse "programa" é intitulado "Propostas para

o curso de Análise de Televisão". A princípio, uma advertência sobre a redução de uma "análise sistemática" ao "tecnicismo" que privilegia a "linguagem e as técnicas". Esse não poderia ser excluído, mas integrado ao estudo das "mensagens e ideologia veiculadas nos programas". O curso não partiria de uma "análise *a priori*, objetiva da TV", mas sim da "situação atual do grupo", do diagnóstico sobre as várias formas de relação com a TV, apresentadas pelos participantes do grupo. A partir dessas declarações, perguntas seriam feitas pelos coordenadores do curso, os quais na condição de "especialistas" acrescentariam "subsídios para complementar a análise" feita, a princípio, pelo grupo.

O curso "Leitura crítica da televisão: a criança" teria, de acordo com essa apresentação, uma dupla função: o auxílio a uma "melhor" organização da percepção do professor sobre o "universo da televisão, compreendendo e desmistificando a linguagem televisiva e captando as diferentes leituras das mensagens transmitidas"; e a motivação para que os professores desenvolvessem exercícios dessa "leitura crítica" com seus alunos, proporcionando o estreitamento de relações entre os programas de televisão e os "conteúdos da programação específica de cada matéria" escolar.

Morán e Fusari, por essa proposta de curso, declararam "inconcebível" a ausência de uma alfabetização para as linguagens audiovisuais nas escolas, denotação do desprezo pela "força e complexidade" dessa forma de expressão. Afirmavam a importância, como "acontece em alguns países", da inserção no currículo escolar de uma "disciplina (no primeiro ou segundo grau)" que desenvolvesse com os alunos a "'leitura' de filmes, de programas de televisão, de rádio e de outros meios". De acordo com o texto, os professores de arte, depois de "algum treinamento especializado", estariam capacitados a "trabalhar estas linguagens [...] muito mais importantes e motivadoras que os trabalhos com textos literários escritos ou imagens estáticas". Em seguida a esse "passo", viria a produção, pelo manuseio da "câmera e do gravador cassete". Projeto, provavelmente, viável economicamente em "pouco tempo", "tanto na rede educacional estadual como na particular".

Ainda nesse texto, Morán e Fusari salientaram que o curso não

AO REVÉS DO "PÓS" 169

ofereceria "receitas prontas, fechadas", mas sugeriria diversos métodos de discussão para que a "leitura" feita pudesse ultrapassar o "nível imediato" e se transformar numa "leitura política, numa leitura dos modelos de representação social veiculados simbolicamente pela televisão", distada de uma "leitura 'deslumbrada' dos meios (como aconteceu na década de sessenta)", esquecendo sua função como "instrumentos de dominação e controle". Mas também alertavam para o cuidado em não se deixar arrebatar pela "análise pessimista da década de setenta, que absolutizou o poder de pressão e de controle dos meios sobre os cidadãos". Mas admitiram a televisão como um meio poderoso, controlado pela "classe dominante", apesar da diversidade de leituras e "contradições no processo televisivo: da produção à recepção que ainda não foram suficientemente elaboradas, teoricamente". Esse texto é finalizado com a observação de que o curso "Leitura crítica da televisão" é parte de "uma preocupação maior de um grupo de professores universitários da UCBC – União Cristã Brasileira de Comunicação Social", que desenvolviam projetos de "Leitura Crítica da Comunicação (LCC) junto a educadores, escolas, comunidades e outros grupos". O endereço da UCBC conclui o texto para que os educadores interessados pudessem "conhecer mais pormenorizadamente o método LCC (Leitura Crítica da Comunicação)".

Em "Reforço: Educação Artística e TV", Ana Mae Barbosa (1984, p.148-55) justificava a inserção de um curso, voltado para a análise crítica da produção imagética televisa, no programa pedagógico do festival de 1983, pela ideia de uma "tecnofagia criadora". A autora expunha a aversão da escola ao meio televiso como "preconceito", contestando o sedimentado entendimento sobre a televisão, como "agente corruptor da capacidade criadora do jovem". A televisão por si só não seria a responsável pela estereotipia. A recepção passiva das imagens, por ela emitidas, seria sua aliada nesse processo. Apoiando-se nessa conclusão, Ana Mae Barbosa defende a "leitura" das imagens televisivas, como forma de "vencer a estereotipia da máquina, tornando-a estímulo para o processo criador". Levar programas de TV como tema de estudo para dentro da escola se fazia também um caminho de aproximação entre o "saber escolar e o saber imediato da televisão", até então obstado por um preconceito

170 RITA LUCIANA BERTI BREDARIOLLI

responsável por um "conflito cultural", do qual a escola e seu conhecimento formalizado resultavam perdedores. A proposta de inclusão da TV como tema de estudo tinha como objetivo a reversão desse resultado.

Outras "leituras"

O curso prático "Introdução à linguagem pictórica", orientado por Gilson Pedro, fazia parte da área de história da arte. Usava recursos audiovisuais para realizar a análise de imagens de obras "neoclássicas às pós-modernistas". Nenhum material sobre esse curso foi encontrado, portanto não há elementos outros que não sua ementa ("Festival de Inverno de Campos do Jordão", 1983a, p.14.) para inferir sobre a sua condução: "oficina que visa proporcionar um maior contato com os movimentos e escolas das vanguardas brasileira e europeia, através de recursos audiovisuais, partindo de uma análise das obras neoclássicas às pós-modernistas". A ementa propõe uma "análise de obra", no entanto seu título, ao evocar a "linguagem" da pintura, sugere a ênfase nos elementos da sintaxe visual. A menção às "vanguardas" e o recorte temporal, compreendendo do "neoclássico" ao "pós-moderno", descrevendo um tempo histórico em evolução linear, aludem a tópicos do discurso modernista, também presentes na oficina "História da arte e leitura do meio", cuja proposta explícita era a interação entre "leitura" de obra e do meio.

O trabalho realizado na oficina "História da arte e leitura do meio" era direcionado ao estudo do "modernismo e pós-modernismo brasileiros",[19] a partir do acervo do Palácio Boa Vista, e da "própria cidade, cuja paisagem inspirou inúmeros artistas".[20] O estímulo à

---

19 No relato de Regina Funari ("Festival de Inverno de Campos do Jordão", s. d.) sobre esse curso, obras de "Alfredo Volpi, 'Bandeirinhas' [...] Guignard; Ernesto de Fiori; Sérgio Milliet; Sansor Flexor; Clóvis Graciano; Wega Nery; Maria Zanini; Francisco Rebolo Gonzáles; Carlos Prado; Aldo Bonadei", foram integradas como parte do "pós-modernismo brasileiro".

20 Na ementa desse curso prático, lê-se: "Utilizando o acervo artístico do Palácio Boa Vista em Campos do Jordão (modernismo e pós-modernismo brasileiros) e a própria cidade, cuja paisagem inspirou inúmeros artistas, esta oficina pretende

"reflexão sobre os bens culturais de cada região, procurando inseri-los no processo educacional", foi declarado em sua ementa como objetivo do curso, que seria desenvolvido em "3 etapas: levantamento das características regionais, fundamentos estéticos e históricos sobre o modernismo no Brasil e visitas de arte ao acervo do Palácio Boa Vista".

Regina Maria Lintz Funari foi a "observadora-participante" desse curso e deixou sobre ele um registro escrito ("Festival de Inverno de Campos do Jordão"). Nesse texto datilografado, sem data, foi descrita a segunda semana desse curso prático. Nele são expostos, como objetivos dessa oficina, o "desenvolvimento da percepção visual, a leitura e conhecimento das obras de Arte Brasileira e o desenvolvimento da ideia de preservação, valorização e a utilização do patrimônio histórico, além de retirar (juntamente com as crianças que fizeram o curso)" as seguintes questões: "O que é o artista? O que é um museu?".

Esse curso, segundo Funari, era composto pela "leitura" de obras do modernismo brasileiro e pela produção plástica dos alunos divididos entre um grupo de adultos e um de crianças.

De acordo com a descrição de Funari, essa oficina teve início com uma "apresentação do processo didático, objetivos, levantamento geral das expectativas do curso, apresentação dos monitores". Em seguida, cada participante fez um relato sobre a cidade de onde veio e do seu "respectivo acervo cultural", bem como sobre seu interesse pelo assunto desse curso prático, uma possibilidade jamais considerada por alguns dos presentes, segundo Funari. Durante os relatos, uma pergunta sobre arte e artesanato teria ocasionado um debate. Ao mediá--lo, uma de suas coordenadoras, Heloisa Ferraz, ao falar da "diferença entre ambos", trouxe aos professores o conceito de "aura" de Walter Benjamin, como apoio aos seus argumentos sobre a definição de "obra de Arte" como algo que "persiste no tempo", mantendo seu valor, mesmo com a possível mudança de seu significado. A "unicidade",

---

estimular a reflexão sobre os bens culturais de cada região, procurando inseri-los no processo educacional. O curso será desenvolvido em 3 etapas: levantamento das características regionais, fundamentos estéticos e históricos sobre o modernismo no Brasil e visitas de arte ao acervo do Palácio Boa Vista" ("Festival de Inverno de Campos do Jordão, 1983a, p.14).

também teria sido citada como elemento de caracterização de uma obra de arte, segundo Funari.

As informações sobre história da arte teriam sido iniciadas pelo "movimento de regionalização", ocorrido durante o século XVIII, seguidas pelas transformações artísticas geradas com a vinda da Missão Francesa e criação da Academia de Belas Artes. Artistas acadêmicos brasileiros foram citados, incluindo Eliseu Visconti, "já influenciado pelo modernismo Europeu". A seguir, Funari comenta a projeção de *slides* com imagens de algumas das obras do acervo do Palácio Boa Vista. Paralelamente, Daniela Bousso orientava o trabalho plástico com as crianças, fazendo comentários sobre "Arte, Artista, Museu, Patrimônio Histórico, Meio Ambiente". Essa produção teria sido avaliada em conjunto com as crianças, conforme o relato de Regina Funari.

No dia seguinte, houve a visita ao Palácio Boa Vista, guiada pela monitoria do próprio local. O texto "É preciso olhar o mundo com olhos de criança", de Henri Matisse, foi distribuído aos participantes da oficina antes de sua entrada. Além desse texto, receberam também material para desenharem. Não foi esclarecido o que era desenhado ou a proposta desse exercício.

A quarta-feira foi o dia reservado ao encontro entre crianças e professores. Juntos desenharam ao ar livre. Após essa atividade conjunta, os adultos se reuniram em uma sala para discuti-la. Dessa discussão, surgiram relatos sobre a relação entre professor e aluno no cotidiano escolar. Também foram levantados questionamentos sobre a "importância do meio ambiente das crianças na sua expressão artística; o planejamento rígido ou não; a abstração do desenho, o dom artístico e por fim como envolver o aluno e despertar o interesse das crianças na próxima visita ao museu". Uma "aula teórica com leitura de obras", ainda do modernismo brasileiro, expostas em *slides*, terminou esse dia.

O quarto encontro desse grupo foi marcado pelo debate sobre o tema "identidade nacional e internacional na História da Arte do Brasil". Um texto, cujo nome não foi registrado, foi o ponto de partida da discussão e material de trabalho do dia. Aos participantes, foi pedido que "encontrassem as palavras-chave e fizessem uma síntese da arte brasileira". Essa atividade, realizada em grupo, terminou com

AO REVÉS DO "PÓS" **173**

a apresentação de trabalhos, por meio inclusive da expressão corporal. Houve uma avaliação e a "organização pelos próprios bolsistas, de um plano de visita das crianças ao Palácio", realizada no último dia de oficina, quando adultos e crianças foram juntos ao local. A visita foi "limitada a poucas salas", mesmo assim, as crianças puderam "conhecer os trabalhos de Tarsila e algumas peças e objetos antigos". Ao final do dia, professores participantes dessa oficina fizeram primeiramente uma avaliação oral em grupo, depois escrita e individualmente. Regina Funari termina seu relato com depoimentos atribuídos aos bolsistas, todos favoráveis à experiência, destacando a "oportunidade" de explorar um tipo de aula que reuniu a parte teórica e prática; o "envolvimento maior" com a "Arte Brasileira"; a valorização do "contacto com as obras de arte", oportunidade definida como "rara" e por fim o estímulo em "proporcionar este tipo de experiência aos alunos".

Três oficinas em um tema

Outras oficinas se voltaram fundamentalmente para a "leitura" do meio, do "contexto". "Acervo Artístico Cultural de Campos do Jordão" era uma delas, junto a outras três que guardavam o mesmo nome "Arte e comunidade: vivências, espaços e memórias", em áreas diferentes: música, artes plásticas e teatro.

Karen Müller e Silvana Garcia eram as coordenadoras da oficina "Arte e comunidade: vivências, espaços e memórias" da área de teatro. Como objetivos do curso declararam "promover a arte-educação como forma de contatar a realidade, compreendê-la e recriá-la através da linguagem artística, e fazer com que o professor percebesse o seu aluno [...] dentro de seu contexto cotidiano e vivencial, como membro de uma comunidade" (Müller, 1983, p.9). Além desses, fazia parte das intenções dessa oficina estimular o professor a "desenvolver a sua livre expressão dramática" e fazer de sua "vivência criativa", a base de sua "prática pedagógica", conscientizando-o de que a expressão artística era também uma forma de conhecimento. O curso foi dividido em dois módulos. O primeiro consistia em um trabalho em sala de aula, usando como material, as "vivências e memórias" dos professores

174   RITA LUCIANA BERTI BREDARIOLLI

participantes. Como finalidade desse primeiro momento despertar no professor a compreensão de que "o seu próprio meio é ponto de partida para o processo criador e que o exercício de expressão da realidade tem inicialmente como foco o próprio educando" (ibidem).

Jogos de integração e atividades dramáticas foram os meios para a aproximação das diferentes "experiências de vida". A organização de um trabalho em grupo foi transformada em problema, provocando o debate sobre as suas "condições necessárias". Esse foi o caminho usado como preparação para a partilha de "experiências, opiniões, a criatividade, a expressão", visando à superação das dificuldades ocasionadas pela "execução de um trabalho comum".

Um dos jogos realizados foi retomado no dia seguinte, não somente para o aprofundamento de sua compreensão, mas também com o intuito de "quebrar a noção de que só a novidade é importante, de romper com a necessidade de receituário de técnicas e reforçar a ideia de que a repetição é enriquecedora se retomada em ritmo crescente" (ibidem, p.10).

Ao final do dia, de acordo com o relato de Müller, eram feitas avaliações tornadas mote para discussão sobre temas como a "importância da arte na educação, a atuação como arte-educador, as relações com a escola, as especificidades da linguagem dramática". Dessa forma, o movimento da aula era descrito do "individual para o coletivo, da experiência prática para a reflexão crítica".

A segunda etapa dessa oficina foi definida como o "encontro" com a "realidade da comunidade", na qual estava inserida a cidade de Campos do Jordão. O Mercado de Albernéssia e seus arredores foram os locais escolhidos em "consenso" com o grupo de professores para a realização da pesquisa de campo. Local considerado "significativo", pois frequentado pelos jordanenses. Os próprios moradores da cidade teriam indicado esse lugar como adequado para tal projeto. O grupo estabeleceu o que deveria ser observado: "elementos de uma situação, de hábitos, de modos de vida [...] gestualidade, a fala, atitudes corporais". Os modos de abordagem variavam desde uma "conversa informal e espontânea até a observação distanciada mais preocupada com acontecimentos e atitudes" (ibidem).

AO REVÉS DO "PÓS" 175

De volta à sala de aula, um levantamento do que foi coletado teria sido feito, e a partir daí, foi composto um "quadro de relações". Da análise desses elementos, teriam sido geradas reflexões sobre a estrutura urbana de Campos do Jordão, abordando a localização dos bairros e suas características, atividade econômica, "faixa social" e etária, predominantes, "possibilidades de trabalho de época em função do turismo". Promover essas indagações era também parte do trabalho, uma forma de, a "partir da aparência", buscar o entendimento daquilo que "subjaz a ela". Nas palavras da autora dessa oficina, fazer com que os professores aprendessem a "ver o esqueleto" ou "em linguagem dramática [...] fazer entender o que é inserir o personagem em seu contexto" (ibidem, p.11).

Segundo a autora, o trabalho desenvolvido junto com Silvana Garcia, estimulou os professores para o reconhecimento de sua função e do "processo artístico como forma de conhecimento". A compreensão das diferenças entre a "linguagem do jogo dramático apoiado no espontâneo, na improvisação e na criação" e o "teatro formalizado" ensinado nas escolas também foi uma das conquistas do curso. A heterogeneidade do grupo foi mencionada como a dificuldade enfrentada durante a realização da oficina.

Na ementa da oficina "Arte e comunidade: vivências, espaços e memórias", da área de música, eram apresentados como objetivos o desenvolvimento e a compreensão da "linguagem musical, a partir da pesquisa do meio", o estímulo à percepção e ao "processo criador através da estratégia de oficina de música". A intenção em criar um trabalho conjunto com as "oficinas de teatro e artes plásticas" também foi mencionada ("Festival de Inverno de Campos do Jordão", 1983b, p.4). Seu monitor era o músico Conrado Silva, também orientador de um curso teórico que tinha por finalidade "situar a música no contexto da arte-educação, conceituar o que é uma oficina de música, discutindo os critérios metodológicos e considerando também as diferentes faixas etárias".

Conrado Silva havia participado do Festival de Inverno de Campos do Jordão em 1981, com uma apresentação de música eletroacústica. Em 1983, além dos dois cursos, Silva (1983) publicou um texto sobre o conceito de "oficina de música" na *Revista Ar'te*, distribuída para os professores durante o Festival. Uma entrevista também foi publicada na edição seguinte da revista – "Oficina de música: entrevista com Conrado Silva" (1983).

"Oficina de música", para Conrado Silva (1983), equivalia às expressões "laboratório de som" e "experimentação musical". De difícil definição, tratava-se de um "vasto campo ligado à pedagogia musical". Era entendido como um estudo "sempre prévio ao estudo acadêmico, ou sistemático da musica tradicional" e acessível a qualquer faixa etária ou de conhecimento. Pela manipulação de objetos sonoros, "descobertos ou inventados" pelos próprios participantes da oficina, buscavam-se o "desenvolvimento da capacidade criativa" e consequentemente o "autoconhecimento e [...] sua realização pessoal". O receio em atribuir tais objetivos a um "processo aparentemente tão superficial" é amenizado pelo reconhecimento da necessidade de "aprofundamento" de sua "metodologia" e "meditação sobre sua evolução". Conrado Silva confere a "origem" desse tipo de trabalho às "experiências radicais" empreendidas por "compositores da chamada música erudita", no período pós-Segunda Guerra Mundial, quando o "ruído" é incluído à notação, harmonia e melodia, componentes da música tradicional.

A inserção do som ambiente, coletados por gravação, ou de sons artificiais criados por aparelhos eletrônicos desmistificou a composição musical, até então entendida como "mérito exclusivo de altas elucubrações com esquemas tonais, ou até dodecafônicos ou seriais". Dessa forma, a composição foi desviada da articulação das notas, processo tradicional do Ocidente, para a manipulação sonora. Para isso o compositor, segundo Conrado Silva (1983), teve que aprender a "'sujar' as mãos com matéria sonora, pesquisar, analisar, inventar para após, finalmente, ter condições de construir sua própria composição". De um método por vezes matemático, passou-se para o físico; do piano, o músico foi para a oficina. Nos anos 1960, Brian Dennis da Grã-Bretanha, Murray Schaffer do Canadá, J. Orellana na Guatemala, O. Bazan na Argentina e, já em 1978, no Brasil, na Universidade de Brasília, Emilio Terreza e Nikolau Kokron e depois Luiz Botelho Albuquerque foram alguns dos pedagogos compositores que desenvolveram métodos pedagógicos aliados a essas novas formas de concepção musical.

AO REVÉS DO "PÓS" **177**

Com o subtítulo "O porquê", Conrado Silva (1983) situa a palavra "criatividade" no contexto da sociedade de consumo, reivindicada tanto pelos discursos das grandes indústrias como pelas áreas vinculadas ao aprendizado. "Criatividade" teria se tornado "fator predominante". Como apoio aos seus argumentos, cita um trecho do livro *Tornar-se pessoa*, de Carl Rogers:

> Numa época em que o conhecimento, construtivo e destrutivo avança a passos gigantescos para uma era fantástica, uma autentica adaptação criativa parece representar a única possibilidade que o homem tem de se manter ao nível das mutações caleidoscópicas de nosso mundo [...]. (Silva, 1983, p.13)

A arte, para Conrado Silva, com seu "aparente descomprometimento com os problemas gerais da sociedade", se demonstrava, historicamente, solo fértil para o desenvolvimento da criatividade. Porém, áreas como artes plásticas e teatro estariam mais distanciadas de rígidos códigos limitadores de experiências, ao contrário da música, ainda mantida pela "síndrome da nota". Isso surtiria um efeito sobre as atividades escolares, ao exigir da criança níveis de excelência na execução de uma partitura, privilegiando a reprodução, em vez da criação. À criança não seria permitido "nunca criar seus sons; nunca descobrir o que está por detrás das notas, o que, aliás, lhe seria totalmente normal, visto sua natural curiosidade por saber o que existe por trás das aparências do mundo" (ibidem, p.14).

Oito "grandes áreas" foram definidas nesse texto como formas de funcionamento de uma oficina de música: "1. Sensibilização perante a realidade sonora circundante; 2. Inventário de instrumentos possíveis; 3. Exercícios de comunicação; 4. Estruturação; 5. Notação; 6. Gravação e Reprodução; 7. Técnicas eletroacústicas; 8. Ampliação para outras áreas das artes" (ibidem). Como exemplo, apresentou uma experiência realizada em 1972 na Universidade de Brasília pelo seu Departamento de Música.

Por ser um "processo indutivo", esse tipo de oficina exigiria a "participação consciente do aluno", por isso estipula como faixa etária

178   RITA LUCIANA BERTI BREDARIOLLI

adequada para o início desse trabalho a idade entre 7 e 8 anos. Para a sua efetiva execução, fazia-se necessária a proposição de tarefas estimuladoras, diferenciadas por faixa etária. A ênfase de trabalho deve ser mantida no aluno e não no professor. O grupo deve ser incentivado a resolver os problemas apresentados ou criados por situações decorrentes do próprio processo. O conhecimento acadêmico não seria um pressuposto para o orientador de um trabalho direcionado por essa concepção, mas seria uma exigência, a experiência como "criador" e conhecimentos da "psicologia do aprendizado".

A continuidade desse processo é, por vezes, questionada, considerando-o um "beco sem saída", pela "liberdade estimulada". Quanto a essa objeção, Conrado Silva usa como contra-argumento a intenção maior desse tipo de trabalho, que é o de ensinar a "aprender música" e não o de ensinar música.

O objetivo maior dessa oficina seria então desenvolver o aprendizado a "partir do trabalho prático e da pesquisa do próprio aluno, onde o professor, em lugar de dar aulas magistrais, indica o caminho para ele estudar" (ibidem, p.15). Para aqueles que quisessem estudar instrumentos, essa oficina ofereceria um "panorama geral da geração do som, da 'cozinha' da música, incluindo experiências com diversas fontes sonoras, o que permitirá ao aluno uma atitude aberta e despreconceituosa na sua relação com o seu instrumento" (ibidem). E aqueles que não tiverem interesse pela música poderão fazer uso dessa experiência, quando houver a necessidade de "enfrentar problemas e obter soluções criativas, não as habituais, enriquecidas por uma repetição sem sentido" (ibidem).

Para Conrado Silva, o envolvimento da criança com o som deve começar a ser estimulado a partir da "recuperação dos sons do cotidiano", exercitada pelo uso de quaisquer materiais ou objetos que produzam sons e sua inserção em uma organização temporal. Isso, segundo Silva, foi o que se tentou desenvolver durante sua intervenção pedagógica no XIV Festival de Inverno de Campos do Jordão ("Oficina de música: entrevista com Conrado Silva", 1983).

Fioravante Mancini Filho coordenou "Arte e comunidade: vivências, espaços e memórias" da área de artes plásticas. Incluiu, em sua

AO REVÉS DO "PÓS" 179

ementa, o desenho como "linguagem de aprimoramento da percepção visual" ("Festival de Inverno de Campos do Jordão", 1983a, p.15), entendido como uma possibilidade de ampliação da reflexão e crítica. Reflexão e crítica sobre a própria "vivência criativa" do professor; reflexão e crítica da realidade em seu entorno.

Grandes pedaços de plástico transparente foram estendidos sobre uma área de Campos do Jordão. Às pessoas era proposto que desenhassem sobre ele o que viam através dele. Por esse caminho, o "contexto" se tornava grafismo, um híbrido entre espaços bi e tridimensionais, gerado pela materialidade do suporte.

> A oficina de Fioravante foi muito interessante [...] sobre enormes molduras prendeu plástico incolor e transparente. Sobre o plástico era gravado, desenhado, o contorno do que se via através dele: a paisagem, as pessoas. Depois era pintado, e as pessoas poderiam ainda acrescentar o que quisessem, embora houvesse a estrutura básica na sua frente, o desenho do que foi visto através do plástico.
>
> Isso era muito interessante, pois não era a reprodução de algo tridimensional [...] era uma espécie de impressão, e uma certa busca por vencer o medo da cópia. Era a transcrição do que era visto no "ali", no "agora". (Barbosa, 2007)

Conhecimento pela relação

Uma outra oficina, concebida e coordenada por Paulo Portella, Ana Angélica Albano e Regina Sawaya, foi também desenvolvida a partir do relacionamento com a comunidade de Campos do Jordão. Essa, diferentemente das outras, começou antes do próprio festival, entre os meses de maio e junho, na Escola Estadual de 1° Grau "Profa. Irene Lopes Sodré", em Campos do Jordão.

O trabalho desenvolvido com alunos e professores de 1ª a 4ª séries, prés e classes especiais seguiu os mesmos princípios do "Laboratório de desenho" da Pinacoteca do Estado de São Paulo, também organizado pelos orientadores dessa oficina ("Semana de Portinari", 1983). A ideia

180 RITA LUCIANA BERTI BREDARIOLLI

era partir dessa experiência para elaborar a oficina "Artes plásticas para professores", que tinha por objetivo

> [...] tornar atual o conhecimento do professor em relação a si mesmo e em relação ao meio em que atua, para mediação da linguagem plástica, bem como para constituir com ele, a partir de seu próprio projeto expressivo, a face que a oficina de arte deverá ter na escola de 1º Grau. ("Festival de Inverno de Campos do Jordão", 1983b, p.6)

Segundo Paulo Portella, assim foi feito. Do trabalho prévio com parte da população escolar jordanense, foi elaborada a oficina proposta para os dias do XIV Festival. No entanto, parte do projeto, a de atender os professores da comunidade de Campos do Jordão, não pôde ser contemplada, pois não houve possibilidade de reserva de vagas para esses professores. Um dos resultados dessa oficina foi guardado por Paulo Portella e serviu como epígrafe do texto de Cláudia Toni sobre o XIV Festival publicado no jornal *Folha de S.Paulo*.

Na ementa da oficina "Acervo Artístico Cultural de Campos do Jordão", lemos como objetivos o "levantamento de dados do acervo artístico local" e das "manifestações e recursos culturais de sua região" ("Festival de Inverno de Campos do Jordão", 1983a, p.14). A preocupação desse curso prático era conseguir motivar o professor a tornar seu próprio "contexto" conteúdo de suas aulas.

Um texto com o título "Levantamento do Acervo Artístico Cultural de Campos do Jordão", com a indicação de coordenadoria composta por Maria José Favarão, Maria Aparecida Nascimento e Nurimar Valsecchi, sugere, pela coincidência de conteúdos e dos participantes, o projeto dessa oficina, apesar de constar como seus coordenadores, no programa de atividades pedagógicas do XIV Festival, Antonio Lucio Galvão, Maria Aparecida Nascimento e Nurimar Valsecchi. Nesse texto, encontramos como "objetivos gerais" os seguintes itens:

> a) propor ao professor de Educação Artística, com seus alunos, uma experiência em levantamento de dados do acervo artístico cultural onde

AO REVÉS DO "PÓS" 181

se insere a EU; b) Promover o uso adequado de técnicas de levantamento de dados, voltadas para as manifestações e recursos culturais da região; c) sensibilizar e envolver a comunidade de Campos do Jordão no Festival de Inverno pela participação ativa, através de: prestação de informação de cunho cultural, demonstração e divulgação de seu produto cultural; d) levar ao conhecimento da comunidade escolar aspectos culturais que lhe sejam próprios e por ela ignorados. ("Levantamento do Acervo Artístico...")

As etapas do trabalho iniciariam pelo contato com a prefeitura, secretarias e casas de cultura, para a elaboração de um "mapeamento cultural". Num segundo momento, haveria a divisão dos setores de trabalho para cada grupo de professores. A partir de então, começaria o levantamento "artístico-cultural" da região. O trabalho seria finalizado com uma avaliação, que consideraria o "processo contínuo, desde as suas atividades iniciais até a apresentação e exposição final dos trabalhos". Por fim, o registro de uma "sequência do projeto" para o ano de 1984.

Um total de 60 professores participaria da oficina, divididos em grupos de 20. Cada grupo seria atendido por um dos monitores. A carga horária compreenderia cinco horas diárias, usadas para "reuniões [...] pesquisa, tabulação de dados, exposições".

O encontro com o pintor Jagobo,[21] mencionado como "descoberta" pelo jornal local *Vale Paraibano* ("Acervo cultural é pesquisado", 9.7.1983), foi uma das decorrências desse curso, responsável também, ainda de acordo com o mesmo jornal, pela realização de espetáculos feitos por moradores da região de Campos do Jordão, nas praças de Albernéssia e Capivari, onde se apresentaram "grupos de teatro de bonecos, catira, duplas sertanejas, folclore japonês, escola de samba e a sanfoneira Zeza" ("400 bolsistas em Campos do Jordão", 12.7.1983).

---

21 Jagobo era um pintor de 63 anos, residente do bairro das Andorinhas da cidade de Campos do Jordão. Seu nome integra o programa de eventos do XII Festival de Inverno de Campos do Jordão, em 1981.

Popular, erudito: um festival em prospecção multicultural

O pintor Jagobo, o teatro de bonecos, a catira, as duplas sertanejas, o "folclore japonês", a escola de samba e a sanfoneira Zeza compuseram com Hermeto Paschoal, Egberto Gismonti, o grupo Paranga, Cauby Peixoto e mais a música "erudita" a programação do XIV Festival de Inverno de Campos do Jordão.

O encontro do "erudito" e "popular" era destacado nos jornais, ora explícito em títulos – "Erudito e o popular, no Festival de Inverno" (*Folha da Tarde*, 8.7.1983) e "Popular e erudito juntos, derrubando preconceitos (*Vale Paraibano*, 30.7.1983) –, ora implícito na construção do texto, como em "Festa musical do Paranga em Campos" (Vale Paraibano, 15.7.1983). No dia 15 de julho, o grupo Paranga apresentaria "seu trabalho musical, de raízes intimamente ligadas ao Vale do Paraíba". O Paranga, um dos "poucos grupos com raízes folclóricas e populares autenticamente brasileiras", cantaria folias de reis, xotes, catiras, modas de viola, frevo e *rock*. Na mesma noite, a soprano Adélia Issa faria um espetáculo "sem preconceitos", incluindo em seu repertório, composto por obras de Puccini e Debussy, músicas dos Beatles e Arrigo Barnabé.

Além da equivalência valorativa das várias linguagens artísticas, a das manifestações "populares" e "eruditas" foi outra marca de distinção do XIV Festival.

Naquele momento "não se falava em hibridismo cultural, as coisas eram absolutamente separadas". As produções consideradas "populares" eram menosprezadas, e o termo "cultura", como distintivo de valor, era atribuído àquilo que integrava a categoria "erudito" (Barbosa, 2007). O "popular", assim como a "música pop", e outras produções dos meios de comunicação foram determinados como "baixa cultura", em oposição à "alta cultura", divisão proveniente de uma concepção de cultura característica da modernidade (Efland et al., 2003, p.133-4).

"Popular" e "erudito", como categorias, são delimitações definidas por nossa linguagem, como tentativa de amenizar um certo incômodo gerado pela incongruência (Foucault, 2000b, p.IX-XXII). Estabelecem

AO REVÉS DO "PÓS" 183

um "lugar-comum", usado como referência para a elaboração de ideias sobre algo. Esses lugares não são neutros, atuam como demarcações hierárquicas, determinantes de juízos e prejuízos, assumindo o caráter de um atributo de valor.

Ainda hoje, mesmo depois de algum tempo e muitos textos escritos sobre o assunto, cultura "popular" e cultura "erudita" mantêm a força de um juízo de valor, preservando a distinção entre um e outro vinculada a uma distinção sociocultural.[22]

Um dos temas dos debates artístico-educacionais "pós-modernos" é a diluição de fronteiras entre "popular" e "erudito", e, como apoio dessa argumentação, está a interlocução entre as diversas categorias de cultura. Alguns autores contradizem a celebração do fim das distinções entre categorias culturais e o entusiasmo pelo hibridismo cultural. Não o negam, não o condenam, mas apontam perdas, descaracterizações, ou a criação, ou encerramento dissimulado – e, portanto, mais perverso – dessas mesmas ou outras fronteiras que se pretende derrubar.

Um autor bastante reticente quanto aos assuntos culturais "pós--modernos" é Terry Eagleton (1998). Para ele, o pós-modernismo é um "estilo de cultura" que reflete um mundo organizado por uma nova forma de capitalismo. Mundo gerido pela efemeridade, descentralização da tecnologia, do consumismo e indústria cultural. Mundo no qual "as indústrias de serviços, finanças e informação triunfam sobre a produção tradicional, e a política clássica de classes cede terreno a uma série difusa de 'políticas de identidade'" (ibidem, p.7). Toda essa conjuntura é refletida, segundo o autor, por uma produção artística

---

22 Ao descreverem as características da modernidade, Efland et al. (2003) incluem, como um de seus temas, a "trivialização da cultura popular", dentre outros, como o progresso, a vanguarda, o formalismo e o expressionismo, o primitivismo, a abstração ou o universalismo. Segundo os autores, aqueles que buscavam a "pureza na arte" acabaram por definir uma "posição desdenhosa do artista perante o imaginário popular e comercial", provocando uma divisão entre manifestações culturais "elevadas", dignas de estudo, e as "vulgares". A discriminação "entre as formas de entretenimento elevadas e vulgares" estaria vinculada, de acordo com o texto, com o "desenvolvimento histórico das classes sociais segundo um critério econômico", e não com o seu "nível de excelência estética ou importância cultural" (ibidem, p.28-9).

"superficial, descentrada, infundada, autorreflexiva, divertida, caudatária, eclética e pluralista" (ibidem). Nesse contexto, as fronteiras entre as culturas "popular" e "erudita" seriam apenas obscurecidas, assim como a relação entre "arte e vida contemporânea". Para Eagleton, as alterações conceituais "pós-modernas" não resolvem o problema, não acabam com a hierarquia ou o limite, apenas os obscurecem, camuflando um problema ainda latente.

O interesse "pós-moderno" pelos temas culturais é visto por Eagleton como uma "variedade do pensamento romântico". Eagleton (2005b) inicia suas considerações sobre o conceito de cultura desmontando a oposição estabelecida entre cultura e natureza, ao remetê-lo à sua derivação de origem, vinculada ao cultivo, à lavoura, à ordem natural. Relaciona-o, então, ao movimento, à constante mutação, característica de um ciclo de vida ininterrupto. A versão de cultura, "como um modo de vida característico", homogêneo e estagnado, é remetida por esse autor a uma afeição romântica "anticolonialista por sociedades exóticas subjugadas". Esse "exotismo", segundo Eagleton (2005b, p.24-5), retornaria no século XX, pelo interesse modernista ao "primitivismo que segue de mãos dadas com o crescimento da moderna antropologia cultural". Mais tarde ressurgiria em "roupagem pós-moderna, numa romantização da cultura popular, que agora assume o papel expressivo, espontâneo e quase utópico", que antes era desempenhado pelas culturas definidas como "primitivas" (ibidem).

Para o filósofo, entender a cultura como "modo de vida" faz parte de uma estetização da sociedade, atribuindo a esse conceito a "unidade, imediação sensível e independência de conflito que associamos ao artefato estético" (ibidem, p.41). Pensada assim, como "modo de vida", a cultura torna-se uma "forma normativa de imaginar essa sociedade" (ibidem). A noção de cultura como "*cultura de identidade*: modo de vida sociável, populista e tradicional, caracterizado por uma qualidade que tudo permeia e faz uma pessoa se sentir enraizada ou em casa" é, segundo Eagleton (2005b, p.43), uma acepção moderna. Nesse sentido, cultura, "em resumo, são os outros". Para "nós", nosso "próprio modo de vida é simplesmente humano; são os outros que são étnicos, idiossincráticos, culturalmente peculiares" (ibidem).

AO REVÉS DO "PÓS" 185

Mesmo a noção pluralista de cultura, assumida pelo discurso "pós-moderno", de acordo com Eagleton (2005b, p.27-8), é mantida sob o referencial moderno de totalidade, de "modo de vida", mesmo quando o foco recai sobre as minorias, tratadas, em categorias específicas, como um "modo de vida" homogêneo. Em "fase menos eufórica da mesma história", não mais confiamos em "movimentos de massa radicais" (ibidem).[23] Reduzimos as proporções, tentamos a relação com o micro, mas continuamos a abstraí-lo em totalidades. As "'políticas de identidade' pós-modernas incluem assim o lesbianismo, mas não o nacionalismo". Essa ambiguidade, derivada do contexto moderno, define para Eagleton, um "relativismo cultural" que gera um "pluralismo" entretecido com a "autoidentidade", e assim, ao invés de "dissolver identidades distintas", acaba por multiplicá-las.[24] Isso determina uma situação paradoxal no discurso "pós-moderno", pois "pluralismo pressupõe identidade, como hibridização pressupõe

---

23 Segundo Eagleton (2005b, p.27-8), essa descrença deriva, sobretudo, da falta de memória "pós-moderna" sobre tais movimentos: "Como teoria, o pós-modernismo aparece depois dos grandes movimentos de libertação nacional dos meados do século XX, e é ou literal ou metaforicamente jovem demais para recordar-se de tais cataclismos políticos. Com efeito, o próprio termo 'pós-colonialismo' significa um interesse pelas sociedades do 'Terceiro Mundo' que já passaram por suas lutas anticoloniais e que, portanto, têm pouca probabilidade de causar embaraços para os teóricos ocidentais que apreciam os oprimidos mas não são nitidamente mais céticos no que diz respeito a conceitos como revolução política. Talvez seja bem mais fácil para alguém sentir-se solidário com as nações de 'Terceiro Mundo' se elas não estiverem atualmente ocupadas em matar compatriotas deles".

24 A pluralização da noção de cultura "não é facilmente compatível com a manutenção de seu caráter positivo" (Eagleton, 2005b, p.27-8). O entusiasmo pelo termo cultura é fácil quando este se refere a "autodesenvolvimento humanístico", por exemplo. Mas começa, "num espírito de pluralismo generoso, a decompor a ideia de cultura para abranger, digamos, a 'cultura das cantinas de delegacias de polícia', a 'cultura sexual-psicopata' ou 'a cultura da máfia'" (ibidem). Tais "formas culturais" dificultariam sua aprovação, simplesmente pelo fato de serem "formas culturais". Ao longo da história, "uma rica diversidade de culturas de tortura" se formou, mas mesmo os pluralistas mais sinceros relutariam em sancionar isso como mais uma instância da colorida tapeçaria da experiência humana. Os que consideram a pluralidade como valor em si mesmo são formalistas puros e, obviamente, não perceberam a espantosamente imaginativa variedade de formas que, por exemplo, pode assumir o racismo.

186 RITA LUCIANA BERTI BREDARIOLLI

pureza", o que significa que só é possível "hibridizar uma cultura que é pura" (ibidem).

Alfredo Bosi (1992), ao contrário dessa dissimulação paradoxal "pós-moderna" descrita por Eagleton, estabelece uma clara distinção entre, especificamente, as categorias "cultura erudita" e "popular". A primeira seria constituída por códigos especializados, acessíveis somente a certo número de pessoas. Esse tipo de cultura estaria "centralizada no sistema educacional". Entretanto, os códigos da "cultura popular" são mais acessíveis, pois não exigem a especificidade de um local para sua formação, tampouco é necessário conhecer as "letras".

A "cultura popular" corresponde aos "*mores* materiais e simbólicos do homem rústico, sertanejo ou interiorano, e do homem pobre suburbano ainda não de todo assimilado pelas estruturas simbólicas da cidade moderna" (ibidem, p.309). Bosi (1992) apresenta a "cultura popular" e a "erudita" como duas conformações estanques que, caso dialoguem, será uma, a primeira em detrimento da segunda. Salvo alguns escritores ou compositores, tais como Villa-lobos ou Guimarães Rosa, segundo o autor, esse diálogo é geralmente interrompido pelos "equívocos do olhar etnocêntrico e as interpretações, simpáticas, mas distorcidas, da antropologia nacionalista (ultimamente populista)" (ibidem, p.331). Tais enganos significam uma "projeção, uma estranheza mal dissimulada em familiaridade", que leva a uma interpretação "fatalmente" etnocêntrica e colonizadora (ibidem). Segundo Bosi (1992, p.334), houve dois momentos na história da cultura brasileira nos quais a cultura "erudita" buscou renovação pelo "aproveitamento mais ou menos bruto, mais ou menos elaborado, do que lhe parece ser a espontaneidade e a vitalidade populares", o modernismo antropofágico e o tropicalismo da década de 1960.

Nicolau Sevcenko (2001), por sua vez, apresenta, historicamente, as alterações sofridas pela "cultura popular", como decorrência de sua apropriação pelos meios de comunicação ou publicidade. Sevcenko trata esse fenômeno de forma crítica, apresentando-o como degenerativo. Para esse autor, a "cultura popular" foi usurpada como mercadoria e degradada em estereótipos, levando-a a uma padronização e homogeneização.

AO REVÉS DO "PÓS" 187

Pesquisadores da arte-educação também analisaram tal relacionamento, por uma perspectiva crítica, sustentada por sua inserção na história. Arthur Efland (in Guinsburg; Barbosa, 2005, p.173-88), por exemplo, assim como Nicolau Sevcenko, se posiciona criticamente quanto à transformação da "cultura popular" em mercadoria, um tema da "pedagogia crítica".

Um tom crítico sobre o termo "popular" também é pronunciado por Leda Guimarães (2005), ao historiá-lo, chegando ao hibridismo e à pluralidade desse conceito como uma constatação adequada diante da sua complexidade. Guimarães apresenta a relação entre "popular" e "folclore", mostrando o uso do primeiro, em início, como forma de distinção entre as "manifestações 'autenticamente' folclóricas", e aquelas "divulgadas pelos meios de comunicação de massa" (ibidem, p.83-4). No entanto os responsáveis pela inserção do termo "popular" em nosso vocabulário, segundo a autora, seriam esses mesmos "meios massivos", aliados às "ações populistas de integração nacional" (ibidem). Leda Guimarães situa a emergência de estudos sobre "cultura popular urbana" no ano de 1987, ao ser revista a *Carta del Folclore Americano*. Essa revisão, de acordo com a autora, provocou um rearranjo no relacionamento entre "cultura tradicional e meios de comunicação de massa", instaurando, como decorrência, um novo conceito de cultura, avesso à "distinção entre popular e folclórico" e erigido sobre a ideia de pluralidade.

Imanol Aguirre Arriaga (2007), outro pesquisador da arte-educação, elabora suas argumentações sustentando-se sobre uma ideia de cultura caracterizada pela pluralidade, mutação contínua e interação, considerando a diferença parte constituinte desse conceito. Nesse sentido, os seguintes temas de estudo deveriam ser considerados: as transgressões das fronteiras culturais, as suas ressignificações, o que há de incomum, o que se estabeleceu pela interação e o aspecto heterogêneo e múltiplo. Enfim, seu aspecto "natural", os contrastes, as contradições, a diversidade e o resultado do choque entre os diversos, pois, segundo esse autor, "não há culturas fechadas, e sim sistemas em permanente e fluida interação, nos quais se entrecruzam imaginários, gerando constantemente novos significados e regenerando incessan-

188 RITA LUCIANA BERTI BREDARIOLLI

temente as relações" (ibidem). Portanto, não devemos mais nos ater à produção de sentidos, à uma compreensão pela estabilidade, pela objetivação daquilo que se pretende analisar.

Esse rearranjo cognitivo é debatido por Arriaga em oposição à proposta de Jaqueline Chanda, de observarmos um objeto pelos olhos do "outro", a quem tal artefato pertenceria por contiguidade contextual. O autor contra-argumenta tal proposição sustentando a impossibilidade de alcançarmos os significados de uma outra cultura, pelo olhar do "outro", pois esse "outro", da "outra" cultura, não é homogêneo, não é único. Quem seria esse "outro" do qual emprestaríamos o "olhar" para enxergarmos uma significação simbólica alheia ao nosso contexto? Se a cultura é plural e mutatória, não há um "outro", mas vários, diversos, muitos "outros".

Ao nos remetermos a um "outro como sinônimo de outra cultura", as seguintes perguntas deveriam, de acordo com Arriaga (2007), nos pautar:
• Quais são os "significados de uma cultura" para aqueles que a governam?
• E para os seus especialistas, seus produtores e seus usuários?
• Quais são as "vozes legitimadas de cada cultura e quais os mecanismos que as legitimam"?

Poucas vezes essas perguntas são consideradas quando da realização de "intervenções multiculturalistas na educação artística, por mais críticas que sejam". Arriaga (2007) nos alerta que a "própria consideração de muitos desses artefatos como arte, já é uma forma de ressignificação própria dos modos culturais distintos, a maior parte das vezes, do entorno no qual foram produzidos".

Opondo-se à ideia de "essências culturais", ou "valores permanentes", esse autor defende a cultura como uma constituição mantida por constantes elaborações dessas "essências", ou "valores", por aqueles que a vivenciam. Ao invés da ideia de "permanência cultural", a ênfase deveria recair sobre a "interação dinâmica dos significados", sobre sua mobilidade, inconstância e diversidade. O interesse deveria ser direcionado às "transformações de sentido e suas razões, os jogos de poder

AO REVÉS DO "PÓS" 189

e hegemonias que os perpetuam", ou os degeneram. Essa condição mutatória, segundo Arriaga, invalidaria as tradicionais delimitações culturais como meio de investigação da cultura.

Em contra-argumento a uma possível qualificação de sua perspectiva como uma reminiscência de um "velho subjetivismo", o autor a condiciona ao entendimento do "sujeito" como intersecção de "variados contextos simbólicos e culturais ou de múltiplas biografias". Para Arriaga (2007), uma das principais funções da "educação artística centrada na experiência é a escuta de todas as vozes (melhor essa expressão que a de escutar todas as culturas), incluindo aquelas que as práticas escolares tradicionais silenciam ou minimizam". Nesse sentido, propõe a ruptura das "dinâmicas escolares tradicionais, que buscam perpetuar os discursos e as relações de poder" (ibidem), pelo privilégio de alguns "estratos culturais", em detrimento de outros.

Um ensino de arte multiculturalista atenderia às reivindicações dessa ruptura epistêmica por incluir, como um de seus temas, as relações de poder determinantes de estratificações, como no caso das categorias culturais "popular" e "erudita". Tais categorias, mais que referências de distinção entre fenômenos culturais, determinam uma hierarquia político-social, preservando posições de supremacia e submissão entre grupos humanos.[25] É preciso desviar nossa atenção rumo à ênfase sobre os valores ou as representações culturais, para atingir a complexidade dos fenômenos culturais. A adoção dessa perspectiva nos levaria a romper as barreiras que inibem uma educação voltada ao multiculturalismo.[26]

---

25 "Nada poderia ser menos politicamente inocente do que um denegrecimento da política em nome do humano. Aqueles que proclamam a necessidade de um período de incubação ética para preparar homens e mulheres para a cidadania política são também aqueles que negam a povos colonizados o direito de autogovernar-se até que estejam civilizados o suficiente para exercê-lo responsavelmente. Eles desprezam o fato de que, de longe, a melhor preparação para a independência política é a independência política" (Eagleton, 2005b, p.17).

26 Em 2000, Rachel Mason publicou seu livro *Issues in multicultural art education: a personal view*, traduzido para o português em 2001 (*Por uma arte-educação multicultural*). Nele, Mason estipula a data de 1988 como marco de domínio do tema "multiculturalismo" no ensino da arte norte-americano, e o ano de

190 RITA LUCIANA BERTI BREDARIOLLI

O multiculturalismo, segundo Andrea Semprini (1997), também apresenta um aspecto paradoxal – "não sem uma certa ironia" – ao retomar da modernidade as bases de seu projeto civilizatório – o universalismo, a igualdade, a justiça – agora não como "promessas para o futuro", mas pela sua execução pautada em "fatos concretos". Talvez por se tratar mesmo de um "fenômeno pós-moderno", o multiculturalismo carregue consigo esses tópicos modernos reapresentados, por vezes criticamente, em um movimento de "reelaboração, perlaboração, anamnese".

Semprini (1997) define multiculturalismo como um dos frutos da crise da modernidade. Em vez da crítica, oferece propostas – a parte construtiva do multiculturalismo – que, mesmo pouco estruturadas ou coerentes, promovem uma transição de um "paradigma político para um paradigma *ético*" (ibidem, p.161-2). A modernidade, de acordo com a autora, havia separado essas duas dimensões em "nome de uma liberdade individual que somente poderia ser garantida se fosse distinta de uma igualdade política" (ibidem).

Nesse sentido, o multiculturalismo aparece no contexto "pós--moderno" como uma reação ao desajuste entre a "equidade social e a diversidade cultural" (Mason, 2001a, p.11). Um antídoto aos conflitos gerados pela exclusão social e cultural (Efland et al., 2003, p.32). Por isso recupera os âmbitos político e ético e atua entre eles.

O multiculturalismo inscreve-se no paradigma "pós-moderno" de ensino da arte,[27] como um dos fundamentos para a construção de uma

---

1999 como momento em que o multiculturalismo expande-se como fenômeno educacional, deixando seus limites ocidentais e agregando novas interpretações conceituais. Rachel Mason (2001a, p.13) ainda adverte que "raramente" usa o termo por considerá-lo ambíguo e polissêmico: "Além disso, ele é claramente um fenômeno pós-moderno e também parece possuir um sentido que, pelo menos no Reino Unido", já estaria fora de moda.

27 Efland et al. (2003) localizam a formação de um discurso sobre "educação multicultural" nos inícios dos anos 1960. Segundo esses autores, esse enunciado foi elaborado com a intenção de "reconstruir o sistema educativo, adaptando-o aos novos tempos e à diversidade étnica dos estudantes. A princípio, a meta da educação multicultural era melhorar o rendimento escolar dos estudantes marginalizados pelo sistema educacional vigente" (ibidem, p.135-6). Os autores ainda registram

AO REVÉS DO "PÓS" 191

prática educativa direcionada à mudança de um *status quo* a fim de que estudantes de diversos grupos étnicos, raciais e sociais, experimentem uma igualdade educacional" (Guinsburg; Barbosa, 2005, p.175). Para que isso ocorra, é preciso, de acordo com Jan Jagodzinski (in ibidem, p.661), que a "crítica da ideologia" seja mantida, caso contrário, a arte-educação multicultural cairia em formas desesperançadas de "pluralismo e de relativismo", tornando-se, em vez de uma reação ao *status quo*, uma reprodução da "hegemonia branca ocidental". Esse multiculturalismo crítico, "que leva ao questionamento tanto dos jogos de poder entre diferentes grupos culturais quanto ao questionamento da supremacia da imagem modeladora da vida contemporânea", é o pretendido pela "pedagogia crítica" (Guimarães, 2005, p.129).

Além de Jagodzinski, outros autores identificaram diferentes versões de multiculturalismo, mostrando que nem todas respondem a preocupações consideradas "pós-modernas". Algumas manteriam, ao invés de problematizar, o *status quo* responsável pelas estratificações sociais e culturais, "pressuposto" de uma educação fundamentada no multiculturalismo.[28]

Christine Sleeter e Carl Grant (apud Efland et al., 2003, p.132-55), por exemplo, definem e analisam cinco vertentes de educação multiculturalista. A primeira, "baseada nos casos especiais e diferença cultural", tem como ideia predominante a de "ajudar" estudantes "desfavorecidos" a integrar-se a um padrão cultural dominante, sem propor sua revisão ou questionar as relações entre poder e saber, tópico do discurso "pós-moderno". Problemas de aprendizagem são atribuídos aos alunos, sem ponderação sobre a inadequação curricular,

---

que o discurso multiculturalista é coincidente com o da pós-modernidade, ambos "atribuídos ao mesmo período histórico". Lucy Lippard, nos anos 1990, abordou criticamente o multiculturalismo, usado "'durante anos em movimentos de base e estudantis'", afirmando ter sido deturpado por uma "'retórica institucional'", desprovida do caráter crítico que amparou sua constituição (ibidem).

28 Sleeter e Grant (apud Efland et al., 2003, p.135) definem, como pressuposto de uma educação fundamentada no multiculturalismo, um ensino direcionado para a conversão dos estudantes "'em pensadores analíticos e críticos, capazes de conhecer as circunstâncias decisivas de suas vidas e as estratificações sociais' que impediriam o acesso de todos aos 'recursos sociais e econômicos'".

por exemplo. Temas culturais são estudados a partir de um currículo conformado à "visão da cultura hegemônica e sua necessidade de reproduzir-se". A construção curricular, definida por disciplinas e "parâmetros formais da arte ocidental", é característica típica desse programa educacional, desprovido de "perspectiva crítica". Professores envolvidos com esse multiculturalismo defendem a "existência de um *corpus* de conhecimento de aprendizagem obrigatória, nas quais metarrelatos do mundo da arte primam sobre os pequenos e múltiplos relatos artísticos".

Essa concepção, assim como "o enfoque pedagógico baseado nas relações humanas", a segunda vertente definida por esses autores, mantém-se vinculada aos ideais modernos de congraçamento social. Procura-se por esses modelos amenizar os conflitos socioculturais, buscando a harmonia e a homogeneização das diferenças segundo padrões determinados. Nesse caso, o sistema educativo dominante é mantido quase intacto, já que a intenção é justamente ajudar aos "alunos a integrar-se na sociedade dominante". O pluralismo é reconhecido, mas considerado a partir de um modelo, que deverá ser seguido pelos estudantes em "detrimento de sua própria idiossincrasia cultural ou social". Nota-se, portanto, como orientação desse multiculturalismo, o "metarrelato universalista" moderno que imputa como verdade os cânones artísticos europeus e anglo-americanos. O ensino da arte, seguindo essa concepção, mantém-se submetido aos "conceitos retores da modernidade" e é entendido, dessa forma, como área escolar com fim em si mesma, dividida entre quatro, e "somente quatro" disciplinas, como determinado pelos defensores de um ensino da arte baseado em disciplinas; deve ser sequencial e escalonada em níveis distintos. Conflitos conceituais são evitados por uma ordenação curricular determinada, previamente, pelas escolhas do professor. Essa vertente procura manter intacto o *status quo*, sem qualquer intenção de promover a "radical mudança social almejada pelo projeto multicultural da pós-modernidade".

O "enfoque pedagógico baseado nas relações humanas" também se caracteriza por um "respeito mútuo", desconsiderando os conflitos gerados pela diversidade racial, étnica, sexual, econômica. Sua meta é alcançar "sentimentos de harmonia, unidade, tolerância e concordância com o sistema existente". Sua ênfase é na similitude, no que há de comum no diverso, reiterando "sentimentos positivos" de identidade do grupo e combate aos preconceitos e discriminação. Os "focos de conflitos" são ignorados, pois o objetivo maior desse tipo de ensino de arte é desenvolver a autoestima e autoconfiança dos alunos. Nesse caso, a confrontação sociocultural é considerada fator de discórdia e, portanto, um obstáculo à conclusão de suas intenções.

Celebrações culturais, festivais, símbolos visuais, comidas típicas e espetáculos de cultura regional formam o conjunto de eventos usados como meios para o desenvolvimento desse tipo de educação multicultural, caracterizada pelo "dito dos anos setenta 'eu estou bem, e você também'". Essa vertente aceita a diversidade cultural como componente curricular e favorece pequenos relatos em detrimentos dos metarrelatos, porém pode amenizar certas diferenças e conflitos irredutíveis do conhecimento e debate político, pela ênfase nas similitudes socioculturais e privilégio dos aspectos positivos, adquirindo a superficialidade como característica nas respostas ao temas "pós-modernos". Em contrapartida, os eventos característicos desse enfoque podem dissolver a fragmentação disciplinar, o nivelamento e a hierarquia entre "grupos privilegiados e oprimidos". Porém, ao abarcar e "comparar um número excessivo de diversidades, esse enfoque sacrifica uma análise frutífera e profunda das relações e negociações de poder que tanto preocupam os estudiosos pós-modernos".

Essa tendência também incentiva professores e estudantes a recuperar "informações, produções e fontes socioculturais de suas comunidades", com a ajuda de seus membros, promovendo o envolvimento coletivo na execução dessa tarefa, distanciando-a de um ideal moderno de conhecimento. No entanto, o tratamento superficial dado à diversidade cultural também a distancia do ideal pós-moderno de "mudança social radical".

O terceiro enfoque definido por Sleeter e Grant baseia-se no "estudo de um grupo singular". A partir do estudo de um conjunto cultural determinado, é proposto o estímulo à conscientização, ao respeito e à aceitação dessa comunidade. Tem como "finalidade social" divulgar

194 RITA LUCIANA BERTI BREDARIOLLI

o que julga importante da cultura hegemônica e, ao mesmo tempo, promover o pluralismo e a equidade social. A história, os artistas contemporâneos e as produções artísticas do grupo cultural escolhido, em relação ao currículo artístico canônico, fazem parte do conteúdo desse ensino. Assim como os "mecanismos de opressão historicamente destinados a impedir a incorporação do grupo estudado ao cânone curricular". Nesse enfoque, conteúdos são ministrados com a intenção de potencializar o respeito à comunidade estudada e "melhorar sua posição na sociedade". Em síntese, esse modo de educação multiculturalista, a partir do estudo de um único grupo e de seu "único e pequeno relato" sobre uma produção artística oprimida e singular, busca a ampliação da "metanarrativa dominante do mundo da arte". Os autores afirmam que tal perspectiva postula o estudante como "sujeito" responsável por seu próprio processo de aprendizagem, trabalhando para "desenvolver o que Paulo Freire chama de 'consciência crítica'". O ensino multiculturalista fundado no estudo de um grupo singular explora mudanças no currículo habitual para promover a análise de comunidades específicas e "exame crítico de sua opressão".

Essa via educacional seria adequada, na análise desses autores, às proposições "pós-modernas", referentes à assunção do pluralismo cultural e ao reconhecimento da opressão sociocultural sofrida por grupos marginalizados. Porém, tal tendência pode desencadear "novos pequenos relatos etnocêntricos de natureza dogmática" mantidos em paralelo ao discurso dito dominante e, assim, perder de vista o "fim democrático" que sustenta a articulação do discurso educacional "pós-moderno".

A confiança em uma "democracia cultural" mobilizaria o "enfoque pedagógico baseado na educação multicultural", expressão usada para designar trabalhos pedagógicos com estudantes de diferentes raças, gêneros e classes sociais. Sua finalidade pauta-se pela conquista de uma distribuição equitativa de poder, pela redução da discriminação e de preconceitos e pela justiça social e igualdade de oportunidades. Para tanto, requer uma "reforma íntegra dos procedimentos educativos em todas as escolas". Os alunos devem ser orientados a explorar ao máximo seu potencial de aprendizagem. A variedade de pontos de vista é valorizada e ressaltada como característica necessária a um procedimento de estu-

AO REVÉS DO "PÓS" 195

do que se pretende crítico e analítico. Pelo desenvolvimento desse senso crítico, pretende-se promover a visualização de um "país ideal para todos os seus cidadãos" e estimular o aluno a trabalhar por essa causa. Como forma de aproximar os estudantes do conhecimento artístico, artistas devem ser confrontados com questões sobre a "sua arte e outras manifestações da cultura visual". Os pequenos e múltiplos relatos são privilegiados, e a estruturação curricular não obedece a uma sequência predeterminada. As relações entre poder e saber são integradas como tema dessa vertente que comporta como parte essencial o interesse pelo conflito conceitual, "decisivo para entender a multiculturalidade". A última tendência é chamada de "educação multicultural e de reconstrução social". Como a proposta anterior, essa também busca a reforma, mas não somente a curricular. A "educação multicultural de reconstrução social" tem como objetivo o desmantelamento de "estruturas injustas da sociedade e a promoção da diversidade social e cultural". Para ser desenvolvida, é necessário prezar os "postulados básicos" de um enfoque multicultural, como preocupar-se com uma formação crítica e analítica, a fim de tornar os estudantes cônscios de circunstâncias determinantes de sua condição social e daquelas que impedem, a eles e aos seus grupos sociais, o aproveitamento pleno dos "recursos sociais e econômicos". Correlato ao trabalho com grupos marginalizados, esse tipo de educação multicultural busca desenvolver o discernimento crítico dos grupos privilegiados sobre sua própria condição econômica e social, a fim de exercitar o senso de justiça sobre as diferenças raciais, sociais, sexuais e econômicas.

Quatro práticas devem ser incorporadas para o exercício dessa concepção educacional:

1. a democracia deve ser exercida ativamente na escola; 2. os estudantes aprendem a analisar suas próprias situações; 3. os estudantes adquirem instrumentos de ação social que os ajudam a exercer a democracia e a analisar suas próprias situações; 4. os estudantes e grupos sociais são instruídos para a articulação de um trabalho em conjunto, além das fronteiras de raça, gênero, classe social e econômica, com o objetivo de reforçar a luta contra a opressão. (Sleeter & Grant apud Efland et al., 2003, p.144)

196 RITA LUCIANA BERTI BREDARIOLLI

O programa elaborado para essa vertente de educação multicultural deve ser necessariamente interdisciplinar. A arte deve ser ensinada como componente de um "contexto social e cultural", religando-a ao cotidiano. Os estudantes participam da preparação curricular, incluindo experiências pessoais e a produção artística de sua comunidade ou de outras.

De acordo com essa ideia, exposta por Sleeter e Grant, as relações de poder, referentes a "questões étnicas, nível socioeconômico, gênero, idade, religião e faculdades mentais e físicas", devem ser considerados temas das aulas de arte, promovendo um diálogo com outras áreas do conhecimento como a sociologia ou antropologia, fundamentado em estudos do tipo "etnográfico". Seguindo essa concepção, professores e alunos, se possível com a ajuda da comunidade, identificariam temas e coletariam dados, com a intenção de "esclarecer e questionar os valores estabelecidos", revendo lugares-comuns e preconceitos, para chegar a uma possível intervenção, nesse meio tornado objeto de pesquisa. Esse caminho indica o objetivo dessa "educação multicultural e de reconstrução social", que é o de capacitar os alunos a "identificar questões socioculturais da atualidade", como: a restrição ao acesso de determinados grupos étnicos em mostras, museus ou galerias; "casos de sexismo em videoclipes de música popular"; o confinamento da "arte" religiosa ou popular em museus etnográficos, excetuando a "arte tradicional cristã", considerada "belas artes"; ou ainda a valorização de manifestações artístico-culturais de comunidades marginalizadas.

Como o enfoque anterior, esse também requer uma radical transformação curricular para sua viabilização, exigindo um esforço comum de todos os envolvidos num processo educacional, tanto da comunidade escolar como daquela na qual está inserida a escola. O currículo, de acordo com esse modelo, deve ser afastado de uma estruturação disciplinar, sendo construído por "relações contextuais entre temas escolares". Estaria vinculado às "condições sociais, políticas e econômicas da comunidade, do estado, do país" e não mais seria regido por uma "lógica sequencial, imposta, uniforme, nacional ou estatal". Muitas objeções são feitas a esse tipo de "educação multicultural e de reconstrução social", especialmente a frustração de um projeto

AO REVÉS DO "PÓS" 197

bem-sucedido de intervenção às situações estudadas. Apesar dessa dificuldade, tal enfoque é sustentado pela convicção de representar uma via para a compreensão da intrincada teia de relações sociais e culturais determinantes e determinadas por valores, poderes e hierarquizações. Outra certeza funda tal resistência, a de que a "educação multicultural de reconstrução social" pode ser uma via para o fim da discriminação racial e etnocentrismo, por abrir espaço para as manifestações de grupos excluídos de um currículo tradicional. Mas o aspecto "mais significativo" desse enfoque, segundo seus defensores, estaria na oferta de oportunidades para o estudante "melhorar suas faculdades de pensamento e análise crítica e de exercer uma ação democrática baseada em suas decisões", entendendo a função de um trabalho em grupo para "fins políticos comuns" (Sleeter & Grant apud Efland et al., 2003, p.146).

Esse enfoque cumpriria, para Sleeter e Grant, todos os requisitos de uma educação artística "pós-moderna", pois inclui, em seu currículo, as manifestações artísticas de todos os grupos sociais, sem privilégio ou consagração de qualquer um deles. Seu discurso é construído pelos pequenos relatos referenciados pela relação entre poder e saber.

Tanto a "educação multicultural" e quanto a "educação multi-cultural e de reconstrução social" seriam, segundo Sleeter e Grant, enfoques mais propícios ao estudo das questões "pós-modernas" em relação ao ensino da arte, pois poderiam contribuir para uma "cida-dania informada, que questiona a autoridade e o *status quo*, aceita as diferenças e atua em defesa dos demais e de seu entorno", reatando o vínculo entre conteúdos político-sociais e a arte. Um multiculturalismo "adequado" aos temas "pós-modernos" estaria então vinculado a uma "noção de pluralismo, no sentido de que qualquer produção cultural deve ser entendida em relação ao contexto de sua origem" (Sleeter & Grant apud Efland et al., 2003, p.155).

Rachel Mason (1988), por sua vez, expõe quatro tipos de "multi-culturalismo" evidentes na condução do ensino da arte, descritos por Ralph Smith como "exegeta", "dogmático", "agnóstico" e "dialético".

Os multiculturalistas "exegetas" seriam aqueles que mitificam a cultura alheia. Para esse grupo, a alienação e fragmentação emergem de sociedades avançadas tecnologicamente, a deles própria. Outra característica dessa vertente é deplorar tendências consideradas "anti--igualitárias" em arte, tais como aquelas vistas como separadas do cotidiano. A cultura alheia é vista como superior ou pura, um modelo a ser imitado. Por fim, posicionam-se refratários a qualquer contestação sobre as suas convicções.

O tipo "dogmático" é o reflexo dos "exegetas". São igualmente resistentes a opiniões contrárias às suas, mas, diferentemente dos primeiros, assumem a superioridade de sua própria cultura. O seu ponto de vista orienta a interpretação das culturas alheias, conformando ou menosprezando os diversos valores culturais em relação aos seus.

Multiculturalistas "agnósticos" não cometem o erro de imputar sobre outras culturas seus preconceitos ou julgamentos. Porém, o "outro" e suas manifestações são vistos como algo exótico, dignos de interesse de um turista, colecionador ou cientista. Uma característica desse grupo é a indiferença quanto ao "contexto histórico" ou cultural, no qual foram originadas tais "peças" dignas de coleta.

Por último, é apresentado o multiculturalismo "dialético", diferente dos demais por definir-se "em relação", resultante do engajamento e aprendizado com outras culturas. Isso ocorre pela ênfase a um evento particular concreto (designado "texto"), examinado em relação à sua cultura, a outros eventos ocorridos na mesma cultura ou tradição, desenvolvendo um tipo de pesquisa histórico-filosófica, a fim de começar a apreender e compreender seus pontos de vista alternativos. Essa, segundo Rachel Mason (1988), seria a situação mais profícua para o desenvolvimento de uma educação multiculturalista.

Ana Mae Barbosa (1998, p.79-113) também aborda a multiculturalidade em seu livro *Tópicos utópicos*. No capítulo intitulado "A ecologia da diversidade", três das cinco partes são dedicadas ao tema, divididas em "A multiculturalidade de que se precisa no Terceiro Mundo", "A multiculturalidade e os Parâmetros Curriculares Nacionais de 97/98" e "A multiculturalidade da arte e do museu". Ana Mae Barbosa trata dessa questão a partir das especificidades de nosso contexto artístico e educacional. Não faz nenhuma divisão como Grant, Sleeter ou Smith, mas deixa clara a distinção entre a multiculturalidade crítica e clichês

AO REVÉS DO "PÓS" 199

como o do "politicamente correto" ou o que chama de "multiculturalidade aditiva", a qual designaria a "atitude de apenas adicionar à cultura dominante alguns tópicos relativos a outras culturas". Multiculturalidade, segundo Ana Mae Barbosa (1998, p.93),

[...] não é apenas fazer cocar no dia dos Índios, nem tampouco fazer ovos de Páscoa ucranianos, ou dobraduras japonesas, ou qualquer outra atividade clichê de outra cultura. O que precisamos é manter uma atmosfera investigadora, na sala de aula, acerca das culturas compartilhadas pelos alunos, tendo em vista que cada um de nós participa no exercício da vida cotidiana de mais de um grupo cultural.

Ao enfatizar a multiculturalidade nos países de "Terceiro Mundo", Ana Mae Barbosa antecipa que os estudos produzidos no "Primeiro Mundo" não auxiliam muito a compreensão dos problemas específicos de outras sociedades, algo claro. Como exemplo dessa distinção, a autora aponta o "preconceito de classe" como tema pouco privilegiado para os intelectuais norte-americanos ou europeus, envolvidos nos estudos sobre multiculturalidade. Barbosa ressalta ainda o preconceito contra o termo "multiculturalismo" no Brasil, considerado uma "invenção de americano" irrelevante ao contexto brasileiro, pois, "dizem, vivemos numa democracia", desprovida de qualquer tipo de discriminação, como se em fraternal igualdade, afirmação contestada pela autora.

A autora ainda atesta a necessidade de reconhecimento da diferença e do conflito gerado pela diversidade cultural, quando se pretende uma educação multicultural. Um grande equívoco é amenizar o "valor da 'diferença'". Identidade cultural, afirma, "é construída em torno das evidências das 'diferenças'". Se essas diferenças forem "embaçadas, o 'ego' cultural desaparece".

A busca por uma "identidade" cultural e a educação multicultural não são operações em diálogo, segundo Ana Mae Barbosa, mas um inter-relacionamento complexo e dialético. Somente a educação que "fortalece a diversidade cultural" pode ser considerada democrática, caso contrário, incorreremos na "pasteurização homogeneizante", uma versão "neocolonizadora" da educação.

A ênfase no "compromisso com a diversidade cultural" é apontada por Ana Mae Barbosa (2002) como uma das características da arte- -educação "pós-moderna". Nesse sentido, a hegemonia dos códigos culturais europeus e norte-americanos "brancos" daria lugar a um conjunto plural, formado pela variedade de códigos culturais pertinentes às diferentes raças, etnias, gêneros e classe sociais. Essa preocupação era uma constante no pensamento de Paulo Freire. O respeito à diversidade cultural e a integração do processo educativo pelos sentidos ético e político eram a base e motivação do trabalho desse educador. Para Freire, a "cultura dominante", vinculada aos poderes econômicos e políticos, tende a impor sobre outras manifestações culturais, a sua "superioridade". Atribui a esse motivo a inexistência da multiculturalidade em certas sociedades. A multiculturalidade se concretiza apenas quando há certa "unidade na diversidade", quando as hierarquizações valorativas se desfazem, em prol da igualdade de forças, pressupondo um "respeito mútuo das diferentes expressões culturais que compõem essa totalidade" (Freire apud Guimarães, 2005, p.118).

Indicações ao multiculturalismo

Quando o XIV Festival de Inverno de Campos do Jordão aconteceu, "multiculturalismo" ainda não era um termo em voga. Não houve por parte dos organizadores a intenção explícita em configurá-lo como um evento "multicultural". A referência a ele apareceu posteriormente, durante a narrativa de sua memória (Barbosa, 2007). Por isso, ao nos remetermos a esse festival como um evento multicultural, fazemo-lo por um olhar anacrônico. E fazemos ao lançarmos a esse acontecimento passado a projeção de características de algo posteriormente conceituado e atualmente conhecido, até mesmo já desvanecido pela passagem da moda.

Podemos atribuir o caráter "multicultural" ao XIV Festival, a princípio pela definição basilar desse conceito, a reunião num mesmo contexto de múltiplas manifestações culturais, tanto pela programação de espetáculos como pela multiplicidade de concepções das oficinas propostas, como também pela diversidade de pessoas que viveram

AO REVÉS DO "PÓS" 201

experiências comuns naqueles dias de duração do festival de 1983. A reunião de mais de 400 professores, vindos de regiões diferentes, em convívio por mais de duas semanas, promoveu o embate entre diversidades éticas, conceituais, étnicas, opções sexuais e de gênero, por exemplo. Nesses dias, os participantes do festival de 1983 foram forçados, pelas circunstâncias, a enfrentar as dificuldades de convivência com a diferença pelos trabalhos realizados em grupo, pelas reuniões de avaliação e ainda pela divisão de espaço no alojamento.

Embora Ana Mae Barbosa tenha afirmado como característica desse festival a "rejeição à homogeneização", a heterogeneidade foi por vezes considerada uma "dificuldade" ou "problema" e causa de morosidade quanto ao desenvolvimento dos trabalhos. No texto "Opinião dos bolsistas" (1983), os conflitos gerados pela convivência foram mencionados como algo negativo, bem como as condições de alojamento. Em "Uma avaliação sem máscaras", Ana Mae Barbosa (1983a) apresenta um questionário "fenomenológico", feito em conjunto com Joana Lopes, Conrado Silva, Silvana Garcia e Karen Müller, que trazia respostas dos bolsistas a perguntas como "O que significou para você viver no coletivo estes dias? (dormitório, papos, refeitórios, cursos, deslocamentos nos ônibus)". Dos 264 entrevistados, segundo o texto, apenas seis consideraram a experiência negativa. Outra pergunta nesse sentido era: "Você teve contacto com diferentes pontos de vista e diferentes comportamentos. Que tipos de posições e comportamentos diferentes dos seus foi mais difícil de aceitar? (educação, sexo, política, comportamentos espontâneos e formais, mistura entre classes sociais). Explique um pouco". Segundo o texto, "83 bolsistas aceitaram as diferenças" e 15 teriam se "perturbado" com as diferenças de classe social, "mas 183 dissolveram a sua rejeição à mistura de classes", ao referirem-se às suas próprias "dificuldades em conviver com pessoas de outra educação, de outro nível cultural, de linguajar impróprio, de atitudes desrespeitosas" (ibidem, p.7). Essa intolerância com a diversidade social foi algo "surpreendente", de acordo com Ana Mae Barbosa, pois, durante o festival, o que parecia evidente era a intolerância à homossexualidade, mencionada por 20 dos entrevistados como o "comportamento diferente mais difícil de aceitar".

202 RITA LUCIANA BERTI BREDARIOLLI

Esses poucos trechos apontam para uma preocupação em propor as diferenças e seus conflitos como objeto de reflexão. A adversativa referência à "dissolução" da "rejeição à mistura de classes" acena para a tolerância como meta. Mas não há menção sobre esse aparente objetivo ou sobre os caminhos escolhidos para resolvê-lo, se o do apaziguamento dos conflitos ou o do reconhecimento de sua insolubilidade.

A inclusão de manifestações "populares", de "cultura de massa" e de eventos eruditos numa mesma programação cultural, em equidade de valores, sem privilegiar apenas a cultura "erudita", predominante nos anos anteriores, bem como a preocupação em integrar a comunidade local ao evento, evidenciava a revisão de um *status quo* proveniente de uma estrutura político-cultural, que, por essas ações, era forçosamente reconfigurada. Há, portanto, nessa iniciativa responsável pela concepção do XIV Festival de Inverno de Campos do Jordão, uma intenção política de questionamento e reversão de algo consagrado, mas considerado discriminatório e excludente.

Se nos ativermos à abrangência do termo "multicultural", também poderemos atribuí-lo ao XIV Festival, por propiciar a convivência de múltiplas metodologias de ensino da arte, provenientes de múltiplas formações culturais. Os sete cursos teóricos e os 23 práticos resultaram da interlocução entre o coletivo e o individual, numa miscigenação de repertórios, pois, mesmo partindo de um eixo comum definido em conjunto, foram concebidos e executados por seus orientadores, cada qual fundamentado em sua concepção de ensino da arte.

Na época, Ana Mae Barbosa (1983a, p.4) salientou um "multi" intencional. Designando-o "multimetodologia". Usou-o para justificar a impossibilidade de estabelecer, *a priori*, uma metodologia correta para o ensino da arte. Porém, isso não significaria que "qualquer metodologia é boa e muito menos adequada" (ibidem). Para tanto, era necessária uma preparação do professor, para que pudesse "analisar, comparar, estabelecer valores", criar critérios de avaliações para fazer escolhas dentre as diversas metodologias. O professor, segundo Ana Mae Barbosa, ao entrar em contato com as "diversas correntes do ensino do teatro, música, e artes plásticas", deveria ser orientado a avaliar o uso dessas tendências em relação às suas fundamentações teóricas, à sua prática e ao seu contexto. O programa pedagógico do XIV Festival foi construído sobre o discurso da pluralidade, pelo objetivo de desenvolvimento crítico e conscientização do professor sobre a importância de sua função pedagógica.

Ao abrirem espaço para a "multimetodologia", as ações pedagógicas desenvolvidas durante o festival de 1983 promoveram a coexistência desses tópicos, posteriormente convencionados como "pós-modernos", com outros "modernos". Assim, com a multiplicidade dos códigos culturais, a importância atribuída aos pequenos relatos, a consideração dos "contextos", a diluição de fronteiras disciplinares ou hierárquicas, a assunção dos conflitos conceituais e o questionamento do *status quo*, conviviam a história da arte "canônica", a "livre-expressão" e a "criatividade", revisitadas, reinterpretadas, em uso contemporâneo.

O festival de 1983 ocorreu nesse trânsito, na confluência do espólio "moderno" e da iminência de conceitos próprios ao discurso "pós--moderno". Foi elaborado tanto pela preocupação com a "leitura" crítica – da imagem, do meio, da criança – quanto pelo exercício da "livre-expressão" e da "criatividade". Esses tópicos "modernos" do ensino da arte, "liberdade de expressão" e "criatividade", adquiriram no festival de 1983 conotação política. Ana Mae Barbosa afirma que períodos de "pós-ditadura" são sempre muito expressionistas, a "vontade de falar, de mostrar e de dizer sempre aparece".[29]

Em entrevista concedida à autora em 5 de fevereiro de 2007, Joana Lopes, ao rememorar o acontecimento de 1983, discordou de "uma visão crítica, até pejorativa em relação ao *laissez-faire*". Em seu rela-

---

29 Esse comentário foi feito por Ana Mae Barbosa em entrevista concedida em 2007. No entanto, no livro *A imagem no ensino da arte*, ao discutir a "situação conceitual do ensino da arte no Brasil" nos anos 1980, Barbosa (1996, p.11) já havia abordado o tema nos seguintes termos: "Quanto à identificação de criatividade com autoliberação, pode ser explicada como resposta que os professores de arte foram levados a dar para a situação social e política do país. Em 1983 nós estávamos sendo libertados de dezenove anos de ditadura militar que reprimiu a expressão individual através de uma severa censura. Não é totalmente incomum que após regimes políticos repressores a ansiedade da autoliberaçao domine as artes, a arte-educação e os seus conceitos".

204 RITA LUCIANA BERTI BREDARIOLLI

to, defendeu a importância histórica, no ensino da arte brasileiro, da "livre-expressão", ou *laissez-faire*. Essas expressões não significariam o "deixar-fazer", mas sim o "deixar se expressar com liberdade, sem nenhuma preocupação de ensinar a construir". Com o passar do tempo, instalou-se a preocupação em fazer da arte "fonte de conhecimento". Mas, na época do festival, o "expressar-se era fundamental". Por isso, não enquadraria o *laissez-faire* em recorte maniqueísta, rechaçando-o como pernicioso para o ensino da arte. Para Joana Lopes, em "determinado momento do ensino", o "expressar-se livre" foi "fundamental". A "criatividade", aliada à "livre-expressão", foi pronunciada como "palavra de ordem", segundo a professora-bolsista Maria Cristina S. A. S. Cesco (em entrevista concedida à autora em 10 de setembro de 2009), desde o discurso de inauguração do festival de 1983, proferido pelo governador Franco Montoro, quando foi reivindicada a "criatividade" para enfrentar a "crise atual" e para substituir a "passividade" na "construção de novos valores autenticamente brasileiros". Cláudia Toni também teria mencionado a "criatividade" como um dos pontos fundamentais do novo festival, assim como Conrado Silva, em sua definição sobre uma "oficina de música". Ana Mae Barbosa (1984) expõe, como um dos referenciais para a condução do programa pedagógico do XIV Festival, a "teoria do potencial criativo".[30] Teoria que sustentava o exercício da "autoexpressão", com o objetivo de estimular o ímpeto à intervenção sobre o inesperado do cotidiano, especificamente, escolar.

Entre os cursos realizados durante o festival de 1983, podemos identificar a coexistência de temas, posteriormente definidos como "pós-modernos", com outros pertinentes à concepção "moderna" de ensino da arte. Por exemplo, a oficina "Artes plásticas para professores" foi concebida a partir da convivência com a comunidade. Organizou-se sobre a preocupação em compreender o contexto no qual se desenvolveriam as atividades. Foi a única oficina realizada a partir

---

30 Esse referencial, "representado pela Escola de Viena do início do século XX e do Pós-Guerra", foi declarado por Ana Mae Barbosa (1984, p.127-44) como subsídio para oficinas de orientação autoexpressivas, que propiciassem a "aceitação do risco, e a exploração aberta, sem análise qualitativa ou historicidade refletida".

AO REVÉS DO "PÓS" 205

de um trabalho prévio com a comunidade. Contudo, suas propostas eram conduzidas pela ideia de "livre-expressão". Os materiais eram dispostos para escolha e elaboração dos alunos. Havia a intenção de um "autoconhecimento" pela expressão plástica. Era também um caminho para a integração do aluno ao seu processo de aprendizagem, no entanto, sem o objetivo, explícito, de uma conscientização política, ou do questionamento sobre relações entre poder e saber. O foco do trabalho era a expressão, centrada na "subjetividade", no "autoconhecimento".

Outras oficinas mantiveram-se entre a força da tópica "livre-expressão" e o esforço em explorar a "interdisciplinaridade" ou o "contexto", como a de Wanda Moreira Canto e Jaqueline Bril. Ambas propunham um relacionamento com o ambiente de Campos do Jordão, porém com a paisagem natural ou, no caso da segunda oficina, também com as esculturas da artista Felícia Leiner.

Wanda Moreira Canto propôs, como objetivo de sua oficina, o "desenvolvimento pessoal da expressão" pela experimentação de diversos materiais, incluindo aqueles encontrados na natureza, para a "criação e confecção de teceduras". Mas deixa clara, em sua ementa, a intenção de integrar sua oficina com o curso prático "O teatro na sala de aula" ("Festival de Inverno de Campos do Jordão", 1983b).

A oficina de Jaqueline Bril, "A arte do movimento na educação", apresentava como proposição o desenvolvimento da "consciência" do corpo e do seu movimento, em relação ao espaço. Bril fez uso da paisagem natural dos jardins de Campos do Jordão, para motivar os exercícios de "consciência" e "expressão" corporal. A interação com o entorno, nesse caso, era estética. O ambiente servia como sugestão para a formalização dos movimentos.

Da relação com o meio, seria criada a "expressão corporal", usada para um exercício de "conscientização" sobre o próprio corpo, sobre o espaço e sobre o movimento desse corpo em relação ao espaço.

Sobre a sua oficina, Jaqueline Bril descreveu: "os pés descalços no gramado, o cenário já pronto: as esculturas de Felícia", convidando os "corpos para um mágico '*Pas de Deux*'. Num primeiro momento a descoberta e exploração do 'Planeta Branco'. Os corpos se fundem às esculturas para depois se transformarem em estátuas vivas".

206 RITA LUCIANA BERTI BREDARIOLLI

Desenhos a partir dos movimentos criados foram feitos por algumas das professoras-bolsistas, em direção ao objetivo, exposto na ementa dessa oficina, de interação entre as diferentes linguagens artísticas. Outra peculiaridade da concepção pedagógica do XIV Festival – configurando-se em mais uma indicação multiculturalista, por considerar a expansão do conceito de arte, em sua interlocução com a produção cultural – foi a abertura às imagens geradas e veiculadas por meios de comunicação, como as da TV, e de reprodução, como as produzidas pela xerografia, como temas de estudo, atribuindo-lhes a mesma relevância das imagens eleitas pela história da arte "canônica", por exemplo. Esses meios de produção e reprodução de imagens adquiriam, naquele momento, sua "aura", como meio de expressão artística. Além do curso teórico "Leitura crítica da televisão: a criança", sobre leitura de imagem de TV, ministrado por Manoel Morán e Mariazinha F. de Rezende Fusari, o festival de 1983 assumiu, em uma época ainda pouco afeita a esses meios, como parte dos temas do ensino da arte, a oferta de cursos práticos de produção de vídeo, apreciação de televisão e de xerox como meio de expressão, veículos que começam a ser explorados na produção artística contemporânea daquele momento.

Duas oficinas (pop)ulares em prática "Introdução à linguagem do videotape"

A oficina de "Introdução à linguagem do *videotape*" foi coordenada pelo artista plástico Guto Lacaz e observada por Mariazinha F. de Rezende Fusari. Como objetivo propunha a "familiarização com o equipamento de vídeo", por exercícios iniciais de produção e reconhecimento da linguagem. Ainda em sua ementa, definia a proposta de documentação do Festival, bem como sua análise crítica ("Festival de Inverno de Campos do Jordão", 1983a, p.15). Durante o curso, os alunos entrariam em contato com a videoarte e o vídeo como recurso didático.

O programa de curso abarcava os aspectos técnicos do meio, a sua linguagem específica e o exercício da análise crítica das imagens criadas pelo uso do vídeo, incluindo a própria produção realizada durante o

AO REVÉS DO "PÓS" 207

curso. Era dividido em: 1. apresentação e familiarização com o equipamento; 2. exercícios de iniciação (uso) e verificação prática dos itens abordados na primeira parte; 3. abordagem de assuntos pela linguagem do videoteipe; 4. documentação do evento; 5. edição; 6. apresentação dos trabalhos em público; 7. análise de vídeos apresentados pelo curso e considerações sobre o videoteipe doméstico, "uma fascinante conquista do homem sobre a matéria, um triunfo da sociedade de consumo [...] fascinante pelo seu tamanho compacto e sua capacidade de reprodução instantânea da imagem".[31]

Em considerações finais ao seu projeto, Guto Lacaz ressalta o vídeo como um instrumento de linguagem, de expressão, portanto possui vocabulário e leis próprias. Reitera o objetivo do curso de "apresentar o vocabulário mínimo e discutir as leis", e o desenvolvimento da "capacidade de avaliação e crítica (agora como produtor) da mensagem da TV", tanto pelo contato com os aspectos formais da linguagem visual, específicos desse meio, quanto pelos temas abordados.

Além de Mariazinha F. de Rezende Fusari, como observadora-participante, a oficina "Introdução à linguagem do *videotape*" foi avaliada também pelos professores que a cursaram. Tais avaliações integram o acervo pessoal de Guto Lacaz. Nenhuma indicação sobre o processo de elaboração das questões foi encontrada, portanto não é possível afirmar se houve participação dos alunos em sua elaboração. Todas seguiam um mesmo roteiro de questões:

1. objetivos do curso; 2. programa; 3. sua participação/envolvimento; 4. participação e estímulo do monitor; 5. despertou interesse e motivou a produção; 6. ampliou a "visão"; 7. relacionamento; 8. sedimentação; 9. o que você mais gostou e por quê; 10. o que você não gostou e por quê; 11. satisfez a expectativa e 12. como você vê a aplicação do curso na vida profissional.

---

31 Todas as informações sobre a oficina "Introdução à linguagem do *videotape*" e as avaliações apresentadas constam no acervo pessoal de Guto Lacaz.

De maneira geral, esse curso foi bastante elogiado pelos professores-bolsistas, tanto em relação ao conteúdo como no que se refere à metodologia e orientação, destacando como fala comum o entrosamento entre teoria e prática, e o "jeitão" do professor, ao mesmo tempo "carismático", "firme", "objetivo" e "exigente". A professora N. M. D., por exemplo, selecionou a "gravação dos outros cursos", como a atividade de que mais gostou, pois, "além de ter oportunidade de sentir a equipe trabalhando", também pôde ver "o que estava sendo realizado em outras oficinas".

Uma preocupação foi mencionada, em algumas das avaliações, sobre a "aplicação" do conteúdo apreendido nessa oficina, em suas escolas, pela dificuldade de acesso ao equipamento necessário para o trabalho. O entrosamento com o grupo também foi descrito por alguns como difícil.

Uma das professoras-bolsistas nunca havia participado de trabalhos coletivos, e a dificuldade de integração foi exposta, embora as "desavenças ou pequenas intrigas" tenham sido solucionadas, "contornadas num clima de amizade e profissionalismo". Em sua avaliação, G. E. aponta projetos posteriores, como continuar a participar de cursos para se "aperfeiçoar" em vídeo e fotografia, pois considerava-os instrumentos de um "futuro próximo" nas "escolas de periferia" e, para ela, "ninguém melhor que o professor de educação artística que lida com estética, composições visuais", para trabalhar com esses meios "cada vez mais modernos", utilizáveis também para gravar outras aulas.

Por sua vez, S. A. B. S. ressaltou o "clima de amizade, otimismo, alegria e bom entrosamento nas equipes; todos trabalharam e se ajudaram". Também mencionou que o curso havia lhe dado uma "visão mais ampla. Vimos que a televisão pode nos ajudar muito a participarmos diretamente com o educando em sua vida prática". O professor M. T. M. também falou em "visão ampliada" no "sentido de assistir um programa de TV e poder apreciar o seu processo". A expressão "visão ampliada" aparece recorrente na maioria das avaliações, em referência à descoberta do processo de produção de um vídeo.

Os registros desses professores-bolsistas, de maneira geral, descrevem a descoberta sobre o processo de produção de um vídeo como um

AO REVÉS DO "PÓS" 209

"trabalho longo", "feito por pessoas", "ultrapassando o simples nível espontâneo", como afirmou A. A. N. Para esse professor-bolsista, essa oficina fez com que conseguisse "discernir criticamente os processos técnicos e a linguagem da televisão".

Outro professor deixou claro, em sua avaliação, o motivo que o levou ao festival de 1983. Sua motivação era "fazer t.v. (produção e crítica), uma "oportunidade rara e talvez única". "Desejava também aprofundar a crítica de t.v." em suas aulas de Educação Artística. E ainda, destacou em seu texto, uma "vontade tão grande" em participar daquele evento, que decidiu, mesmo "sem ter sido sorteado", viajar até Campos do Jordão para tentar se inscrever. Conseguiu, e escolheu o que mais queria: "combinei t.v. com jogos dramáticos da criança". Esse era o texto de Acácio Arouche, que não havia sido selecionado, mesmo assim chegou a Campos com a sua "mala e não queria sair de jeito nenhum! E foi um dos maiores multiplicadores que tivemos!" (Barbosa, 2007).

Em entrevista concedida à autora em 8 de janeiro de 2009, Acácio Arouche mencionou que havia outros professores nessa mesma situação, e a maioria foi incluída no festival com a ajuda de outros colegas: "arranjaram *ticket* não sei como, arranjaram vaga em quarto de alguém que não foi. E assim fomos dando aquele jeitinho e eu acabei conseguindo ficar".

Segundo Arouche, a vontade de desenvolver um trabalho na escola sobre televisão já o acompanhava havia algum tempo. Quando soube da oficina de "Introdução à linguagem do *videotape*", pensou ser aquela a oportunidade tão esperada de pegar uma câmera, produzir algo, conversar sobre o tema. Isso o incentivou a tentar uma vaga: "Então falei: 'Ah! Tantas vezes pusemos a mochila nas costas e saímos por aí à toa! Por que não fazer agora com o rumo certo?'".

Não somente o curso de Guto Lacaz foi um motivo, como também a mudança que percebeu no que chamou de "movimento da rede". Acácio Arouche percebia na época um "movimento bem diferenciado em relação à educação". Para esse professor, isso foi um estímulo: "Eu já era casado, já tinha um filho, mas fui! Percebendo esse movimento. Chegando lá, vi que não havia sido o único a ter essa ideia!". Outro motivo que o encorajou por definitivo a fazer essa oficina foi a presença de Guto Lacaz como seu orientador. Arouche já havia assistido a uma palestra desse artista e professor, que o havia deixado "encantado".

Além da oficina de Lacaz, escolheu a oficina teórica "Apreciação de televisão", por considerá-la uma alternativa de trabalho. A falta de recursos das escolas públicas o preocupava, poderia ser um problema, um obstáculo para a realização de uma oficina prática de TV. Essas oficinas pela "novidade" que representavam, por tratarem da tecnologia, "assustavam os colegas". Sobravam vagas, segundo Arouche, também participante do curso prático de "Xerox como meio de expressão", outra "novidade".

A oficina de "Mamulengo" foi outra escolha desse professor, motivada pela insistente desconfiança de outras pessoas sobre a viabilidade do uso da TV na escola. Foi "levado" assim para a oficina do "Lula [Luiz Maurício Britto Carvalheira], também um cara extraordinário! Eu me emociono [...]". De acordo com o relato de Arouche, "Lula" contava, pelo teatro de bonecos, "como o mamulengo acontecia no Maranhão [...] mostrava a relação da arte e comunidade. Ele nos fazia brincar, brincar uns com os outros, sair para outros espaços e brincar com as pessoas. Essa relação mesmo de comunidade".

Além dessas experiências "marcantes", Acácio Arouche recorda outras: "fazíamos atividades 24 horas por dia, quase não dormíamos. Começava cedinho e depois tinha o cinema". As sessões de cinema, para Arouche, foram de fundamental importância para o seu trabalho como docente. Um dos filmes assistidos gerou um de seus projetos, "quase" totalmente realizado. Contava a história de um homem que trocou a vida urbana por um emprego em uma fazenda, onde organizou uma escola, iniciando um trabalho com a comunidade local. Esse filme, segundo Acácio Arouche, o levou a "buscar um caminho semelhante". Foi um incentivo a trabalhar com sua comunidade, optando por escolas próximas à sua casa. Por isso, foi um projeto realizado em parte. Sua ideia inicial era, como a da personagem do filme, construir a sua própria escola, para atender à sua comunidade: "em parte eu realizei isso. Muitas coisas, sonhos que foram criados lá, ou perspectivas, fui realizando ao longo dos anos".

AO REVÉS DO "PÓS" 211

Arouche levou para sala de aula o que experimentou em Campos do Jordão, juntando em alguns trabalhos o processo de produção videográfico com a linguagem do teatro de bonecos. Das experiências do festival de 1983, trouxe o uso do vídeo como "recurso de formação". Usou filmes como partida para a reflexão e "compreensão da linguagem" e também orientou a produção de vídeos criados por seus alunos. O que aprendeu na oficina "Xerox como meio de expressão" juntou ao que sabia da gravura e pôde, assim, segundo seu relato, desenvolver trabalhos mais próximos ao repertório do aluno: a "gravura xerocada acabava ficando parecida com a gravura do livro didático".

O desenho, para Arouche, é algo "inevitável" no ensino da arte, por considerá-lo uma "ferramenta de pensamento". Para esse professor, o desenho é a "linguagem-mãe de todas as outras", um meio para a formação do pensamento e da expressão infantil e, por isso, deve ser exercitado. Esse exercício, para fazer sentido ao aluno, deveria partir de algo próximo ao seu mundo. Arouche, ao entender como principais "formadores do pensamento e do imaginário das crianças" a televisão e o livro didático, parte desses recursos para tornar mais acessível aos seus alunos um outro mundo, um tanto mais distante e restrito, o da arte. Por esse caminho, pelo uso de meios mais "populares", Acácio Arouche tentava aproximar seus alunos da linguagem artística.

Além do trabalho almejado, a oficina de "Introdução à linguagem do *videotape*", dos temas da arte contemporânea, de todas as "loucuras" do "aqui e agora", Arouche diz ter encontrado, no festival de 1983, a "dimensão política de tudo isso [...] não era só uma 'porra-louquice', mas tinha essa perspectiva de crítica, crítica política, crítica da arte, da própria produção, discutíamos".

Outro diferencial desse evento, para Arouche, era a abertura de espaço nas oficinas práticas para a discussão e produção artísticas, relacionadas ao trabalho pedagógico. O trabalho proposto nas oficinas, segundo seu relato, estimulava a produção artística própria a cada professor-participante, incentivando também a sua reflexão crítica sobre essa produção. Havia um "processo de avaliação permanente, nos encontrávamos para isso".

212 RITA LUCIANA BERTI BREDARIOLLI

Além das avaliações realizadas pelos professores participantes, a oficina "Introdução à linguagem do *videotape*" foi também avaliada pela "obervadora-participante" Mariazinha F. de Rezende Fusari, orientadora de dois cursos, um teórico e um prático sobre análise e produção de TV, junto com José Manoel Morán. Em uma carta, datada de 16 de agosto de 1983, Mariazinha F. de Rezende Fusari apresenta a Guto Lacaz uma primeira versão do seu texto. As avaliações dos "observadores-participantes" eram concluídas pela leitura e interferência dos ministrantes das oficinas, numa avaliação conjunta. Esses relatos fariam parte de um livro, como mencionado por Mariazinha F. de Rezende Fusari:

> Vai aqui a continuação de um "rascunho" de texto pedido para o livro do "Festival de Inverno Campos do Jordão" de 1983. Penso que seu texto e o meu poderiam formar um texto único. O que você acha? Você muda o que achar melhor. Deixei uma parte para ser acrescentado, um resumo das avaliações que os professores fizeram e também informações sobre os equipamentos de tv utilizados nas oficina... E as fotos da Fernanda[32] onde ficariam melhor?[33]

O "rascunho" de Mariazinha F. de Rezende Fusari trazia a descrição das imagens registradas durante as 30 horas de duração dessa oficina, no decorrer dos dias 4 a 15 de julho. Duas "emissoras" de televisão, a "TV-VÊ" e a "TV 7-1", foram criadas pelos 16 professores-bolsistas, divididos em dois grupos. O trabalho iniciou com a história de cada integrante da oficina concluindo o primeiro dia com o registro videográfico de seus retratos. Durante a gravação, a linguagem do vídeo era usada pelo orientador da oficina, familiarizando os professores-alunos com os termos específicos da composição de imagem videográfica. Às imagens coletadas, eram incluídas pro-

---

32 Há uma única fotografia encontrada no acervo pessoal de Guto Lacaz, assinada por Fernanda Traldi, uma das alunas do curso "Introdução à linguagem do videotape". Não podemos afirmar se os outros registros dessa oficina são de autoria dessa aluna, correspondendo às "fotos" mencionadas por Mariazinha F. de Rezende Fusari.
33 Essa carta pertecende ao acervo pessoal de Guto Lacaz.

duções da RTC, canal 2 de São Paulo, a Rádio e Televisão Cultura, "era a televisão registrando televisão".

Entrevistas com moradores de Campos do Jordão, eventos e oficinas do próprio Festival, etapas preparatórias da própria oficina e mais algumas dramatizações criadas pelos bolsistas formariam o conjunto de imagens produzidas nessa oficina.

Segundo Mariazinha F. de Rezende Fusari, esse trabalho desenvolvido na oficina "Introdução à linguagem do *videotape*" propiciou aos professores participantes a experimentação da "própria linguagem televisiva". Desde a familiarização com o equipamento, passando pelo aprendizado do uso da iluminação e do som, até a escolha criteriosa de uma situação a ser gravada, incluindo a escolha dos movimentos de câmera e dos planos a serem usados para cada gravação. Ainda seguindo o relato dessa "observadora-participante", toda a produção era constantemente avaliada ao final do dia, quando eram debatidos os problemas enfrentados pelo uso de recursos do equipamento e da linguagem. O que era documentado pelos bolsistas transforma-se em foco de uma "prática de crítica da própria linguagem". Juntos, os professores assistiam ao que produziam, comentando o resultado, segundo o relato de Fusari, por uma fala que demonstrava a gradativa aquisição do vocabulário próprio da linguagem do vídeo.

Mariazinha F. de Rezende Fusari termina seu texto com algumas reflexões. Primeiro expõe dúvidas quanto à adequação dessa oficina à "realidade brasileira". Seria mesmo importante, para a "reformulação de propostas de ensino da Arte nas Escolas", o conhecimento sobre a "linguagem televisiva" e o exercício da "leitura crítica da televisão"? Não seria da mesma forma importante acrescentar a essas "expressões de imagens, sons e movimento, tão familiares aos telespectadores brasileiros", uma "escrita" criteriosa, ambiciosa e crítica? A própria "observadora-participante" constrói respostas pela constatação da efetiva interferência da TV na vida dos alunos, pais, professores, enfim da comunidade geral, do país como um todo. O contato cotidiano com esse meio de comunicação justificaria sua presença nas salas de aula.

O relato de Guto Lacaz sobre sua oficina foi publicado na *Revista Ar'te* ("Oficinas de Xerox e Videotape: entrevista com Oscar Teixeira

214 RITA LUCIANA BERTI BREDARIOLLI

Soares e Guto Lacaz", 1983), dedicada, quase que exclusivamente, aos resultados do festival de 1983. Nesse relato, o artista expõe sua compreensão sobre o vídeo afirmando, como objetivo de seu curso, "acabar com essa onda de que o fascínio está no imediatismo". Para ele, a produção de um vídeo requer um conjunto de aparelhos e uma linguagem específica. Sua oficina foi elaborada sob a preocupação em contemplar as partes desse conjunto e "exercitar um vocabulário mínimo". Intenção executada pela ênfase ao rigor da produção, assegurado mesmo à custa de "broncas". Os resultados gratuitos, "sem reflexão, sem postura de equipe", seriam rechaçados para acabar com a ideia de que "qualquer coisa que a câmara pega está valendo".

Na segunda semana de curso, depois de um período de familiarização do equipamento e da linguagem, os professores-bolsistas começaram a registrar imagens. No primeiro dia, os resultados foram bons, de acordo com Guto Lacaz, mas, já no segundo, houve uma displicência em relação às imagens que foi convertida, de forma positiva, em material de revisão do conteúdo apresentado na semana anterior: "Eu dei a bronca, mas isso foi bom, de certa maneira, porque vamos poder rever o que foi dado na primeira semana. Através do exercício da prática deles, vamos poder rever a teoria porque a fixação disso só se dá mesmo através do trabalho". O que mais o interessava era "saber em que medida os caras conseguem ter uma nova visão da realidade, olhando pelo prisma vídeo ou do cinema".

Em síntese, duas intenções nortearam o curso prático "Introdução à linguagem do *videotape*", ambas voltadas para a desmistificação da tecnologia. A primeira expõe a busca pelo fim do fascínio pelo resultado, pelo estímulo ao julgamento crítico sobre a produção. A segunda evidencia a preocupação em dissipar o deslumbre pela "máquina", exercitando o seu entendimento, e de seus vocabulário e regras próprias, em submissão aos comandos humanos, tornando clara a dependência da produção tecnológica por quem a manipula.

Essa entrevista foi realizada junto com Oscar Teixeira, não por acaso orientador de uma outra oficina feita sobre um meio de reprodução mecânica da imagem, o xerox.

"Xerox como meio de expressão"

A oficina de "Xerox como meio de expressão", elaborada por Oscar Teixeira Soares, contou com a participação de artistas da "arte--xerox", Bernardo Kraniansky, Harry Dorfler, Hudnilson Jr. e Roberto Keppler. Segundo Ana Mae Barbosa (2007), uma oficina "discutida", pois não havia o "background de educação", mas a conclusão foi que poderia ser algo "fantástica!". Deveria manter um caráter de "exploração da potencialidade da máquina [...] contrária a sua função óbvia", a da reprodutibilidade. Seria uma oficina de exploração da imagem, de uma "imagem de segunda geração", produzida e reproduzida por uma máquina. Criada a partir da manipulação, da intervenção sobre algo já existente, provocando a reflexão sobre tópicos, tornados valores como "originalidade", "criatividade" e "expressão".

Paulo Pasta (1983) foi quem observou e relatou essa oficina. Em seu texto afirmou desconfiança, a princípio, sobre essa oficina. Não se entusiasmou com tal função, pois entendia o xerox como

[...] mais uma mídia entre tantas outras novas mídias que servem para compor o painel visual da nossa contemporaneidade (e vendo esta contemporaneidade como um saco de gatos, onde o xerox, inclusive, poderia servir para encobrir, através dos efeitos característicos da máquina, uma falta de aptidão para o trabalho plástico). (Pasta, 1983)

Sua "predisposição" não era, portanto, "otimista" e sua "capacidade de discernimento estava turvada". Assim, "cego de um olho", partiu para a observação do "Xerox como meio de expressão".

Deixando a "preocupação metodológica de lado", Paulo Pasta usou, como instrumento de observação, a sua "percepção sensível", o que resultou em uma inversão de sua resistência ao tema. Logo após a primeira aula, envolveu-se com o "ritmo da oficina que era um centro vivo de experimentação".

Seguindo seu relato, o xerox, no festival de 1983, teria sido usado como "práxis, um veículo didático e provocador do fazer artístico dos próprios professores-bolsistas". De acordo com Paulo Pasta, a oficina

216   RITA LUCIANA BERTI BREDARIOLLI

era envolvida por "certo clima de 'novidade'" e entusiasmo, derivado da descoberta da "possibilidade artística do xerox". Isso o levou a rever certa aversão às "novas tecnologias", construída como reação a uma euforia pelo uso das novas mídias, como meio de expressão, o que, em contrapartida, gerava outro preconceito, uma "ideologia" contra os meios tradicionais como a pintura, como se "fosse algo ultrapassada".

Para Paulo Pasta (em entrevista concedida à autora em 28 de fevereiro de 2007), essa oficina foi importante para uma reconsideração sobre os usos de outras tecnologias para a produção artística:

> [...] não estavam ali para, como eu vou dizer, promover, idolatrar essa mídia; estavam ali usando mais um instrumento, mais uma linguagem criativa, que poderia propiciar ou detonar um processo criativo. Usavam o xerox nesse sentido. Isso eu achei legal! Ideologias à parte, era usado como mais uma ferramenta num processo criativo.

Três artistas participaram da oficina. Bernardo Krasniansky participou por três dias, assim como Hudnilson Jr., e Harry Dofler frequentou seis aulas.

O grupo de professores-bolsistas era heterogêneo, formado por alunos de idades e de localidades diversas, o que, para Paulo Pasta, foi muito positivo.

Depois do primeiro contato com o grupo, a máquina de xerox foi apresentada. Como numa aula de anatomia, foi dissecada na frente dos alunos para que seu mecanismo fosse desmistificado. Procedimento similar à oficina de vídeo, como forma de viabilizar a familiarização e apropriação do meio tecnológico. Para Oscar Teixeira, uma "maneira de desalienar, de revelar a máquina" para os alunos, buscando também acabar com o medo daquilo que "lhes era estranho". Após estabelecer essa "amizade" com a máquina, "uma das bolsistas, revelando uma ansiedade geral, perguntou o que era arte-xerox".

Durante a presença de Bernardo Krasniansky, a palavra "tecnologia" era usada recorrentemente, relacionando-a ao "conceito de atualidade". Os alunos estavam ávidos por experimentar a máquina, produzindo muito, mas com pouca reflexão, segundo relatou Paulo Pasta.

AO REVÉS DO "PÓS" 217

No dia seguinte, familiarizados com o recurso, havia uma calma generalizada, situação propícia para a inversão do processo, focando um dos objetivos do curso: "produção mental maior, menos uso aleatório da máquina" (Pasta, 1983).

Aos alunos, foram solicitados materiais para experimentação. Poucos atenderam. Essa atitude foi justificada por Paulo Pasta pela falta de vínculo dos professores-bolsistas com o local. Não havia ali imagens ou objetos vinculados à história pessoal de cada bolsista. A experimentação foi realizada então com materiais oferecidos pelo monitor, e os trabalhos realizados foram selecionados e fixados, a pedido de Oscar Teixeira, para avaliação. Quatro cópias de cada trabalho escolhido foram fixadas. Durante a análise dos resultados expostos, Oscar Teixeira reiterava o interesse no "produto de reflexão", mais do que no apertar arbitrário de botões.

A "transmissão" de conteúdos seria uma preocupação frequente entre os bolsistas, "acalmada" pela ênfase dada por Oscar Teixeira à importância da compreensão do processo criativo. Sua oficina não se preocupava em oferecer conteúdos para serem "transmitidos", sua intenção era "mexer com o processo criativo" de cada professor--bolsista para que compreendessem, "melhor", o "processo criativo" dos seus alunos.

A inclusão de temas, como "crítica social, o Festival, a educação, a arte-educação", teria sido um recurso usado para orientar a produção que demonstrava, no decorrer da oficina, um "crescimento na qualidade das cópias, tanto no nível gráfico, como na constatação de raciocínios mais sutis".

Paulo Pasta (1983, p.18) termina seu relato com uma reflexão sobre o uso de meios contemporâneos para a arte-educação, desenvolvida a partir da "descoberta" de uma apostila de desenhos de um dos professores-bolsistas.[34] Desenhos que revelavam "pouca observação",

---

34 Em seu texto, Pasta (1983, p.18) não deixa claro se essa apostila foi produzida durante o XIV Festival, ele apenas menciona "a descoberta de uma apostila desenhada por um dos bolsistas (a apostila nada tinha a ver com a oficina). De certa forma essa descoberta me alertou para um outro fato, uma aflição que pode ser só minha e completamente inverossímil: fiquei preocupado com a maneira pela

218 RITA LUCIANA BERTI BREDARIOLLI

isto é, não revelavam "apreensão" e eram ruins, na medida em que incorporavam "estereotipias e soluções fáceis (algo próximo de uma diluição do estilo Walt Disney)" (ibidem). Paulo Pasta (ibidem) definiu como desenho de observação o "desenho/desígnio, o desenho como instrumento para o conhecimento primeiro, como primeiro veículo que permitiria um discernimento crítico da visão, como maneira de aprender a ver".

A falta dessa "primeira formação", do "desenhar e do olhar", para Paulo Pasta, abriria brechas para dúvidas sobre o que é "original", ou sobre o "uso da máquina como uma camuflagem de uma realização falsa", tornando esse recurso, cheio de possibilidades, em "mecanismos estéreis de uma pseudoarte-educação que se diz nova só por tentar enquadrar a produção dos alunos dentro de uma contemporaneidade mal compreendida, em que desenhar e pintar são consideradas atitudes antiquadas" (ibidem).

O xerox, para Oscar Teixeira, era um meio de expressão como outro qualquer. Não merecia superestima ou menosprezo, mas, como qualquer outra "técnica expressiva" e artística, deveria ser conhecida. Suas limitações técnicas, segundo Teixeira, como o uso de cores, restrito ao preto e branco, torna a pesquisa uma condição para a conquista do domínio dessa linguagem.

O trabalho em sua oficina era centrado no aluno, o seu interesse era o ponto de partida para a execução de projetos. A princípio vinha o encanto pela máquina, pelo imediatismo. Esgotado em si mesmo, incitava a etapa seguinte: a da reflexão sobre a prática.

Oscar Teixeira distinguia etapas de um processo de familiarização com o equipamento e a linguagem, iniciado nessa manipulação aleatória, passando pela preocupação com a forma para chegar à "preocupação com o conteúdo", momento entendido como oportuno para a oferta de um tema orientador.

A formação tradicional, "acadêmica e moralista", foi exposta por Oscar Teixeira, em uma entrevista ("Oficinas de xerox e *videotape*:

---

qual se apresentava o desenho do referido bolsista, supondo através desse como seria o desenho das outras pessoas".

entrevista com Oscar Teixeira Soares e Guto Lacaz, 1983), como um obstáculo ao entendimento da linguagem xerográfica. Por exemplo, ao tratarem do tema "crítica social", a exploração plástica foi substituída pelo uso de letras, evidenciando a resistência de uma solução narrativa, aparentemente fácil, pois familiar.

As observações de Paulo Pasta foram confirmadas por Oscar Teixeira ao declarar sua preocupação com o exercício da criatividade do professor-bolsista e, apesar de considerar o resultado final tão importante quanto o caminho percorrido até ele, privilegiava o processo. Essa ênfase foi justificada pelo cuidado com uma possível inibição do processo criativo.

À desconfiança inicial sobre uma oficina de xerox, Oscar Teixeira justapôs a presença de artistas que usavam esse meio para a realização de seus trabalhos. O resultado dessa reunião foi positivo, segundo Teixeira, pois os professores-bolsistas se sentiram estimulados a produzir, "mais seguros com o novo meio", e começaram a se identificar com os artistas.

Um desses artistas convidados por Teixeira, Hudnilson Jr., cujo trabalho era xerografar partes do próprio corpo, também teve seu texto publicado na *Revista Ar'te* de número 7, junto ao de Paulo Pasta. Nele reiterava seu maior objetivo que era o de informar. Primeiro, a informação e depois a formação. A informação era necessária, pois o "sistema de tolhimento com que nos cercamos acostumou-nos a não saber, não entender e pronto. Nenhuma curiosidade por causa do perigo" (Hudnilson Jr., 1983, p.18). Hudnilson identificava, no XIV Festival, a possibilidade de criação de uma ampla rede de informação. A informação, para ele, seria a forma de estreitar laços entre os professores de arte e sua disciplina, bem como estabelecer uma aproximação com o artista. Isso proporcionaria uma desmistificação que levaria o professor a criar.

Informação e "tratamento de choque", para "acordar uma considerável parcela dos professores de educação artística", uma evidência, segundo Hudnilson, pela "resposta imediata", recebida dos professores-bolsistas, durante seu curso prático. Sua proposta consistia em começar suas aulas com teorias sobre o significado da "presença dos mídias na arte". Apresentar sua história, o processo de inclusão

220 RITA LUCIANA BERTI BREDARIOLLI

desses meios, como recursos de produção artística, destacando que a qualidade da cópia xerográfica vai além da "beleza" ou praticidade. A partir daí, "esgotar a ansiedade/curiosidade", incentivando a produção à exaustão. Depois, "discutir essa produção, propor uma meta, uma linha de pensamento, um procedimento", estimulado pelos objetivos e pelas experiências de cada um, para que possam seguir sozinhos.

Hudnilson apontou a escassez do tempo da oficina como um complicador para um efetivo desenvolvimento de sua proposta, observando também que ainda havia a resistência de um "ranço do 'trabalho final'", um afã pelo resultado, mesmo que a oficina fosse direcionada para a busca por "novas formas didáticas". Por fim, frisou a importância dessas atividades pela possibilidade de continuidade e multiplicação nas salas de aula de Educação Artística de todo o estado de São Paulo. Para Hudnilson, o festival de 1983 começaria no dia 1º de agosto, quando do reinício das atividades escolares.

O festival repercutente

> *"As coisas duplicam-se em Tlön; propendem simultaneamente a apagar-se e a perder os detalhes, quando as pessoas os esquecem. É clássico o exemplo de um umbral que perdurou enquanto o visitava um mendigo e que se perdeu de vista com sua morte. Às vezes, alguns pássaros, um cavalo, salvaram as ruínas de um anfiteatro."*
>
> (Jorge Luis Borges)

O XIV Festival de Inverno de Campos do Jordão não se esgotou com o seu término. Essa edição de 1983 repercutiu na discreta eloquência de ações de professores-bolsistas, monitores e coordenadores. O caráter multiplicador, pretendido pelos seus organizadores, manteve-se, apesar dos obstáculos e projetos interrompidos, como o livro *Arte e educação no Festival de Inverno de Campos do Jordão*, que agruparia os relatos sobre as oficinas e resumos dos textos teóricos.

AO REVÉS DO "PÓS" 221

Professores-bolsistas continuaram, em suas "Delegacias de Ensino", os trabalhos iniciados em Campos do Jordão, por meio de cursos ou encontros. De acordo com entrevista concedida à autora por *e-mail* em 22 de maio de 2009, a professora I. G., por exemplo, declarou que continuou o XIV Festival pela organização de um grupo de estudos. Pouco tempo depois, integrou a "Equipe Técnica de Educação Artística da Cenp", ampliando seu trabalho para os professores da rede estadual de São Paulo. Para I. G., as atividades realizadas em 1983 durante o XIV Festival foram importantes, "especialmente" por proporcionarem a discussão e a vivência de *"teorias e práticas do ensino de Arte mais atuais da época"* (grifo da entrevistada), muito distantes daquelas dos livros didáticos, que circulavam à época. Portanto, segundo I. G., "pouca relação havia entre a prática dos professores em geral e o que foi proposto no evento". Por isso, de acordo com sua declaração, a importância em retomar com os colegas o que havia sido experimentado durante o XIV Festival. A professora afirmou que o festival de 1983 "representou um avanço nas discussões sobre o ensino da Arte, ao envolver um grande número de professores, possibilitando--lhes *experiências e reflexões* significativas sobre sua *prática pedagógica"* (grifos da entrevistada). Por suas palavras, "muitas ações (simpósios, encontros, oficinas, grupos de estudo) que aconteceram no final daquele ano e nos anos seguintes foram desencadeadas também pelo Festival. Nessas oportunidades, as teorias foram estudadas, revistas, ampliadas, aprofundadas, divulgadas", e o "mais significativo, sempre com a participação de um maior número de professores de Arte".

Acácio Arouche (em entrevista concedida à autora em 8 de janeiro de 2009) foi também responsável pela repercussão do festival de 1983. Além de levar à sua sala de aula o que experimentou nas oficinas, atuou também na Divisão Regional de Ensino da Capital (Drecap-3), no bairro do Brooklin, em São Paulo, como "multiplicador", dando prosseguimento ao projeto de formação de professores, integrante da proposta pedagógica do XIV Festival de Inverno de Campos do Jordão. Havia esse "viés interessante" na proposta pedagógica do festival de 1983, era uma das condições de participação, a responsabilidade em multiplicar a experiência oferecendo cursos de formação para outros professores

Com esse compromisso, voltei e fui procurar a Drecap-3. Ofereci-me para ser monitor. Eles toparam, pois estavam tentando organizar um curso de formação, mas com dificuldades de encontrar voluntários. Então apareci, de graça. Ingressei neste trabalho, para mim, outra experiência interessante, pois trabalhava com outros professores, com colegas, em cursos para sua formação. Até hoje continuo a desenvolver esse tipo de trabalho, com um grupo de professores. Estávamos em Guarulhos, agora estamos na incógnita, apesar do novo prefeito ser do mesmo partido.

Segundo Arouche, esse trabalho de formação de professores, inclusive o realizado na Drecap-3, não ficava restrito aos conteúdos, aos objetivos ou à metodologia da disciplina escolar. Buscava também o desenvolvimento da "conscientização política" desses professores, motivando seu engajamento em movimentos de greve, por reivindicação salarial e de condições de trabalho. Existia, de acordo com seu relato, essa "dimensão política" na época, expandindo o trabalho de formação para o de organização política.

O evento de Campos do Jordão foi responsável, para Acácio Arouche, por uma "quebra de gelo" em relação ao governo Montoro, visto à época como um "representante da direita", pois era do mesmo grupo de Quércia e Fleury. Mas "em Campos foi muito interessante, porque sentamos junto com ele mesmo, no chão, em roda, e com o secretário, para conversar, para falar". Isso gerou, de acordo com as palavras de Arouche, uma credibilidade sobre a vontade por parte do novo governo de promover um movimento de renovação do ensino estadual:

> [...] ele tinha realmente um projeto, e era um projeto transformador, mesmo não sendo no sentido radical da esquerda como pretendíamos, mas criou um processo que, se pensarmos no contexto de São Paulo e do Brasil daquela época, era completamente transformador.

No entanto, esse entusiasmo converteu-se, tempos depois, em frustração. O secretário da Educação Paulo de Tarso também deixou o cargo, e esse processo que se apresentava "transformador" retrocedeu. Mesmo assim, Acácio Arouche afirmou a ocorrência de mudanças no ensino da arte. Para esse professor, um "movimento que permanece", uma "semente que ficou".

Mariângela Ferreira da Cunha Marcondes, professora de Presidente Prudente, também relatou (em entrevista concedida à autora por *e-mail* em 16 de março de 2009) sua contribuição para a continuidade do XIV Festival. Marcondes foi representante da "10ª região do estado, através da Delegacia Regional de Educação, hoje Diretoria de Educação". Frequentou as oficinas "Xerox como meio de expressão", uma "máquina revolucionária para a época, já que tínhamos só o mimeógrafo para tirar cópias", e "Levantamento do Acervo Artístico Cultural de Campos do Jordão". Por seu relato, a professora Mariângela Marcondes afirma ter participado de

> [...] muitas atividades grupais. Fizemos o levantamento de todo o conjunto cultural existente na cidade. Logradouros, escolas e praças onde havia apresentações de música, tanto vocal como instrumental, bem com arte plásticas e festividades folclóricas. Fizemos apresentação de pequenas encenações, algumas críticas da política federal em relação à educação.

Além desses cursos práticos, a professora também participou de outros, "sempre em artes visuais", trabalhando com técnicas mistas de colagem, aguadas e outros recursos plásticos. Desses cursos, guarda uma pintura de uma "paisagem típica de Campos do Jordão". Além das oficinas, Mariângela Marcondes viu peças de teatro, concertos e espetáculos de dança.

Sobre o XIV Festival, Mariângela Marcondes lembra também das "grandes" críticas e da

> [...] pressão maior ainda (os maestros estavam furiosos!!). Afinal o Festival de Campos do Jordão sempre foi para o aprimoramento dos músicos. Como o Governador André Franco Montoro teve a audácia de dedicar o espaço, o tempo e a verba para melhorar o ensino da Arte no Estado de São Paulo? Quem dava importância à arte na formação de educando? Se até hoje a grande maioria dos educadores desvaloriza a arte. Quantos dirigentes (diretores de escola, supervisores e outros) entendem a arte

224 RITA LUCIANA BERTI BREDARIOLLI

como uma necessidade social na construção de pessoas autônomas, críticas, adaptáveis às mudanças gigantescas e rápidas que acontecem no mundo de hoje? Agora a situação é um pouco melhor, mas ainda a matemática, o português e as demais disciplinas estão na frente da Educação Artística e da Educação Física. Poucos entendem as duas como formadoras do aluno no seu sentidos de vida! Foi só em 1983 que o festival aconteceu para atualizar professores. Depois deste evento nunca mais algum político teve a coragem de repetir o feito de Montoro [...]. Foi sem sombra de dúvida um evento que beneficiou a todos nós participantes, que fomos os multiplicadores dos novos conhecimentos nas nossas regiões. Eu representei a 10ª região. A 2ª mais pobre do Estado.

Além da atuação desses professores, outros acontecimentos contribuíram para a repercussão das experiências realizadas durante o festival de 1983. Em 12 de dezembro de 1983, por exemplo, houve, na Escola Dr. Otávio Mendes, em São Paulo, a apresentação de alguns dos trabalhos realizados posteriormente por professores-bolsistas. O XIV Festival de Inverno de Campos do Jordão foi tema também do 1º Encontro de Professores de Educação Artística, realizado pela Drecap-1. Nesse vento, a pergunta mais frequente era sobre a "linha de trabalho estabelecida" no festival de 1983.

Esse encontro resultou num texto incorporado ao "Projeto Arte Educação" ("Projeto Arte Educação. Coordenadoria de ensino da região metropolitana...", 1983). Nessa "síntese", escrita pela professora Nilza Zimermman, três conceitos foram destacados dos debates realizados durante o XIV Festival: "polivalência", "interdisciplinaridade" e "integração". De acordo com o texto, a ideia de "integração" das expressões seria mais adequada do que a de "polivalência", pois é "impraticável" o domínio de todas as áreas; ou a de "interdisciplinaridade", considerada "impossível" no contexto do "nosso atual sistema escolar". A ideia de "integração" preservaria o professor como um especialista que, "de acordo com a necessidade, assunto ou circunstância", buscaria a integração com as demais expressões, como meio para o "desenvolvimento das potencialidades do educando". Essa ideia motivou a organização de oficinas "básicas" de música, expressão

AO REVÉS DO "PÓS" 225

corporal "(arte pelo movimento que levará ao Teatro)" e artes plásticas, para apresentar "as experiências vividas em Campos do Jordão", mobilizando "nossas escolas para a reformulação do ensino da Arte, procurando assim atingir o objetivo maior que é a MELHORIA DO ENSINO", em uma escala reduzida, pela escassez do tempo.

A apresentação das experiências realizadas durante as oficinas do XIV Festival de Inverno de Campos continuaria no mês de dezembro, com as oficinas de "fibra", "mamulengo", "música" e "teatro na sala de aula". O texto segue em advertência ao professor sobre sua função na escola que é a de "fazer a integração das expressões", para possibilitar ao aluno o desenvolvimento de "suas potencialidades dentro de um clima de muita criatividade e dando muita ênfase ao PROCESSO de desenvolvimento", o objetivo não deveria ser "unicamente o produto final".

Depoimentos de três professores-bolsistas concluem esse texto, deixando registradas suas observações sobre o festival de 1983, confirmando a importância desse evento como oportunidade de interação com outros profissionais do ensino da arte, reiterando a queixa sobre o isolamento dos professores. Um dos depoimentos é destacado como uma boa interpretação do "espírito do Festival", ao mencionar a importância de preservação do "potencial criativo" dos alunos, coibido pela atitude de certos professores que utilizam suas aulas como forma de "'matar tempo', 'preparar festinhas', ensinar a ler notas, a pintar a técnica do 'sfumatto', a encenar tragédia grega, substituir programas de outras disciplinas, como o 'desenho geométrico'". O texto segue enfatizando a importância de promover uma "AÇÃO CRIADORA PENSADA, ANALISADA". Os alunos deveriam ser orientados para a descoberta de "seus *próprios caminhos de expressão*, suas próprias maneiras de resolver problemas e criar novas respostas".

Outra ação contribuiu para a continuidade do XIV Festival. Dessa vez realizada por um dos participantes de sua organização. Sérgio Pizoli (1986) transformou o evento de 1983 em tema de um curso de Administração Cultural feito por um convênio entre a Pontifícia Universidade Católica de São Paulo (PUC-SP) e o Ministério da Cultura (Minc). Ao finalizar sua participação como aluno desse curso, organizou uma exposição com os registros fotográficos realizados

226 RITA LUCIANA BERTI BREDARIOLLI

durante o festival de 1983. Um relatório de 11 páginas datilografadas sobre essa iniciativa foi apresentado em sala de aula.

Esse registro contém, em sua primeira página, a identificação do curso; o tipo de texto, descrito como um relatório, o "mais imparcial possível, distanciado do emocional e sem registro das críticas e apoios"; e, por fim, o título: "O Festival de Campos do Jordão de 1983 – ano da mudança de governo no Estado de S Paulo – que, pela primeira e única vez, descentralizou-se, atuando junto a 400 professores de Educação Artística da rede oficial de ensino, multiplicadores por excelência de um trabalho de renovação".

Na página 2, cita, "à guisa de intromissão", uma versão de Nara Leão da música "Little boxes",[35] de Malvina Reynolds. Em seguida, na terceira página, um trecho de Bertolt Brecht, extraído de "Do homem desumanizado: a escola não exige muito dos alunos", parte de *Dialogues d'exiles*.[36]

Em sua "Apresentação", na página 4, Sérgio Pizoli deixa o testemunho de um estado crítico do sistema educacional, não muito diferente do que continuamos a enfrentar. Pizoli apresentou seu percurso como docente, com início em 1975. Atuou em várias instituições de ensino, públicas e particulares, do "supletivo corrupto" ao ensino universitário,

---

35 "Uma caixa lá na praça/Uma caixa bem quadradinha/Uma caixa, outra caixa/ Todas elas iguazinhas/ Uma verde, outra rosa/Outra bem amarelinha/E são todas feitas de tic tac/Todas todas iguaizinhas/As pessoas dessas caixas/Vão todas para a universidade/Onde entram em caixinhas/Quadradinhas, iguaizinhas/Saem doutores, advogados/Banqueiros de bons negócios/ Todos eles feitos de tic tac/ Todos todos iguaizinhos".

36 "Sei que frequentemente, é colocada em dúvida a excelência de nossa educação escolar. O admirável princípio sobre o qual repousa não é apreciado em seu justo valor, para não dizer que é desconhecido; consiste este princípio em mergulhar o adolescente, desde sua mais tenra idade, no mundo tal como ele é. Sem rodeios nem comentários, joga-se o adolescente no lamaçal; cabe-lhe nadar ou engolir o lodo. Reserva-se aos professores uma tarefa cheia de abnegação: a de encarnar os tipos fundamentais da humanidade com os quais o jovem terá contato mais tarde na vida. Este tem assim a oportunidade, quatro a seis horas por dia, de estudar a brutalidade, a perversidade e a injustiça. Por um tal ensino não há preço que seja bastante elevado; no entanto, ele é proporcionado gratuitamente, às custas do governo [...]."

AO REVÉS DO "PÓS" 227

incluindo aqueles "de esquina e fins-de-semana". Lecionou para "5ªˢ. séries semialfabetizadas" e também para "noturnos sonâmbulos".

Também conheceu "bons alunos de certa 6ª C", e "alunos de secundário, perdidos", até chegar à "frustrada participação" em "certa coordenadoria oficial". Ali, auxiliou a organização do festival de 1983, quando, pela primeira vez, "acreditei" no ensino público estadual.

Em continuidade, menciona sua participação "desde a primeira reunião, junto com quarenta profissionais de educação de diversas instituições para discutir metodologia didática e as oficinas de produção", as quais comporiam o XIV Festival de Inverno de Campos do Jordão. Definiu sua função como a de coordenador de "avaliação direta técnico-pedagógica, com a finalidade de produzir cada aula, cada oficina, para que o professor-bolsista não tivesse nenhuma preocupação externa ao aprendizado". Isso lhe deu a oportunidade de percorrer todas as salas e contatar, durante todos os dias, todos os participantes das oficinas. Essa mobilidade lhe permitiu realizar registros fotográficos das oficinas, diferentes das imagens "oficiais" de *shows*, concertos e eventos noturnos do conjunto de atividades da programação cultural. O resultado, segundo Pizoli, foi um total de "1200 fotos entre slides e P/B, que selecionadas dentro de critérios estéticos e documentais, já foram mostradas em S. Paulo, Bahia, Inglaterra, Canadá, Argentina e Estados Unidos, em congressos de educação".

O final desse texto de apresentação justifica a escolha do festival de 1983 como tema para o "Curso MINC-PUC", por perceber o "pioneirismo e a atualidade desse evento, dentro dos princípios outros que o educativo: os aspectos políticos culturais, renovadores, desencadeadores". Por isso, sua opção em mostrá-lo aos "colegas participantes, com a presença dos professores Zé Mário Ortiz e Mª. Penha Vasconcelos".

Na quinta página de seu relatório, sob o título "Atualização de Professores/83", tem início a descrição do XIV Festival, uma "proposta democrática" das secretarias da Cultura e da Educação. O evento é apontado por Pizoli como uma iniciativa para atender um profissional, "abandonado na rede de ensino e perdido nos três anos de ensino polivalente das faculdades". Para esse professor de Educação Artística, que ensinava "desenho geométrico como arte", foram

228 RITA LUCIANA BERTI BREDARIOLLI

criados, "em Campos do Jordão, cursos teóricos e oficinas de produção e apreciação com enfoque para três pontos primordiais: a criança; o meio; a obra de arte". A relação dessas atividades estava anexada a esse relatório, segundo o texto. Como critério de seleção para as oficinas, estavam a "qualidade do trabalho e a pluralidade metodológica". Nesse trecho, Pizoli cita o trabalho realizado previamente em uma das escolas públicas de Campos do Jordão. Pela descrição, provavelmente aquele coordenado por Paulo Portella, Ana Angélica Albano e Regina Sawaya.

Pizoli ainda ressalta que os professores sorteados para participar desses cursos "receberam como compromisso social a função de atuar como agentes multiplicadores em suas regionais". Meio encontrado para "tentar alcançar todos os 6.500 professores" da rede pública estadual.

O "princípio pedagógico" desse evento foi situado por Pizoli no "ensino da arte como forma de conhecimento não discursivo", de uma "apropriação instantânea" da "realidade", pela tentativa de estimular respostas divergentes, criadoras de uma "nova realidade, uma realidade crítica", procurando também estabelecer a equidade nas relações entre os participantes. O resultado esperado era a "melhoria da qualidade de ensino na escola", dotando-a de um "prazer" gerado por uma "aprendizagem totalizadora", pois atenta aos "aspectos cognitivos, políticos, emocionais e estéticos".

De acordo com o texto, a faixa etária dos professores compreendia ampla variação, partindo dos 19 aos 62 anos. A variedade também caracterizou a atuação profissional desses participantes em relação à atividade artística. E uma última observação, quanto ao público, revelou a pequena participação masculina: dos mais de 400, apenas 26 eram homens.

Nesse momento, o relato é ressalvado pelo subtítulo "Relação entre a teoria e os cursos práticos". Segundo Sérgio Pizoli, esse vínculo poderia ser estabelecido pelo professor, tanto pelo "aprofundamento do processo criador", pelo desenvolvimento de uma linguagem artística, como por uma comparação imediata entre o que aprendiam nos cursos teóricos e o que viam no contato com as crianças, também participantes das oficinas. Essa ressalva termina pela indicação à consulta aos cursos teóricos descritos no catálogo.

AO REVÉS DO "PÓS" 229

Um categórico "Não" inicia o parágrafo seguinte, usado para abordar a rejeição às "'receitas' de aula". Pizoli se dedica a esclarecer que os "cursos não foram apostilados, nem resumidos". Menciona, como contrapartida, a biblioteca organizada para o evento de 1983, especializada nos assuntos dos cursos e das oficinas, e a distribuição da sexta edição da *Revista Ar'te* como fomento para debates sobre "conceitos e conteúdos: 'Metodologia do Ensino da Arte' e 'Arte Hoje'".

A concepção pedagógica norteadora dos cursos do festival de 1983 era, segundo Pizoli, contrária à ideia de "atividade", substituída pelo "desafio", pelo estímulo à capacidade de realização de cada professor. Os efeitos desse estímulo à "iniciativa" era perceptível, por exemplo, nos espaços de convívio, cobertos por "grafites, avisos humorísticos, gráficos, índices de avaliação e críticas aos espetáculos". Outro exemplo, os chamados "corujões", reuniões feitas pelos professores que resultaram em "bailes, leituras e debates com os artistas reconhecidos nas plateias dos eventos noturnos".[37]

Sérgio Pizoli menciona também o "questionário final" que buscou averiguar a reação do professor diante das experiências, para alguns, "novas", proporcionadas pelo evento de 1983. Duas respostas "extremas" foram destacadas por Pizoli, ambas referentes à "mudança na 'concepção de arte'": "Agora, eu até gosto" e "Antes eu pensava que arte era beleza, agora sei que é muito mais".

Esse relato é finalizado com menção ao conflito, gerado pela requisição "veemente" de uma avaliação "extra" sobre a realização do evento de 1983. Tal acontecimento foi declarado por Pizoli como a causa de interrupção do "processo de continuidade" dos trabalhos iniciados no XIV Festival de Inverno de Campos do Jordão.

Ao final da página, um último parágrafo, como se destacado do texto, a referência a um encontro com Ana Mae Barbosa, na semana anterior à apresentação desse relatório, para "revificar o

---

37 Mariângela Ferreira da Cunha Marcondes citou, em entrevista concedida à autora por *e-mail* em 16 de março de 2009, a "oportunidade" de conhecer o "teatrólogo Plínio Marcos que se reunia com os participantes nos finais da noite, quando vendia os seus livros".

230 RITA LUCIANA BERTI BREDARIOLLI

processo, evitando lacunas de memória". Nesse relatório, o festival foi "repensado" e integrado às experiências do curso frequentado por Pizoli, provocando a "retomada de vários conceitos vistos" e o reaparecimento da "polêmica sobre arte educação". Dessa retomada, surgiram quatro "itens para discussão", enumerados na página 8. Esses itens propõem questões sobre a distância entre a "arte-educação", o mercado de arte e a indústria cultural; a coexistência de um "forte apelo" pela "arte-educação", em momentos de mudança política e sobre os objetivos da "arte-educação", destacando, como um deles, a formação de um "público fruidor", definindo "fruição e prazer" como "fundamentos estéticos" para uma relação "crítica frente a realidade".

Uma "última citação à guisa de abertura" compõe a página 9 desse texto de Pizoli, dessa vez, um trecho de Roland Barthes, sem referência.[38] As duas páginas finais, de números 10 e 11, foram dedicadas à exposição sobre o XIV Festival de Inverno de Campos do Jordão. Realizada no "último dia de curso, das 15 às 19 horas, na PUC-SP". Essa mostra foi iniciada com um relato sobre a experiência de ensino de Pizoli no Museu de Arqueologia e Etnologia da USP em 1982. Nesse "projeto pedagógico de História e Antropologia", eram debatidos os "conceitos de cultura, produção cultural, bem cultural e preconceito cultural" com alunos da rede pública de ensino. Essa discussão era desencadeada a partir da "manipulação e questionamento simples de objetos do museu: como foi feito, para que e por que, com que material, por quem". Artefatos provenientes de vários países eram dispostos para que um deles fosse identificado como produção realizada no Brasil. Segundo seu relato, "invariavelmente" era apontado um "pequeno

---

38 "Há uma idade em que se ensina o que se sabe; mas vem em seguida outra, em que se ensina o que não se sabe: isso se chama *pesquisar*. Vem talvez agora a idade de uma outra experiência, a de desaprender, de deixar trabalhar e remanejamento imprevisível que o esquecimento impõe à sedimentação dos saberes, das culturas, das crenças que atravessamos. Essa experiência tem, creio eu, um nome ilustre e fora de moda, que ousarei tomar aqui sem complexo, na própria encruzilhada de sua etimologia: *Sapientia*: nenhum poder, um pouco de saber, um pouco de sabedoria, e o máximo de sabor possível" (Pizoli, 1986, p.9).

AO REVÉS DO "PÓS" 231

objeto antropomórfico de procedência andina", sem muitos detalhes, considerado o "mais feio".

Ao ser apresentado um artefato htapajó, tomado por detalhes, como a peça brasileira, o desconcerto se generalizava. Esse era o "ponto de partida (e chegada) para a discussão" sobre temas culturais. Esse tipo de ensino, construído em conjunto, "não raro", era considerado "prazeroso" pelos alunos, em oposição à "'decoreba' das escolas".

Essa experiência havia sido retomada, segundo o relato de Pizoli, como forma de aproximação aos assuntos discutidos durante o curso do Minc-PUC, tais como a desvalorização do administrador cultural e do professor e a insistência dos órgãos oficiais em dificultar o "prazer da descoberta e da participação, o prazer da solidariedade".

Após essa introdução, o relato se dirige à descrição da mostra sobre o festival, cuja seleção e organização foram feitas, como exposto por Pizoli, sob a preocupação em detalhar a sua organização, opiniões e atuação dos órgãos oficiais, evidenciando políticas educacionais e culturais. O XIV Festival foi apresentado, de acordo com o texto, por um "vídeo de vinte minutos", sobre seu encerramento, "doze fotos P/B e cento e vinte *slides*".

Ao concluir seu relato, Sérgio Pizoli se remeteu a um texto de Paulo Freire, lido em 1980, cujo título era "*Cuidado, Escola!*". Por esse texto, a escola é "apresentada e analisada como domesticadora e mantenedora de desigualdades sociais e culturais", fatores que levariam a um "aprendizado da dependência e à derrocada da crítica". A exposição propunha um paralelo entre esses princípios e a concepção pedagógica do XIV Festival de 1983, definida, no texto de Pizoli, pelos seguintes itens: 1. "ausência de competição e individualismo", pelo reconhecimento da educação como "um trabalho de conjunto e solidário", no qual oficinas integravam-se "espontaneamente", em proposições "intertextuais"; 2. ruptura com uma valorização "maniqueísta" do conhecimento, pela ponderação de julgamentos; 3. oposição à hierarquia tradicional da relação ensino-aprendizagem e à ideia de conhecimento como reprodução de modelos.

O texto é finalizado com o nome do autor, Sérgio Pizoli, e a data desses escritos: "setembro/86".

Uma "proposta" para o ensino de arte

Assim, o XIV Festival de Inverno de Campos do Jordão continuou reverberando nesses trabalhos dos professores-bolsistas, em suas salas de aula ou com seus colegas nas "Divisões Regionais de Ensino" e nos trabalhos daqueles que integraram a sua concepção e organização, como esse realizado por Sérgio Pizoli ou no de Ana Mae Barbosa, que evoca o festival de 1983, ao refazer a história de sua proposta triangular.

Ao fazer uma revisão sobre esse sistema de ensino da arte, em seu livro *Tópicos utópicos*, Ana Mae Barbosa (1998), especificamente em referência à organização dos cursos e das oficinas, aponta o XIV Festival de Inverno de Campos do Jordão como o contexto das experimentações iniciais da "leitura como interpretação cultural", sob influência das ideias de Paulo Freire, que a levou à certeza sobre a importância da inserção da "leitura" crítica da imagem como componente fundamental do ensino da arte.

A "leitura" fez parte do festival de 1983, desde as reuniões na Pinacoteca, evidenciada como preocupação predominante. Mas Ana Mae Barbosa, ao trazer para o presente os acontecimentos passados, pela narrativa de sua memória, "re-(a)presenta" um momento como responsável por sua conscientização sobre a importância do "ver" para o ensino da arte. Esse momento foi associado a um acontecimento específico, derivado de um trabalho realizado pelos professores participantes da oficina coordenada por Paulo Portella, Ana Angélica Albano e Regina Sawaya.

Tratava-se de uma intervenção em um edifício com pedaços de tecidos coloridos. Segundo Ana Mae Barbosa (2007), dois jornalistas, César Gobbi e Laura Greenhalgh, acompanharam esse trabalho e, dessa observação, trouxeram uma curiosidade sobre a referência ao trabalho do artista plástico Christo. Teriam perguntado se essa produção foi apresentada aos professores responsáveis por aquela intervenção.

A oficina, que havia propiciado tal ação, preservava como condução de trabalho a experimentação plástica pelo caminho da "livre--expressão", outro direcionamento não necessariamente vinculado a um referencial imagético (conforme Paulo Portella em entrevista

AO REVÉS DO "PÓS" 233

concedidada à autora em 26 de setembro de 2008). A produção plástica era o resultado de um processo "subjetivo", elaborado ao longo da oficina. Uma das preocupações desse curso prático era criar condições para que o professor experimentasse a mesma situação das crianças participantes da oficina realizada, previamente, pelos mesmos coordenadores, entre os meses de maio e junho daquele ano. O objetivo era provocar, por proximidade, a compreensão da reação das crianças aos mesmos exercícios.

A intervenção com os panos, segundo Paulo Portella, um dos coordenadores dessa oficina, foi decorrência de um processo de experimentação expressiva pelo qual passaram os professores no decorrer da oficina. Não foi uma proposição dos orientadores, tampouco havia a intenção de situá-la dentre as produções artísticas legitimadas pela história da arte. Os panos coloridos saíam do edifício escolhido para essa intervenção. A ideia não era a de cobri-lo, não havia qualquer interlocução com a obra de Christo.

A justificativa para o questionamento sobre a referência ao artista Christo era coerente com a concepção da oficina. Portanto, uma contestação sobre o encaminhamento dos trabalhos seria descabida.

No entanto, a pergunta dos jornalistas motivou a exposição de duas concepções de ensino da arte, uma voltada a um processo predominantemente subjetivo e outra em defesa de uma interlocução entre a experimentação, a decodificação e a informação (Barbosa, 1996, p.32). Essa oposição de tendências teria deflagrado, segundo Ana Mae Barbosa, a necessidade de elaboração de argumentos para comprovar a importância do ato de "ver" para o processo de aprendizagem da arte.

A trajetória por essa defesa teve início logo no ano seguinte, em 1984, quando Ana Mae Barbosa inclui, em seu livro *Arte-educação: conflitos e acertos*, como subitem do capítulo sobre "Atualização de professores: a experiência de Campos do Jordão/83", um texto referente a esse embate. Essa reflexão, intitulada "Crítica: ausência de historicidade" (Barbosa, 1984, p.145-8), apresentava argumentos a favor da importância do conhecimento histórico para o ensino da arte. Nesse texto, a autora discutia a ideia da "originalidade" como algo alheio ao confronto com os "cânones de valores estabelecidos"

234 RITA LUCIANA BERTI BREDARIOLLI

ou com a "análise dos fenômenos de mudança desses cânones". Algo "perigosamente maléfico", segundo suas palavras, quando tratamos da "educação de arte-educadores". A falta de conhecimento histórico, de acordo com sua proposição, poderia nos enclausurar no "espaço limitado da ingenuidade pouco construtiva". Ao defender o conhecimento histórico, Ana Mae Barbosa denotava a preocupação com a conscientização de um "sujeito" sobre sua pertinência a uma história, a uma cultura. Nessa defesa, nota-se a preocupação em vincular um "sujeito" com uma sua comunidade. Isso fica claro quando integra em seu texto a seguinte afirmação:

> [...] a falta de reflexão histórica sobre a significação do seu próprio trabalho tem levado o criador a atitudes onipotentes, julgando-se capaz de criar do nada e se isolando pela impossibilidade de encontrar parâmetros históricos de avaliação e confrontação com o trabalho dos outros [...].
> Na educação do arte-educador, é importante não só desenvolver o fazer artístico, mas também dar informações para torná-lo apto a uma leitura individual e cultural deste fazer. (Barbosa, 1984)

Sem essas informações, o arte-educador, de acordo com Ana Mae Barbosa, dificilmente sairia do círculo vicioso da "sensibilização através da arte".

Deparamo-nos, então, com um paradigma de ensino da arte fundado na importância do conhecimento histórico para aquisição e ampliação do conjunto de referenciais imagéticos. Fundado, portanto, na observação das produções artísticas ao longo do tempo e em diferentes espaços. "Ver e não só fazer" (Barbosa, 2007), a fim de constituir fundamentos para poder "ler" criticamente as próprias realizações, bem como as de outrem.

Essa conclusão teria sido consolidada por esse acontecimento, identificado por Ana Mae Barbosa, como um clique. Dele, manifestou-se a "consciência" de algo que já vinha sendo estudado, o "pós-modernismo, por exemplo", e praticado na Escolinha de Arte de São Paulo,[39] e

---

39 No livro *Teoria e prática da Educação Artística*, publicado em 1975, Ana Mae

AO REVÉS DO "PÓS" 235

depois na Semana de Arte e Ensino da USP, em 1980,[40] culminando no que, posteriormente, seria designado como proposta triangular.

A experimentação, predominante no cenário artístico das décadas de 1960 e 1970, e a persistência da tópica "livre-expressão" no ensino da arte, herdada do modernismo dos anos 1940 e 1950, contribuíram para manter a Educação Artística da década de 1970 em certa distância de um referencial imagético. A "resistência" ao uso de imagens é

Barbosa apresenta as experiências realizadas na Escolinha de Arte de São Paulo entre agosto de 1970 e junho de 1971. Como introdução, a autora faz uma ampla preleção sobre os fundamentos teóricos que conduziram a prática a ser exposta. Como justificativa a esse esforço adverte, logo na primeira frase do texto, que "sólidos conhecimentos teóricos devem embasar a formulação de qualquer currículo ou programa escolar" (Barbosa, 1975, p.69-83). Ao correr dos argumentos, deparamo-nos, logo após o segundo subtítulo, com a afirmativa de que o "professor deve ensinar a ver, a analisar, a especular. O 'preconceito da livre-expressão' não existe mais. Podemos considerá-la como um processo inicial, um ponto de partida no ensino da arte, e não como um método autossuficente global" (ibidem). Mais à frente, o subtítulo "A teoria posta em prática" apresenta o relato de exercícios realizados pelos alunos da Escolinha, sob coordenação de Ana Mae Barbosa, Maria Helena Guglielmo, Julieta Dutra Vaz e Regina Berlinki. Um desses era uma atividade voltada para a exploração de diferentes contextos. As crianças foram levadas a duas lojas e depois a um jardim, para que percebessem a interferência do contexto sobre os mesmos objetos. Outra proposta foi a de usar imagens, ou notícias de revistas ou jornais para recombiná-las, em uma "produção nova que contivesse uma reflexão crítica acerca das singularidades originárias", dos "significados preestabelecidos nas fontes de origem, num esforço de redefinição simbólica, figural, ideacional" (ibidem). Um dos resultados dessa proposição foi publicado nesse livro de 1975 e, em 1998, no livro *Tópicos utópicos*, em um capítulo dedicado às relações entre palavras e imagens. Trata-se de uma composição de logomarcas recortadas e dispostas em paralelo, como dividindo a folha em dois campos distintos, um superior e outro inferior. No primeiro, encontramos, entre as marcas, a frase "em vez de" e, abaixo, quase ao centro, a palavra "prefira". Esse trabalho foi apresentado como exemplo de revisão dos tópicos modernos da "originalidade" e "criatividade", pois havia sido produzido a partir de imagens prontas. A Escolinha de Arte de São Paulo funcionou de março de 1968 a junho de 1971, e lá foram experimentadas, de acordo com os relatos expostos, proposições de ensino da arte coincidentes com uma tendência "pós-moderna" de ensino da arte.

40 Segundo Ana Mae Barbosa (1998, p.144), durante a Semana de Arte e Ensino foi realizado por Walter Silveira e Tadeu Jungle um curso "pioneiro" de análise de produção de TV para os professores que participavam daquele evento, "sob severa desaprovação", pela novidade do tema.

236 RITA LUCIANA BERTI BREDARIOLLI

debilitada pelo paradigma "pós-moderno" de ensino de arte, que as introduz como tema de estudos.

Contribuiu para essa mudança conceitual de ensino da arte a exponencial proliferação de imagens insuflada pelo desenvolvimento tecnológico dos meios de comunicação, que moveu a produção de textos críticos sobre aquela que Guy Debord denominou a "Sociedade do Espetáculo". Seu texto é de 1967, no entanto, desde sua publicação até a contemporaneidade, mudanças aconteceram em direção ao uso da imagem.[41]

Essa "inexorável abstração do visual", determinada por uma visualidade progressivamente situada em um contexto "cibernético e eletromagnético", é abordada historicamente por Jonathan Crary (1990):

> [...] cada vez mais essas tecnologias emergentes de produção de imagens estão se tornando os modelos dominantes de visualização de acordo com os quais os processos sociais primários e as instituições funcionam. E claro, estão entrelaçadas com as necessidades das indústrias de informação global.

Em nosso contexto predominado pela estética,[42] "elementos abstratos visuais e linguísticos coincidem e são consumidos" em escala global. Leslie Savan (apud Sevcenko, 2001, p.124) afirma que, "contando logotipos, rótulos e anúncios, cerca de 16 mil imagens comerciais se imprimem na consciência de uma pessoa", diariamente. Para Nicolau Sevcenko (2001, p.124-5), essa grande quantidade de imagens produzi-

---

41 Nicolas Bourriaud (2009, p.151) afirma que hoje vivemos num "estágio posterior desse desenvolvimento espetacular". Hoje não mais somos posicionados como espectadores, mas nos é dada permissão de atuar nesse espetáculo, como figurantes, em "espaços de liberdade" delimitados pelo capitalismo: "Assim depois da sociedade de consumo, vê-se despontar a sociedade dos figurantes, em que o indivíduo se move como em liberdade condicional, como que selando o espaço público" (ibidem).

42 Robert Kurz (1997 afirma que a sociedade pós-moderna, definida pelo consumo, tende a "dissolver todo conteúdo em forma", incluindo as pessoas, degradadas em *design* de si mesmas ao assumirem sua "forma-mercadoria".

AO REVÉS DO "PÓS" **237**

das não seria o problema se a produção, o uso e consumo fossem democraticamente acessíveis. O ritmo acelerado e a abundância de imagens são fatores que contribuem para o consumo automático de informações. Em *A imagem no ensino da arte*, Ana Mae Barbosa (1996, p.34), em abordagem coincidente à desses dois autores, apresenta indicativos de que grande parte de nosso conhecimento informal é adquirida pela recepção de imagens e, ainda, mais da metade dessa aprendizagem seria efetuada inconscientemente. Diante dessa situação, a autora defende a necessidade de "alfabetizar para a leitura de imagem", um provável caminho para a "democratização" da qual fala Nicolau Sevcenko.

A alfabetização, procedida do exercício de "leitura" como análise crítica articulada ao contexto, própria às ideias de Paulo Freire sobre alfabetização e "leitura", é defendida por Ana Mae Barbosa como forma de prover ao aluno recursos que lhe permitam refletir sobre o seu entorno, lançando um "olhar ativo"[43] para as imagens que o constituem. Aquele que "lê" a imagem é compreendido como leitor, intérprete e autor, como produtor de sentido.

A interação entre "leitura" crítica, contextualização e produção é o fundamento da proposta triangular, portanto representaria um equívoco de interpretação (Barbosa, 1998, p.35) a consideração desses três componentes como disciplinas, em uma disposição hierárquica de etapas. A ausência de uma sequência estipulada entre essas três ações sugere o conhecimento como um organismo, um todo criado pela integração entre partes.

A elaboração desse sistema de ensino, segundo sua autora, teria sido sustentada por um "esforço dialogal entre o discurso pós-moderno global e o processo consciente de diferenciação cultural também pós--moderno" (ibidem). Afirmação justificada pelo próprio caminho de sua sistematização, derivada da "deglutição" de concepções e práticas realizadas em lugares e tempos diferentes, como as *Escuelas al Aire*

---

43 Alfredo Bosi (in Novaes, 2002, p.66) apresenta uma distinção entre o "olhar receptivo", despretensioso, e o "olhar ativo", aquele que se move à procura de algo, capaz de promover a distinção, conhecimento ou reconhecimento, que recorta de um contínuo, imagens e que pode "medir, definir, caracterizar, interpretar, em suma, pensar". O olhar "ativo" seria aquele que possibilita a reflexão do que é visto.

238 RITA LUCIANA BERTI BREDARIOLLI

Libre, por exemplo, cujo referencial didático foi criado a partir da pesquisa dos padrões visuais da arte e artesanato locais, em intenção de revitalizar e valorizar a "cultura tradicional popular mexicana", uma experiência educativa fundamentada pela interação entre expressão e cultura. Outro referencial, declarado para a elaboração dessa "proposta", foi o trabalho de David Thistlewood (in Barbosa, 1999, p.142-57), imbuído pela ideias do movimento *Critical Studies*, os Estudos Críticos.[44]

Ao reconhecer sua "proposta" como "construtivista, interacionista, dialogal, multiculturalista" e ainda envolta por uma ideia de arte como expressão e cultura, Ana Mae Barbosa (1998, p.35) define a proposta triangular como uma tendência de ensino da arte "pós-moderna".

Tal definição foi confirmada por Imanol Aguirre Arriaga (2007), ao situar esse sistema, junto às concepções de ensino da arte vinculadas aos estudos sobre cultura visual, como a "educação artística para a

---

44 No texto "Estudos Críticos: o museu de arte contemporânea e a relevância social", David Thistlewood define os "Estudos Críticos" como um "termo coletivo que abrange um grande número de objetivos e métodos". Comumente, tais objetivos eram relacionados à "apreciação da arte" e visavam à familiarização das crianças à tradição artística. Um de seus precedentes acadêmicos foi, segundo Thistlewood, o conjunto de trabalhos referentes aos "Estudos Complementares", introduzidos como "extensão e enriquecimento da História da Arte", e como forma de suprir uma demanda de professores, quando a história da arte voltou a ser obrigatória nas faculdades inglesas. Por meio desses "Estudos Complementares", o estudante contatou visões diferentes dessa disciplina, abordada então por "sociólogos, ambientalistas e cientistas, tanto quanto pelos historiadores". O "resultado híbrido" desta experiência se converteu nos *Critical Studies*, os "Estudos Críticos". Thistlewood ainda ressalta que o "crítico" desses "estudos" se refere à "'crítica'" e não à "'crise'". Numa "definição ampla, mas flexível, pode-se dizer que *Estudos Críticos* é uma esfera do ensino da arte que transforma os trabalhos de arte em percepção precisa e não casual, analisando sua presença estética, seus processos formativos, suas causas espirituais, sociais, econômicas e políticas e seus efeitos culturais". Thistlewood (in Barbosa, 1999, p.142-57) assume que tal definição pode sugerir algo vago, no entanto "duas certezas" são garantidas: "seja qual for a noção que se tenha dos *Estudos Críticos*, é necessária uma metodologia de ensino, e porque os artefatos que serão considerados obras de arte surgem de uma conquista extraordinária, este ensino frequentemente salienta a comunicação de conceitos sofisticados e pouco comuns".

AO REVÉS DO "PÓS" **239**

compreensão da cultura visual" e a "alfabetização em cultura visual", no conjunto de tendências "pós-modernas" de ensino da arte. Tendências essas, segundo Arriaga, de "evidente parentesco epistemológico e ideológico".

Na origem dessa reordenação conceitual, que podemos chamar "pós-moderna", do ensino da arte, há para Arriaga três fatores. O primeiro refere-se à ruptura dos limites da ideia de arte. O segundo aborda as mudanças na teoria e na historiografia da arte, ao incorporar, em seus conteúdos e métodos, o questionamento sobre limitações categóricas, a diversificação do estético e o crescente valor da crítica cultural. Temas que defrontaram os estudos de arte com seus paradoxos, proliferando debates sobre as analogias e diferenças entre as artes canônicas e a cultura visual, e sobre a legitimidade e hegemonia das formas de arte "culta" ante as formas de arte "populares". Por fim, o terceiro fator mencionado por Arriaga destaca o reconhecimento da cultura visual como interferência educativa.

Com o tempo e com a prática, esses fatores, de acordo com Arriaga, foram adquirindo diferentes matizes, gerando várias propostas educacionais fundamentais na reflexão sobre temas como a sociedade de consumo, a cultura popular, o poder persuasivo dos meios de comunicação e a legitimidade de discursos artísticos, responsáveis pela distinção entre grupos centrais e marginais ou ainda pela busca por mecanismos para a produção do discurso crítico.

Imanol Aguirre Arriaga (2007) encontra, na proposta triangular, um pronunciado caráter crítico, pois "busca a alfabetização visual dos indivíduos, mas não no sentido da simples decodificação formal das obras de arte, mas no sentido de possibilitar o acesso crítico de chaves culturais eruditas que constituem os códigos de poder". Um dos motivos que o levam a identificá-la com as tendências de ensino da arte provenientes da reordenação epistemológica provocada pela "revolução pós-moderna nos estudos sobre arte", consolidada "pelos estudos de cultura visual, estudos visuais e pedagogia crítica".

Um dos temas do ensino da arte "pós-moderno", a transformação da "alfabetização visual para a alfabetização na cultura visual", recupera, segundo Arriaga, como um de seus fundamentos conceituais,

240 RITA LUCIANA BERTI BREDARIOLLI

a "velha" noção de "leitura" como prática social, exposta por Paulo Freire, presente não somente na proposta triangular, como também na estruturação conceitual da orientação pedagógica do XIV Festival de Inverno de Campos do Jordão, um de seus "lugares" de "origem".

Esse conceito de alfabetização como "leitura da palavra e do mundo", que busca um "conhecimento mais crítico do mundo", é identificado, por Arriaga, também, nos fundamentos de uma "educação para a compreensão crítica da cultura visual".

Uma controvérsia se estabelece quanto à inclusão do ensino da arte vinculado ao estudo sobre cultura visual no conjunto de tendências "pós-modernas". Belidson Dias (2008), por exemplo, ao debater os "locais da arte/educação e da Cultura Visual", integra o que denomina "educação da cultura visual" ao conjunto de "práticas correntes, recentes, em ensino e aprendizagem de artes visuais, isto é, as práticas que ainda estão sob suspeita, suspensão, investigação, experimentação e que não se fixaram", designadas como "arte/educação contemporânea". Essa "educação da cultura visual", segundo o texto de Belidson Dias, não é sinônimo da "Arte Educação Pós-moderna", identificada com os "princípios da Disciplined-Based Art Education (DBAE)" ou com o "Ensino Multicultural de Artes", mas pode incorporá-las.

Concordamos que "cultura visual" é uma expressão recente no ensino da arte, designando um discurso em predominância, do mesmo modo recente. Mas também a compreendemos como um prolongamento[45] das "teses pós-modernas", cujo "clamor" atravessou os anos

---

45 Ao fazer uma genealogia do campo de estudos, convencionado como "cultura visual", Marquard Smith (in Preziosi, 2009, p.455-67) diz que análises de cultura visual começaram muito antes de a "cultura visual" ou de os "estudos visuais" tornarem-se campos de estudos acadêmicos. Inclui, como exemplos de sua afirmativa, trabalhos de Aby Warburg, Erwin Panofsky, Sigfried Krakauer, Walter Benjamin, André Malraux, Roland Barhes, Raymond Williams, John Berger e Gerhard Richter. Não seria o caso de chamá-los precursores desse campo de estudo, mas, para Smith, esses autores nos ofereceram protótipos ou práticas de cultura visual que podem ser consideradas partes da genealogia desse campo de estudos visual. Além disso, ofereceram-nos técnicas metodológicas apropriadas ao caráter interdisciplinar e crítico e ao emaranhado conjunto de imagens, objetos e ambientes de estudo da "cultura visual". Mas Marquard Smith delimita uma

AO REVÉS DO "PÓS" 241

1970 e adentrou o nosso tempo determinando o "tom do debate", definindo as "modalidades do discurso" e traçando os "parâmetros da crítica cultural, política e intelectual", divergindo da suposição de que desapareceria em razão do "peso de sua própria incoerência ou simplesmente perderia seu atrativo intelectual e passaria de moda" (Efland et al., 2003, p.30). Temas como as delimitações entre categorias artístico-culturais, a relação entre poder e saber definida pelas formas de representação ou ainda a onipotência dos meios de comunicação, identificados como integrantes de um contexto "pós-moderno", são ainda hoje, e cada vez mais, assunto de debates e estudos, inclusive no campo educacional e no campo do ensino da arte integrado aos estudos sobre cultura visual.

Sendo assim, consideramos apropriada a reunião, como propõe Arriaga (2007), como "tendências pós-modernas" de ensino da arte, a "educação artística para a compreensão da cultura visual, a proposta triangular e a alfabetização em cultura visual", pois as compreendemos como manifestações de interesses e preocupações comuns pelos problemas postos por um contexto definido pelo excesso de informação, sobretudo imagética; pela crise de parâmetros de julgamento estético e ético; pela sensação de instabilidade e incerteza gerada, entre outros, pela debilitação dos "grandes esquemas sintéticos de explanação e as tradicionais bases da compreensão racional"; pelo ceticismo em relação a verdade, unidade e progresso. Um contexto definido pela oposição ao elitismo na cultura, tendendo ao relativismo cultural e à celebração do pluralismo, da descontinuidade e da heterogeneidade, características de um contexto designado "pós-moderno".

---

origem para a "cultura visual" como campo de pesquisa, entre as décadas de 1970 e 1980, resultando de uma amálgama de teorias como a "New Art History", emersa do marxismo e feminismo no final dos anos 1960 e início da década de 1970, exemplificada por trabalhos de T. J. Clark, Linda Nochlin e Baxandall, autores atentos, em particular, à semiótica e psicanálise. Além disso, integram temas dos "estudos culturais", como as questões de classe, gênero e raça e mais a ênfase sobre o cotidiano, o popular e as políticas de representação, diferença e poder, no sentido de nos alertar sobre como as práticas culturais estabelecem as diferenças. Dessa forma, deu-se uma "tomada visual" dos "estudos culturais", configurando a "cultura visual", tal como os "estudos culturais", como uma "interdisciplina".

242 RITA LUCIANA BERTI BREDARIOLLI

Kevin M. Tavin (2008), especificamente nos limites da arte-
-educação norte-americana, redimensiona o estatuto de "novidade"
atribuído à cultura visual. Ele consente com a qualificação dessa ideia
como "nova" pela atualidade de seu objeto de estudo, o "inventário de
imagens e tecnologias associadas à cultural virtual global, das novas
relações entre seres humanos e suas experiências, como sujeitos em
rede, e dos novos níveis de teorização sobre a visualidade" (ibidem,
p.11). No entanto, para Tavin (ibidem), a "cultura visual" é, também,
uma "velha ideia pintada com tintas novas", pois seus temas, como a
"cultura popular, novas mídias e a teoria social", são tratados desde
a década de 1960, como nos casos dos debates propostos por Laura
Chapman, Vincent Lanier e June King Macfee.

No Brasil, podemos apontar algumas experiências e textos sobre o
ensino da arte que também mostravam interesse pelos temas culturais
e sociais e sobre as representações criadas pela produção midiática.

No livro *Teoria e prática da educação artística*, por exemplo, Ana
Mae Barbosa (1975, p.115) questionava a "intacta e genuína expressão
infantil", apresentando tal tópico moderno como falacioso em uma
sociedade tomada por uma "avalanche de informação imagética, que
vai desde a história em quadrinhos e a televisão até os cartazes de publicidade que enchem nossas cidades". Usando o termo *mass-media*
ao referir-se a esse conjunto de imagens, Ana Mae Barbosa (ibidem)
o aponta como uma das razões para a necessidade de exercitar um
"ver". Não o mencionava ainda como "leitura", mas afirmava a sua
pertinência ao ensino da arte "contemporâneo" por entendê-lo como,
talvez, o "único meio de preservar a autenticidade da expressão da
criança, através do estabelecimento de diferentes sistemas valorati-
vos" (ibidem). Os exercícios apresentados nesse livro, desenvolvidos
na Escolinha de Arte de São Paulo, entre 1970 e 1971, revelavam
a preocupação de erigir a aprendizagem da arte pela exposição dos
alunos ao seu entorno, instigando-os a "ver" diferentes ambientes e
os acontecimentos que os compõem, usando-os como referências em
suas produções, incluindo imagens da *mass-media*.

Tomemos também a oficina de TV, como curso de formação para
professores, feita em 1980, durante a Semana de Arte e Ensino da

AO REVÉS DO "PÓS" 243

USP, e especialmente as experimentações realizadas durante o XIV Festival de Inverno de Campos do Jordão, em 1983, todas movidas pela ideia comum de "leitura", da criança, do meio, da "obra de arte", que gerou, especificamente, algumas proposições direcionadas a esses temas, atualmente predominantes em discursos sobre o ensino da arte, como as oficinas de "Introdução à linguagem do *videotape*", de Guto Lacaz; "Apreciação de televisão" e "Leitura crítica da televisão: a criança", de José Manoel Morán e Mariazinha F. de Rezende Fusari; a experiência interdisciplinar da oficina "*Slide*, luz, som e movimento", sob coordenação de Maria Christina Rizzi, Maria do Rosário Martinez Correa, Nurimar Valsecchi e Rosa Maria Camporte; e "Xerox como meio de expressão", de Oscar Teixeira Soares. E ainda a oficina de "Mamulengo" de Luiz Maurício Britto Carvalheira, todos os três cursos voltados para "Arte e comunidade: vivências, espaços e memória", criados por Karen Müller, Silvana Garcia, Conrado Silva e Fioravante Mancini Filho, e mais a oficina "Acervo Artístico Cultural de Campos do Jordão", realizada sob orientação de Antonio Lucio Galvão, Maria Aparecida do Nascimento e Nurimar Valsecchi.

Ao se referir, em retrospecto, aos cursos realizados durante o XIV Festival de Inverno de Campos do Jordão, Ana Mae Barbosa (2007) identifica-os como coincidentes ao ensino da arte fundamentado nos estudos sobre "cultura visual". No entanto, esclarece que, naquele momento, essa expressão ainda não era conhecida ou usada. Para designar uma condução artístico-pedagógica, aberta ao referencial imagético midiático e aos temas socioculturais, recorria-se à designação estudos visuais.[46] Expressão assimilada pelo contato com o Centro de Cultura Contemporânea da Universidade de Birmingham, referência para pesquisas sobre *Cultural*

---

46 Mitchell (2002) aborda a correspondência entre os termos "estudos visuais" e "cultura visual", distinguindo o primeiro como o campo de estudo e o segundo como o seu objeto. Essa distinção seria uma prevenção contra a ambiguidade que paira sobre certas áreas de conhecimento nas quais o campo de estudos e seu objeto adquirem o mesmo nome. Mitchell, no entanto, opta pelo uso da expressão "cultura visual" para designar ambos, campo de conhecimento e o seu conteúdo, deixando que o contexto seja o responsável por diferi-los.

244 RITA LUCIANA BERTI BREDARIOLLI

Studies, os Estudos Culturais,[47] durante o ano de 1982, quando o frequentou para desenvolvimento de pesquisas acadêmicas.

Quando de seus ensaios iniciais, a proposta triangular, ainda chamada "metodologia triangular", limitava-se às imagens do conjunto definido pela história da arte "canônica". A contextualização ficou, então, circunscrita a esse campo de estudos históricos. Decorrência também do lugar de sua experimentação, um museu.[48] Mas, ao longo do tempo, pela intenção de atualizá-la às variações temáticas dos discursos sobre ensino da arte, fortalecida por uma rejeição radical à disciplinarização do conhecimento, essa proposição de ensino foi redimensionada. Dessa forma, tanto essa circunscrição ao âmbito da história da arte quanto a sua concepção como "metodologia" foram redimensionadas.

Considerar a proposta triangular uma "metodologia" é incorrer em outro "equívoco de interpretação". Equívoco gerado por sua própria autora pela designação escolhida a princípio. Erro admitido em sua "revisão" (Barbosa, 1998, p.37-8), mencionando-o como impróprio a um sistema de ensino pretendido em aberto. O termo "metodologia" carregaria a sugestão de um caminho estrito, previamente definido, avesso à ideia de conhecimento que buscava divulgar por essa "proposta". Para Ana Mae Barbosa, a metodologia deve ser fruto da interação do professor com o seu aluno, conteúdo e meio, e o ensino da arte um "sistema cuja proposição depende da resposta à pergunta: 'como se dá o conhecimento em arte'". Trata-se, portanto, de um sistema epistemológico e não metodológico de ensino da arte. Admite a pluralidade de soluções e respostas, para cada ação contemplada, seja a produção, a "leitura" e, ou a contextualização, na tentativa de preservar o conhecimento de sua degradação em exercício escolar reprodutivo.

---

47 A "inovação dos estudos culturais britânicos", o *Cultural Studies*, segundo Douglas Kellner (2001, p.50), "consistiu em ver a importância da cultura da mídia e o modo como ela está implicada nos processo de dominação e resistência". O *Cultural Studies* foi uma das fontes da "cultura visual", e, segundo Douglas Grimp (1999-1999), trata-se de expressões, por vezes, mencionadas indistintamente.

48 A proposta triangular teve como espaço de sua sistematização o Museu de Arte Contemporânea da Universidade de São Paulo (Barbosa, 1991, 1996).

AO REVÉS DO "PÓS" 245

A proposta triangular guarda a ideia da "pedagogia problematiza-dora" de Paulo Freire. Por isso, a "leitura", aliada à contextualização daquilo que é "lido", deveria ser entendida como "questionamento, busca, descoberta", e não como preleção discursiva, considerado outro equívoco interpretativo sobre essa "proposta".

O reconhecimento e defesa desse tipo de "leitura", como elemento fundamental para a construção do conhecimento artístico, atenuando a primazia da produção, seria, para Ana Mae Barbosa, a sua primeira divergência com o discurso moderno sobre ensino da arte. E, foi ali, em 1983, que, em um clique, certa "desconfiança" teria sido confirmada.

O XIV Festival de Inverno de Campos do Jordão foi o responsável, segundo Ana Mae Barbosa, pela confirmação de que a integralidade do ensino da arte se dava na articulação entre "o fazer", "o ver" e "o contextualizar". Por isso, considera o evento como o "cerne da abordagem triangular" (Barbosa, 2007). Sua "proposta", que "cresceu" nesse evento de 1983, resultou de uma elaboração ao longo de alguns tempos – entre os quais o dedicado aos trabalhos realizados na Escolinha de Arte de São Paulo – pelos encontros com múltiplos "textos". Portanto, julgá-la como cópia, seja do Dbae ou de qualquer outro sistema de ensino, é incorrer em reducionismos.

O XIV Festival de Inverno de Campos do Jordão, de 1983, reverberou em ações como as descritas, redefinições sobre a relação entre arte e educação, uma delas sistematizada como "proposta", ainda uma referência para o ensino da arte. Seu projeto foi interrompido. No entanto, como uma "impressão" (Ricouer, 2008, p.27-34), manteve-se na história, memória, de cada um daqueles que dele participaram, desdobrando-se – talvez não como o idealizado por seus organizadores – em múltiplos acontecimentos criados no reencontro afetivo do indivíduo com uma sua comunidade.

DO TEMPO

*"Dunraven disse que tinha a forma de
um círculo, mas tão extensa era sua área
que não se percebia a curvatura. Unwin
lembrou-se de Nicolau de Cusa, para
quem toda linha reta é o arco de um círculo
infinito."*

(Jorge Luis Borges)

Heterotopias

O XIV Festival de Inverno de Campos do Jordão, realizado em
1983, pode ser considerado como dissonância, um evento anômalo
dentro da história dos festivais de inverno promovidos nessa cidade.
Anômalo, especialmente, por ter sido dedicado a um grupo de profissionais comumente relegados à margem. Professores de "Educação
Artística", malfadada disciplina nascida em 1971, sob o amparo de um
momento político conturbado na história brasileira. Nesse momento,
professores de disciplinas específicas como "Desenho", "Trabalhos
Manuais" ou "Música" foram, sem qualquer cuidado com sua

248   RITA LUCIANA BERTI BREDARIOLLI

formação, remanejados de suas funções e conhecimentos para uma "área bastante generosa e sem contornos fixos, flutuando ao sabor das tendências e dos interesses".[1] Esse acontecimento de 1983 foi designado, em retrospecto, como um "laboratório" para uma concepção de ensino da arte, categorizada como "pós-moderna". A averiguação da procedência dessa designação motivou o início desta narrativa. Tal intenção manteve-se permeada por outra: a busca por referências para o enfrentamento dos problemas – e muitos – provocados pelo conflito entre o sistema escolar, o ensino de arte e as reverberações de um conjunto de enunciados, de fenômenos, que compõem nosso tempo. Escolhemos vasculhar o acontecido. Do presente, revolver o passado, para desse confronto entre o "agora" e o "outrora" desvelar possíveis "novas" formas de atuação ante as nossas nada novas – talvez reapresentadas – demandas, atentos para a impropriedade de sua fixidez.[2]

Nesse percurso em revés, deparamo-nos com vestígios desse acontecido. Deparamo-nos com registros visuais e escritos. Deparamo-nos, então, com um evento "pseudodemocrático", "populista", com as "mazelas nacionais", a "cultura futebol e o futebol-cultura", com um evento em "equívoco", e também "colorido", "alegre", "dinâmico", "múltiplo", "multiplicador", "transformador", cujo mote era a "criatividade", reivindicada, na época, como necessária para o enfrentamento dos problemas sociais, econômicos, culturais brasileiros.

Deparamo-nos, também, com as lembranças, as reminiscências, a memória, ao ouvirmos e vermos alguns daqueles que realizaram esse evento de 1983. A cada nova experiência encontrada, um choque de expectativas provocando um tanto de revisões. Fomos incorporados a

---

1   CEPSG. Sobre o tratamento a ser dado aos componentes curriculares previstos no artigo 7º da Lei n. 5692/71. Parecer CFE n. 540/77. Relator: Edília Coelho Garcia. 10 fev. 1977.

2   Um debate sobre o sistema educacional pautado pela "moda" de tendências é provocado por Sandra Gorni Benedetti (2007, nota 59, p.38), em sua tese de doutorado. A autora critica um tradicional direcionamento das políticas educacionais, o qual, por uma espécie de "ditadura da novidade", interromperia o processo educativo ao invés de fundamentá-lo.

AO REVÉS DO "PÓS" 249

diversos XIV Festivais de Inverno de Campos do Jordão, todos partes de uma história comum.

Fomos defrontados com uma diversidade de narrativas, sentidos, "re-(a)presentações", contradições. Ouvimos a respeito de um "espírito de época", de um "espírito de construção de conhecimento". Ouvimos elogios à "utopia" e sua contraversão, alguns optaram pelo "desejo". Ouvimos sobre uma "geração utópica". Ouvimos sobre conflitos internos, sobre o choque entre o pensado e o realizado. Ouvimos sobre uma "experiência inesquecível", "fantástica", "para o bem e para o mal". Ouvimos sobre "democratização" e sobre autoritarismos democráticos. Ouvimos sobre engajamento político, e o lamento pela sua perda. Ouvimos sobre "sujeitos" e "conscientização histórica". Ouvimos sobre ações "transformadoras". Ouvimos sobre uma "coisa assim, meio quixotesca". Em comum, o entusiasmo e o desconsolo.

Entusiasmo pela vontade, pelo "desejo", pela crença na possibilidade de mudanças, de transformação, ainda em grandes proporções. Fomos ao encontro de uma época que aparentava essa possibilidade. O "espírito de época" era esse. Ainda vivíamos em tempos utópicos: "Ah! Tantas vezes pusemos a mochila nas costas e saímos por aí à toa! Por que não fazer agora com o rumo certo?", segundo as palavras de Acácio Arouche.

As "utopias consolam", disse Foucault (2000b, p.XIII), pois, por não terem "lugar real, desabrocham, contudo, num espaço maravilhoso e liso; abrem cidades com vastas avenidas, jardins bem plantados, regiões fáceis, ainda que o acesso a elas seja quimérico". Por isso, as "utopias permitem as fábulas e os discursos: situam-se na linha reta da linguagem, na dimensão fundamental da fábula". As utopias carregam em si a prospectiva, o projeto, o vislumbre de um futuro melhor que o presente. Carregam a fé no potencial de transformação, num sujeito imbricado na história, agindo, construindo, transformando. São pulsões. Quando da "re-(a)presentação" do projeto e da realização desse XIV Festival, "re-(a)presentou-se" o entusiasmo. Em seguida, o desconsolo pela derrocada do projetado, do realizado: "o sonho acabou!".[3]

---

3 Expressão escrita por um dos entrevistados, recebida por *e-mail*.

Pelo que ouvimos, lemos, vimos, inferimos aquele festival de 1983 como "desejo", talvez utópico, de "desalojar certezas", de "criar um incômodo". Especificamente nos discursos sobre seu projeto pedagógico, notamos a preocupação em alterar os rumos da "Educação Artística", realizada nas escolas públicas paulistanas. Desde o nome da disciplina. Os debates sobre o tema, e sua substituição por, primeiro, "arte educação", depois "arte-educação", conotavam uma reação à política educacional relativa ao ensino da arte no sistema formal de ensino brasileiro e a reflexão sobre o conceito, os conteúdos, procedimentos metodológicos envolvidos nessa área de conhecimento.

A relação crítica, revelada por esse movimento reativo, vertia como objetivo das ações pedagógicas do festival de 1983, algumas envoltas pelas ideias sobre educação, "leitura" e alfabetização da "pedagogia problematizadora" de Paulo Freire. Provocar ações e situações, desde o estímulo de uma produção individual para o exercício de expressão em diferentes linguagens e meios artísticos, passando pelo aprendizado do trabalho coletivo, até o confronto com o ambiente externo à sala de aula, junto a uma avaliação constante do processo e resultado, aproximava a concepção dessas ações daquilo que hoje é designado como "pedagogia crítica". Para alguns, o caminho para atingir uma "geração jovem da chamada sociedade do conhecimento", essa que talvez seja a "primeira a perder a questão pueril quanto ao 'sentido da vida'". Para outros, um solo infértil, uma reincidência de um projeto moderno, sustentado por uma ideia de transformação improvável, diante de um estado que impede, ao invés de promover conhecimentos.

Concepções variadas de ensino da arte formavam o conjunto de ações educacionais do festival de 1983. Diversidade orientada pela preocupação comum de "leitura". Uma "leitura", familiar à "leitura" concebida por Paulo Freire. A grande maioria das oficinas – independentemente de sua condução, se por uma ideia de "conhecimento produzido pelo aprofundamento da experiência" no exercício da "livre-expressão" ou por um conhecimento produzido no encontro entre a expressão e a informação sistemática – apresentava propostas, cujo ponto de partida era a interação com o meio, com a paisagem

AO REVÉS DO "PÓS" 251

natural e acervo cultural locais, com as pessoas da cidade, com os colegas de curso.

Interação permeada por essa ideia de "leitura", responsável pela coesão entre a variedade de linguagens e meios de expressão, e de condução metodológica e conceitual sobre o ensino da arte.

As ações educacionais do XIV Festival de Inverno de Campos do Jordão não criavam um todo homogêneo, criavam um todo heterogêneo. Suas partes constituintes mantinham suas peculiaridades, por isso revelavam o conflito, a contradição, o embate. Essa era sua virtude. Sua composição foi criada pela tensão entre consonância e dissonância. Provocava o ajuste pelo atrito, e não por uma aparente harmonia. Por essa razão, podemos localizar a concepção educacional desse evento nas vizinhanças dos discursos educacionais contemporâneos.[4] A preocupação com a preservação da diversidade e do conflito, por ela gerado, destoa de um projeto moderno de harmonização pela homogeneidade.

A "leitura" presente no programa pedagógico desse festival de 1983 prevê o confronto, mas, coerente com sua época, feita pelos "bravos modernistas da década de 1960" (Berman, 2000, p.313), vislumbrava uma certa "transformação" social e política, pela "conscientização" de um "sujeito" sobre sua pertinência histórica, pela constituição de uma "identidade" e sua afirmação. Vislumbrava a constituição de uma coletividade, de uma comunidade, fortalecida e atuante. Daí a sua diferença e quase distância do discurso de nossa era "pós-tudo". Era

---

4   Um discurso educacional formado em reação à tradicional estrutura do sistema educacional escolar, institucionalizada pelo projeto moderno, forjado pelo ideal da totalidade homogênea, da unidade, coesão, identidade, do *a priori*, da prospecção, das especialidades compartimentadas. O contradiscurso contemporâneo, não desprovido desse legado moderno, clama também pela unidade, mas a diferencia daquela moderna, pela consideração ao diverso, ao múltiplo. Admite, em discurso, o erro, o contingente, a incerteza, a deriva e o devir. E ainda proclama o rompimento dos limites entre categorias e classificações, enfatizando o trânsito, a relação, o fim da oposição entre sujeito e objeto.

252 RITA LUCIANA BERTI BREDARIOLLI

de muitos fins: do sujeito,[5] da história,[6] da utopia. Era dominada pela imagem,[7] a "forma final da reificação".[8] E por isso, mais uma vez, voltamos a aproximar essas ações, desenvolvidas durante o XIV Festival de Inverno de Campos do Jordão, aos temas pertinentes ao nosso tempo. As imagens cotidianas, produzidas e reproduzidas por meios comuns a todos que tinham acesso à TV ou a uma máquina de fotocópias, foram incorporadas, como temas de estudo, aos programas de três cursos práticos e um teórico.

Nas oficinas de "Leitura crítica da televisão: a criança", "Apreciação de televisão", "Introdução à linguagem do *videotape*" e "Xerox como meio de expressão", os professores eram estimulados a observar, analisar e produzir imagens por esses equipamentos, na época um tanto

---

5 Ao buscar uma contrapartida ao sistema escolar em seus princípios modernos, Sandra Gorni Benedetti (2007), guiada pela leitura de Deleuze e Gattari, mapeou um pensamento educacional crítico à instituição escolar como lugar de "assujeitamento" e de construção de identidades, problematizada como "ficção psíquica". Contrapondo-se ao tradicional modelo educacional, como sistema fechado, articulado pelo *a priori*, sua pesquisa aponta para a compreensão da escola como sistema aberto à geração de "forças desejantes".

6 Frederic Jameson (2004, p.32) cita como "elementos constitutivos do pós--moderno: uma nova falta de profundidade, que se vê prolongada tanto na teoria contemporânea quanto em toda essa cultura da imagem e do simulacro; um consequente enfraquecimento da historicidade tanto em nossas relações com a história pública quanto em nossas novas formas de temporalidade privada".

7 Alguns textos abriram caminho para reflexões atuais sobre as mudanças perceptivas, relacionais, com um mundo transformado por imagens proliferadas pelo desenvolvimento da tecnologia de sua captação, produção e divulgação. Como exemplo, o clássico popular ensaio de Walter Benjamin "A obra de arte na era de sua reprodutibilidade técnica", de 1935, ou seu antecedente "Pequena história da fotografia", de 1931. Um pouco mais de 30 anos e Guy Debord publica, em 1967, *A sociedade do espetáculo*, ainda uma referência.

8 Um "mundo transformado em mera imagem de si próprio, por pseudoeventos e por 'espetáculos'", assim é descrito nosso contexto por Frederic Jameson (2004, p.45). Um mundo imerso em uma "cultura do simulacro", como o definido por Platão, "cópia idêntica de algo cujo original jamais existiu" (ibidem). Essa "cultura", segundo Jameson (2004, p.45_, "entrou em circulação em uma sociedade em que o valor de troca se generalizou a tal ponto que mesmo a lembrança do valor de uso se apagou, uma sociedade em que, segundo observou Guy Debord, em uma frase memorável, 'a imagem se tornou a formal final de reificação'".

AO REVÉS DO "PÓS" 253

incomuns, como tema de estudo escolar ou meio de expressão artística. Havia uma preocupação explícita nos enunciados sobre esses cursos em motivar o relacionamento "crítico" dos professores com essas imagens e mecanismos integrantes da vida comum.

O curso teórico "Leitura crítica da televisão: a criança", por exemplo, usou como tema para o exercício de análise uma novela da época. As outras duas oficinas mostravam a articulação do vídeo e do xerox com a expressão artística. Artistas eram seus orientadores. Mas, além disso e como algo relevante, mostrava-se o cuidado em acabar com o automatismo diante desses meios, com certa mística que os envolvia. Buscavam a "conscientização" sobre esses processos de produção de imagem, desde o conhecimento do equipamento mesmo, dissecando a sua tecnologia, passando para a familiarização com sua linguagem, uso e análise do produzido, a partir de sua manipulação. Buscavam criar possibilidades para ocasionar a apropriação dos modos de produção a fim de favorecer um envolvimento "crítico" e não místico, com as imagens por eles produzidas, em um cuidado com a democratização de conhecimento sobre meios de comunicação. Buscavam, por fim, tornar esses professores, responsáveis pela formação de muitos jovens, cônscios sobre os modos de produção de discursos, para, além de eles próprios se relacionarem de forma "crítica" com esses "enunciados", provocarem também em seus alunos uma atitude "crítica" perante as muitas representações que nos são ofertadas por esses meios.

O acolhimento dessas oficinas e, portanto, dessas ideias e intenções denota uma concepção de ensino da arte aberta às produções de fronteira entre o campo delimitado como "artístico" e o cotidiano, considerando como temas imagens produzidas e veiculadas pelos meios de reprodução e comunicação em grande escala. Imagens que fazem parte de nosso dia a dia, e não somente aquelas encerradas em instituições culturais. Podemos verificar, nessa ideia de ensino da arte, um conceito de educação também ampliado, reconhecendo como educacionais não somente os assuntos legitimados como tal. Tudo aquilo que nos "educa" informalmente, por televisão, rádio, jornais, revistas, *outdoors*, embalagens, *design*, arquitetura, é reconhecido e incorporado como fonte de estudo.

254 RITA LUCIANA BERTI BREDARIOLLI

Essa abertura ao visual, à cultura visual, junto ao exercício "crítico" sobre ela, reforça a proximidade dessas ações artístico-educacionais, realizadas durante o festival de 1983, do debate contemporâneo sobre ensino da arte, manifestando temas próprios do que se convencionou categorizar como ensino da arte "pós-moderno".

Sim, podemos então concordar com a avaliação em retrospecto sobre o XIV Festival de Inverno de Campos do Jordão como um "laboratório" de ideias e ações de um ensino da arte apropriado às demandas geradas pelo conjunto de fenômenos enunciados como "pós-moderno". E isso não implica superação ou evolução, mas o diálogo com enunciados em um lugar no tempo, variações sobre temas.

O XIV Festival de Inverno de Campos do Jordão foi um evento de trânsito, em trânsito – como não o são, somos todos? –, foi um evento múltiplo, integrado pela variedade metodológica, conceitual, de formas de expressão, congregadas por um desejo ou talvez uma utopia: transgredir o estabelecido. Nele podemos identificar prenúncios aos temas que se instalaram na nossa "ordem do dia" – e que já parecem envelhecidos[9] –, como "interdisciplinaridade", "multiculturalismo", "leitura" de imagem, "cultura visual", além dos temas legados por um tempo ainda atual, como a "livre-expressão", a "criatividade", o "sujeito", a "história", a "utopia", todos evocados em variações determinadas pela necessidade presente. Todos partes de uma mesma tradição.

O evento de 1983 feneceu, assim como a expectativa por uma grande mudança. Mas foi fecundo, pois foi feito um lugar propício para fomentar outros desejos. Talvez a mudança não tenha acontecido tão homogênea ou totalizadora. Mas aconteceu. Impresso, foi multiplicado em ações. Reverberou sutil em trabalhos. Alguns mais evidentes como uma "proposta", que consolidou a ideia de um conhecimento artístico exercido na articulação entre a "produção", a "leitura", da "obra" e do

---

9 "Mas uma tempestade sopra do paraíso e prende-se em suas asas com tanta força que ele não pode mais fechá-las. Essa tempestade o impele irresistivelmente para o futuro, ao qual ele vira as costas, enquanto o amontoado de ruínas cresce até o céu. Essa tempestade é o que chamamos progresso" (Benjamin, 1996, p.226).

"contexto"; outros menos evidentes, mas não menos "transgressores", talvez perdidos no tempo, mas não naqueles que os experimentaram. Ao percorrer essa história, deparamo-nos com a "re-(a)presentação" de um "espírito de época", depois dissipado pelos muitos "fins" imputados. Deparamo-nos com a evocação de uma ideia de pertencimento histórico, mantenedora da convicção sobre ações transformadoras possíveis. Do tempo, essa "experiência", feita nos ditos e contraditos. Na contramão dos arrefecimentos, reverberou "transgressões", por "processos contingentes e singulares", alterando assim, mesmo que quase imperceptivelmente, ordenações vigentes.

REFERÊNCIAS BIBLIOGRÁFICAS

AGORA, o "concertista" Maluf. *O Estado de S. Paulo*, São Paulo, 14 jul. 1979. p.5.

ANDERSON, P. *As origens da pós-modernidade*. Rio de Janeiro: Jorge Zahar Editor, 1999.

ARÓSTEGUI, J. *A pesquisa histórica*: teoria e método. Trad. Andréa Dore. Bauru: Edusc, 2006.

ARRIAGA, I. A. Contenidos y enfoques metodologicos de la Educación Artistica. In: CONGRESO DE FORMACIÓN ARTÍSTICA Y CULTURAL PARA LA REGIÓN DE AMÉRICA LATINA Y EL CARIBE, 2007, Medellín. *Anais...* Centro Internacional de Convenciones Plaza Mayor, Medellín, 2007. 1 CD-ROM.

ATRAÇÕES internacionais no fim do Festival de Inverno. *Folha de S.Paulo*, São Paulo, 26 de jul. 1982. Ilustrada.

BAL, M.; BRYSON, N. Semiotics and art history: a discussion of context and senders. In: PREZIOSI, D. (Org.) *The art of art history*: a critical anthology. 2.ed. Oxford, UK: Oxford University Press, 2009. p.243-55.

BANDAS e coral no Festival de Campos. *Folha de S.Paulo*. São Paulo, 6 jul. 1982. Ilustrada.

BARBOSA, A. M. *Teoria e prática da Educação Artística*. São Paulo: Cultrix, 1975.

_____. Uma avaliação sem máscaras. *Revista Ar'te*, São Paulo, n.7-8, p.3-8, 1983a.

_____. Para que história. *Revista Ar'te*, São Paulo, n.6, p.2-4, 1983b.

_____. *Arte-educação*: conflitos e acertos. São Paulo: Max Limonada, 1984.

_____. *Arte-educação no Brasil*. São Paulo: Perspectiva, 1986.

258 RITA LUCIANA BERTI BREDARIOLLI

_____. O ensino da arte e sua história. In: BARBOSA, A. M.; SALES, H. M. (Org.) *Simpósio internacional sobre o ensino da arte e sua história*. São Paulo: Micromega, MAC-USP, 1990. 208p.

_____. *A imagem no ensino da arte*. São Paulo: Perspectiva, 1991.

_____. Modernidade e pós-modernidade no ensino da arte. *Revista do Mac*, São Paulo, n.1, p.6-15, 1992.

_____. *A imagem no ensino da arte*. 2.ed. São Paulo: Perspectiva, 1996.

_____. *Tópicos utópicos*. São Paulo: C/Arte, 1998.

_____. (Org.) *Arte-educação*: leitura no subsolo. 2.ed. São Paulo: Cortez, 1999.

_____. *John Dewey e o ensino da arte no Brasil*. 3.ed. São Paulo: Cortez, 2001.

_____. *Inquietações e mudanças no ensino da arte*. São Paulo: Cortez, 2002.

BARBOSA, A. M. (Org.) *Arte/educação contemporânea*: consonâncias internacionais. São Paulo: Cortez, 2006.

_____. Debates sobre la interdisciplinaridad en la Educacion Artistica. In: CONGRESO DE FORMACIÓN ARTÍSTICA Y CULTURAL PARA LA REGIÓN DE AMÉRICA LATINA Y EL CARIBE, 2007, Medellín. *Anais...* Centro Internacional de Convenciones Plaza Mayor, Medellín, 2007. 1 CD-ROM.

BARBOSA, A. M.; SALES, H. M. (Org.) *Simpósio internacional sobre o ensino da arte e sua história*. São Paulo: Micromega, MAC-USP, 1990. 208p.

BARBOSA, G. Mudanças pseudodemocráticas. *Folha de S.Paulo*, São Paulo, 10 jul. 1983. Ilustrada, p.66.

BARBOSA, J. A. Os novos centuriões. *Cult*, São Paulo, n.10, p.16-8, maio 1998.

BAUMAN, Z. *O mal-estar da pós-modernidade*. Rio de Janeiro: Jorge Zahar Editor, 1998.

_____. *Amor líquido*. Rio de Janeiro: Jorge Zahar Editor, 2004.

BENEDETTI, S. C. G. *Arte e transformações na cultura escolar*. São Paulo, 2001. Dissertação (Mestrado)–Escola de Comunicação e Artes, Universidade de São Paulo.

_____. *Entre a educação e o plano de pensamento de Deleuze & Guattari*: uma vida... São Paulo, 2007. 185f. Tese (Doutorado) – Faculdade de Educação, Universidade de São Paulo.

BENJAMIN, W. *Obras escolhidas*: magia e técnica, arte e política. Trad. Sérgio Paulo Rouanet. São Paulo: Brasiliense, 1996.

_____. *Origem do drama trágico alemão*. Trad. João Barrento. Lisboa: Assírio & Alvim, 2004.

BERGSON, H. *Matéria e memória*. São Paulo: Martins Fontes.

BERMAN, M. *Tudo que é sólido desmancha no ar*. 17. reimp. São Paulo: Companhia das Letras, 2000.

AO REVÉS DO "PÓS" 259

BOLLE, W. *Fisiognomia da metrópole moderna*: representação da história em Walter Benjamin. 2.ed. São Paulo: Edusp, 2000.

BORGES, J. L. *Atlas*. Buenos Aires: Editorial Sudamerica, 1984.

_____. *Obras completas de Jorge Luis Borges*. São Paulo: Globo, 1999. v.1.

BOSI, A. *Dialética da colonização*. São Paulo: Companhia das Letras, 1992.

BOSI, E. *Memória e sociedade*: lembranças de velhos. 7.ed. São Paulo: Companhia das Letras, 1999.

_____. *O tempo vivo da memória*: ensaios de psicologia social. 2.ed. São Paulo: Ateliê Editorial, 2004.

BOURDIEU, P. *A economia das trocas simbólicas*. 5.ed. São Paulo: Perspectiva, 2004.

BOURRIAUD, N. *Estética relacional*. Trad. Denise Bottmann. São Paulo: Martins Fontes, 2009.

BURKE, P. (Org.) *A escrita da história*: novas perspectivas. Trad. Magda Lopes. 5. reimp. São Paulo: Editora UNESP, 1992.

_____. *Uma história social do conhecimento*: de Gutemberg a Diderot. Rio de Janeiro: Zahar Editor, 2003.

CANCLINI, N. G. *Culturas híbridas*. São Paulo: Edusp, 2000.

CANDIDO, A. *A educação pela noite e outros ensaios*. 3.ed. São Paulo: Ática, 2000.

CARRASQUEIRA, M. J. Muda o carro, não os bois. *Folha de S.Paulo*, São Paulo, 10 jul. 1983. Ilustrada, p.77.

CARY, R. *Critical art pedagogy*: foundations for postmodern art education. New York, London: Garland, 1998.

CAUQUELIN, A. *Frequentar os incorporais*: contribuição a uma teoria da arte contemporânea. Trad. Marcos Marcionilo. São Paulo: Martins Fontes, 2008.

COELHO, J. M. Em campos do Jordão. *Folha de S.Paulo*, São Paulo, 22 jul. 1979a. Ilustrada, p.49.

_____. Jovens músicos contra o arroz com feijão. *Folha de S.Paulo*. São Paulo, 24 jul. 1979b. Ilustrada, p.27.

_____. Festival de Campos vem a São Paulo, hoje. *Folha de S.Paulo*, São Paulo, 30 jul. 1979c. Ilustrada.

_____. Um autor contra o elitismo de concerto. *Folha de S.Paulo*, São Paulo, 17 jul. 1982a. Ilustrada, p.25.

_____. A música de Cozzella sacudindo a plateia. *Folha de S.Paulo*, São Paulo, 17 jul. 1982b. Ilustrada, p.25.

CONNOR, S. *Cultura pós-moderna*: introdução às teorias do contemporâneo. Trad. Adail U. Sobral e Maria Stela Gonçalves. São Paulo: Edições Loyola, 1996.

COSTA, R. Campos do Jordão encerra Festival. *Folha de S.Paulo*, São Paulo, 26 jul. 1972. Interior, p.21.

CRARY, J. Techniques of the observer: on vision and modernity in the nineteenth Century. Cambridge, MA: MIT Press, 1990. (Material distribuído durante curso no Museu Paulista da USP).

DEBORD, Guy. *A sociedade do espetáculo*. Rio de Janeiro: Contraponto, 2004.

DELNERI, C. Entrevista concedida a Rita Bredariolli. São Paulo, 6. out. 2009.

DIAS, B. "Pré-Acoitamentos: os locais da arte/educação e da cultura visual". *Visualidade e Educação*, Goiânia, n.3, p.37-53, 2008.

DIDI-HUBERMAN, G. *O que vemos, o que nos olha*. Trad. Paulo Neves. São Paulo: Editora 34, 2005.

_____. *Ante el tiempo*: historia del arte y anacronismo de las imágenes. Buenos Aires: Adriana Hidalgo, 2008.

DUPAS, G. *Ética e poder na sociedade da informação*. São Paulo: Editora Unesp, 2000.

DUPRAT, R. O governo se estrangula em sua política cultural. *Folha de S.Paulo*, São Paulo, 10 jul. 1983. Ilustrada, p.77.

EAGLETON, T. *As ilusões do pós-modernismo*. Trad. Elisabeth Barbosa. Rio de Janeiro: Jorge Zahar, 1998.

_____. *Depois da teoria*: um olhar sobre os estudos culturais e o pós-modernismo. Trad. Maria Lucia Vieira. Rio de Janeiro: Civilização Brasileira, 2005a.

_____. *A ideia de cultura*. Trad. Sandra Castello Branco. São Paulo: Editora Unesp, 2005b.

EFLAND, A. D. et al. *La educación en el arte posmoderno*. Barcelona: Paidós, 2003.

FAUSTO, B. *História concisa do Brasil*. São Paulo: Edusp, Imprensa Oficial do Estado, 2002.

FAVARETTO, C. F. *Moderno, pós-moderno, contemporâneo na educação e na arte*. São Paulo, 2004. 154f. Tese (Livre-Docência em Educação) – Faculdade de Educação, Universidade de São Paulo.

FOSTER, H. O artista como etnógrafo. *Revista Arte & Ensaios*, Rio de Janeiro, n.12, p.136-51, 2005.

FOUCAULT, M. *Arqueologia do saber*. Trad. Luiz Felipe Baeta Neves. 6.ed. Rio de Janeiro: Forense Universitária, 2000a.

_____. *As palavras e as coisas*. Trad. Salma Tannus Muchail. 8.ed. São Paulo: Martins Fontes, 2000b.

_____. *O que é um autor*. Trad. António F. Cascais e Eduardo Cordeiro. 6.ed. Lisboa: Passagens, 2006.

FREEDMAN, K. *Teaching visual culture*: curriculum, aesthetics, and the social life of art. New York, London: Teachers College, 2003.

FREIRE, P. A importância do ato de ler. In: CONGRESSO BRASILEIRO DE LEITURA, 1981, Campinas. Campinas, 1981.

AO REVÉS DO "PÓS" 261

_____. *Pedagogia do oprimido*. 27.ed. Rio de Janeiro: Paz e Terra, 1999.

_____. *A importância do ato de ler/em três artigos que se completam*. 41.ed. São Paulo: Cortez, 2001.

FREITAS, G. Sociedade civil condena a LSN. *Folha de S.Paulo*, São Paulo, 15 maio 1983. Primeiro Caderno, p.14.

GAGNEBIN, J. M. *Sete aulas sobre linguagem, memória e história*. Rio de Janeiro: Imago, 1997.

GRIMP, D. Estudos Culturais, cultura visual. *Revista USP*, São Paulo, n.40, p.78-85, dez./jan./fev. 1998-1999.

GUIMARÃES, L. *Entre a universidade e a diversidade*: a linha vermelha do ensino da arte. São Paulo, 2005. 85f. Tese (Doutorado) – Escola de Comunicação e Artes, Universidade de São Paulo.

GUINSBURG, J.; BARBOSA, A. M. (Org.) *O pós-modernismo*. São Paulo: Perspectiva, 2005.

HABERMAS, J. Modernidade *versus* pós-modernidade. *Arte em Revista*, São Paulo, n.7, p.88-91, 1983.

_____. *O discurso filosófico da modernidade*. Trad. Luiz Sérgio Repa e Rodnei Nascimento. São Paulo: Martins Fontes, 2000.

HALBWACHS, M. *A memória coletiva*. São Paulo: Vértice, 1990.

HALL, S. *A identidade cultural na pós-modernidade*. Trad. Tomaz Tadeu da Silva e Guacira Lopes Louro. 4.ed. Rio de Janeiro: DP&A, 2000.

HARVEY, D. *A condição pós-moderna*. São Paulo: Loyola, 1992.

HOLLANDA, H. B. de. (Org.) *Pós-modernidade e política*. Rio de Janeiro: Rocco, 1991.

HUTCHEON, L. *Poética do pós-modernismo*. Rio de Janeiro: Imago, 1991.

JAMESON, F. Pós-modernidade e sociedade de consumo. *Novos Estudos Cebrap*, São Paulo, n.12, p.16-26, jun. 1985.

_____. *Pós-Modernismo*: a lógica cultural do capitalismo tardio. Trad. Maria Elisa Cevasco. 2.ed., 4. imp. São Paulo: Ática, 2004.

_____. *A virada cultural*: reflexões sobre o pós-moderno. Trad. Carolina Araújo. Rio de Janeiro: Civilização Brasileira, 2006.

KAPLAN, E. A. (Org.) *O mal-estar no pós-modernismo*. Rio de Janeiro: Jorge Zahar, 1993.

KELLNER, D. *A cultura da mídia – estudos culturais*: identidade e política entre o moderno e o pós-moderno. Trad. Ivone Castilho Benedetti. Bauru: Edusc, 2001.

KENSETH, J. (Ed.) *The age of the Marvelous*. Hanover, NH: Dartmouth College, Hood Museum of Art, 1991

KOSSOVITCH, L. O barroco inexistente. *Cult*, São Paulo, n.10, p.60-1, maio 1998.

262 RITA LUCIANA BERTI BREDARIOLLI

KRAMER, L. *Classical music and postmodern knowledge*. Berkeley, Los Angeles: University of California Press, 1995.

KURZ, R. A estetização da crise. *Folha de S. Paulo*, São Paulo, 23 nov. 1997. Mais!. Disponível em: <http://www.uol.com.br/fsp>. Acesso em: 10 jul. 2006.

_____. O fantasma da arte. *Folha de S.Paulo*, São Paulo, 4 abr. 1999. Disponível em: <http://www.uol.com.br/fsp>. Acesso em: 10 jul. 2006.

_____. A ignorância da sociedade do conhecimento. *Folha de S.Paulo*, São Paulo, 13 jan. 2002a. Disponível em: <http://www.uol.com.br/fsp>. Acesso em: 26 nov. 2006.

_____. A pulsão de morte da concorrência. *Folha de S.Paulo*, São Paulo, 26 maio 2002b. Disponível em: <http://www.uol.com.br/fsp >. Acesso em: 26 nov. 2006.

_____. O efeito colateral da educação fantasma. *Folha de S.Paulo*, São Paulo, 11 abr. 2004. Disponível em: <http://www.uol.com.br/fsp>. Acesso em: 10 jul. 2006.

_____. Depois do fim. *Folha de S. Paulo*, São Paulo, 14 ago. 2005. Disponível em: <http://www.uol.com.br/fsp>. Acesso em: 10 jul. 2006.

_____. Entrevista concedida a José Galisi Filho. *Trópico*, São Paulo, set. 2006. Disponível em: < http://obeco.planetaclix.pt/rkurz240.htm>. Acesso em: 10 jul. 2006

LASTRES, H. M. M.; ALBAGLI, S. (Org.) *Informação e flobalização na era do conhecimento*. Rio de Janeiro: Campus, 1994.

LE GOFF, J. *História e memória*. Trad. Bernardo Leitão et al. 5.ed. 2. reimp. Campinas: Editora Unicamp, 2006

LIPOVETSKY, G. *A era do vazio*: ensaio sobre o individualismo contemporâneo. Lisboa: Relógio D'Água, 1989.

LOSADA, T. *A interpretação da imagem: subsídios para o ensino da arte*. São Paulo, 2005. 109f. Tese (Doutorado) – Escola de Comunicação e Artes, Universidade de São Paulo.

LYOTARD, J-F. Resposta à questão: o que é pós-moderno? *Arte em Revista*, São Paulo, n.7, p.94-6, 1983.

_____. *O inumano*. Lisboa: Estampa, 1989.

_____. *A condição pós-moderna*. 8.ed. Rio de Janeiro: José Olympio, 2004.

MACLAREN, P. *Multiculturalismo crítico*. São Paulo: Cortez, 1997.

_____. *Multiculturalismo revolucionário*. Porto Alegre: Artes Médicas, 2000.

MASON, R. *Art education and multiculturalism*. Great Britain: Biddles, Guildford and King's Lynn, 1988.

AO REVÉS DO "PÓS" 263

_____. *Por uma arte-educação multicultural.* Trad. Rosana Honório. Campinas: Mercado das Letras, 2001a.

MASON, R. Some characteristics of modern and postmodern art/art education. Campinas, 2001b. (Material distribuído durante palestra na Faculdade de Educação da Universidade de Campinas – Unicamp).

MATTELART, A. *História da sociedade da informação.* São Paulo: Edições Loyola, 2002.

MIRANDA, T. *Folha de S.Paulo*, São Paulo, 15 jul. 1979. Ilustrada, p.54.

MITCHELL, W. J. T. Showing seeing: a critique of visual culture. *Journal of Visual Culture*, Thousand Oaks, v.1, p.165-81, Aug. 2002. Disponível em: <http://vcu.sagepub.com>. Acesso em: 27 set. 2009.

MORAES, D. (Org.) *Por uma outra comunicação*: mídia, mundialização cultural e poder. Rio de Janeiro, São Paulo: Record, 2003.

MÚSICA nas montanhas: 40 anos do Festival de Inverno de Campos do Jordão. São Paulo: Santa Marcelina Cultura, 2009.

NOBRE, M. *A dialética negativa de Theodor W. Adorno*: a ontologia do estado falso. São Paulo: Iluminuras, 1998

NORA, P. Entre mémorie et historie. La problématique dês lieux. In: _____. (Org.) *Lês lieux de mémoire I.* La République. Paris: Gallimard, 1984.

NOVAES, A. *Tempo e história.* 2.reimpr. São Paulo: Compainha das Letras, 1996.

_____. (Org.) *O olhar.* 9.reimp. São Paulo: Companhia das Letras, 2002.

_____. *Muito além do espetáculo.* São Paulo: Senac, 2004.

_____. (Org.) *Anos 70 ainda sob a tempestade.* Rio de Janeiro: Aeroplano, Senac, 2005.

O SABOR da vaia no Festival de Campos. *Folha de S. Paulo*, São Paulo, 13 jul. 1982. Ilustrada, p.32.

PARSONS, M. Mudando direções na arte-educação contemporânea. In: ENCONTRO ARTE E COGNIÇÃO: TEORIA DA APRENDIZAGEM PARA UMA ÉPOCA PÓS-MODERNA, 2., 1998, São Paulo. São Paulo: Sesc Vila Mariana, 1998. p.2-9.

PERALVA, A. T. *Reinventando a escola*: a luta dos professores públicos do Estado de São Paulo na transição democrática. São Paulo, 2004. 79f. Tese (Livre-Docência em Educação) – Faculdade de Educação, Universidade de São Paulo.

PEREIRA, M. C. C. L. Uma arqueologia da história das imagens. *Tempo de Crítica.* Disponível em: <http://www.tempodecritica.com/link020122. htm>. Acesso em: 22 abr. 2009.

PILLAR, A. D. (Org.) *A educação do olhar.* 17.ed. Porto Alegre: Mediação, 1999.

PINTO, J. P. *Uma memória do mundo*: ficção, memória e história em Jorge Luis Borges. São Paulo: Estação Liberdade, 1998.

POSTMAN, N. *Tecnopólio*: a rendição da cultura à tecnologia. São Paulo: Nobel, 1992.

PRESIDENTE no Festival de Campos. *Folha de S.Paulo*, São Paulo, 12 jul. 1979. Ilustrada, p.35.

PREZIOSI, D. (Org.) *The art of art history*: a critical anthology. 2.ed. Oxford, UK: Oxford University Press, 2009.

RICOUER, P. *A memória, a história, o esquecimento*. Campinas: Editora Unicamp, 2008.

ROSA, M. V. de F. P.; ARNOLDI, M. A. G. C. *A entrevista para a pesquisa qualitativa*: mecanismos para validação dos resultados. Belo Horizonte: Autêntica, 2006.

RUFINONI, P.R. Laços (perversos?) entre ética e estética: a 26ª Bienal de São Paulo. In: COLÓQUIO DO COMITÊ BRASILEIRO DE HISTORIA DA ARTE, 1808-2008: MUDANÇAS DE PARADIGMAS PARA A HISTÓRIA DA ARTE NO BRASIL (HOMENAGEM A MÁRIO BARATA), 28., 2008, Rio de Janeiro. Escola de Belas Artes/URFJ, Rio de Janeiro, 2008.

SANTOS, B. de S. *Pela mão de Alice*: o social e o político na pós-modernidade. 11.ed. São Paulo: Cortez, 2006.

SARLO, B. *Tempo passado*: cultura da memória e guinada subjetiva. Trad. Rosa Freire de Aguiar. São Paulo: Companhia das Letras; Belo Horizonte: UFMG, 2007.

_____. *Jorge Luis Borges, um escritor na periferia*. Trad. Samuel Titan Jr. São Paulo: Iluminuras, 2008.

_____. Entrevista concedida a Denise Mota. Disponível em: <http://pphp. uol.com.br/tropico/html/textos/2735,1.shl>. Acesso em: 11 abr. 2009 [introdução].

SCHWARZ, R. *Cultura e política*. São Paulo: Paz e Terra, 2001.

SELIGMANN-SILVA, M. (Org.) *Memória, história, literatura*: o testemunho na era das catástrofes. Campinas: Editora Unicamp, 2003.

SEMPRINI, A. *Multiculturalismo*. Trad. Laureano Pelegrin. Bauru: Edusc, 1997.

SEVCENKO, N. *A corrida para o século XXI*: no *loop* da montanha-russa. São Paulo: Companhia das Letras, 2001.

SHUSTERMAN, R. *Vivendo a arte*: o pensamento pragmatista e a estética popular. Trad. Gisela Domschke. São Paulo: Editora 34, 1998.

SQUEFF, E. Concertos para dois pianos e um governador. *Folha de S.Paulo*, São Paulo, 14 jul. 1979a. Ilustrada, p.27.

_____. Com Figueiredo no Palácio Boa Vista. *Folha de S.Paulo*, São Paulo, 17 jul. 1979b. Ilustrada, p.30.

SQUEFF, E. Peça de Cozzella tem endereço certo. *Folha de S.Paulo*, São Paulo, 13 jul. 1982a. Ilustrada, p.32.

_____. A difícil situação do autor de concerto. *Folha de S.Paulo*, São Paulo, 23 jul. 1982b. Ilustrada, p.31.

STEPAN, A. (Org.) *Democratizando o Brasil*. Rio de Janeiro: Paz e Terra, 1998.

STRASS, S. Peça de Cozzella tem endereço certo. *Folha de S. Paulo*. São Paulo, 13 jul. 1982. Ilustrada, p.32.

TAVIN, K. M. "Antecedentes críticos da cultura visual na arte educação nos Estados Unidos". *Visualidade e Educação*, Goiânia, n.3, p.11-23, 2008.

TELES, E. *Brasil e África do Sul*: paradoxos da democracia. São Paulo, 2007. 78f. Tese (Doutorado) – Faculdade de Filosofia, Ciências e Letras, Universidade de São Paulo.

TONI, Cláudia. Entrevista concedida a Rita Bredariolli. São Paulo, 2 mar. 2007.

TRIVIÑOS, A. N. S. *Introdução à pesquisa em ciências sociais: a pesquisa qualitativa em educação*: o positivismo, a fenomenologia, o marxismo. São Paulo: Atlas, 1990.

ÚLTIMOS dias do festival. *Folha de S.Paulo*. São Paulo, 30 jul. 1971. Ilustrada, p.27.

VEYNE, P. *Como se escreve a história; Foucault revoluciona a história*. Trad. Alda Baltar e Maria Auxiliadora Kneipp. 4.ed. rev. Brasília: Editora UnB, 1998.

ZIELINSKY, M. (Org.) *Fronteiras*: arte, críticas e outros ensaios. Porto Alegre: Editora da UFRGS, 2003.

Documentos de arquivos

AVALIAÇÃO da oficina "Introdução à linguagem do videotape". Acácio Arouche. 1983. Acervo pessoal de Guto Lacaz.

AVALIAÇÃO da oficina "Introdução à linguagem do videotape". Antonio Adriano Nascimento. 1983. Acervo pessoal de Guto Lacaz.

AVALIAÇÃO da oficina "Introdução à linguagem do videotape". Érica Graboschii. 1983. Acervo pessoal de Guto Lacaz.

AVALIAÇÃO da oficina "Introdução à linguagem do videotape". Maria Tereza Menck. 1983. Acervo pessoal de Guto Lacaz.

AVALIAÇÃO da oficina "Introdução à linguagem do videotape". Sílvia Amélia Bergo Sala. 1983. Acervo pessoal de Guto Lacaz.

BRIL, J. XIV Festival de Inverno de Campos do Jordão. Oficina "A arte do movimento na educação". Texto datilografado. Acervo pessoal de Ana Mae Barbosa.

266 RITA LUCIANA BERTI BREDARIOLLI

CARTA de Ana Mae Barbosa a Paulo de Tarso Santos. São Paulo, 1º ago. 1983. Acervo pessoal de Ana Mae Barbosa.

CARTA de Mariângela Ferreira C. Marcondes a Ana Mae T. B. Barbosa. Acervo pessoal de Ana Mae Barbosa.

CARTA de Mariazinha de Rezende Fusari a Guto Lacaz. São Paulo, 16 ago. 1983. Acervo pessoal de Guto Lacaz.

CONCÊRTOS de Inverno de Campos do Jordão. Catálogo de evento. Campos do Jordão, 24 jul./1º ago. 1970. Acervo pessoal de Lutero Rodrigues.

FESTIVAL de Inverno de Campos do Jordão. Catálogo de evento. 103p. Campos do Jordão, 3 jul./17jul. 1983a. Acervo pessoal de Ana Mae Barbosa.

FESTIVAL de Inverno de Campos do Jordão. Programa de cursos. 8p. Campos do Jordão. 3 jul./17jul. 1983b. Acervo pessoal de Ana Mae Barbosa.

FESTIVAL de Inverno de Campos do Jordão. Catálogo de evento. Campos do Jordão, 1º jul./31 jul. 1984. Acervo da equipe editorial do livro *Música nas montanhas: 40 anos do Festival de Inverno de Campos do Jordão*.

FUNARI, R. M. L. Festival de Inverno de Campos do Jordão. s. d. 10f. Datilografado. Acervo pessoal de Ana Mae Barbosa.

INTRODUÇÃO à linguagem do videotape. Maria Felisminda de Rezende e Fusari. 1983. Acervo pessoal de Guto Lacaz.

LEVANTAMENTO do Acervo Artístico Cultural de Campos do Jordão. 3f. (Manuscrito datilografado do acervo pessoal Ana Mae Barbosa).

MORÁN, J. M.; FUSARI, M. F. Leitura crítica da televisão: a criança. s. d. 3f. Datilografado. Acervo pessoal de Ana Mae Barbosa.

PARTICIPAÇÃO da Secretaria de Estado da Educação no Festival de Inverno de Campos do Jordão. 11f. Datilografado. Acervo pessoal de Ana Mae Barbosa.

PESQUISA de opinião. Campos do Jordão. 5f. Manuscrito. Acervo pessoal de Ana Mae Barbosa.

PESQUISA organizada por Ana Mae Barbosa e Teixeira Coelho. 3f. Datilografado. Acervo pessoal de Ana Mae Barbosa.

PIZOLI, S. O Festival de Campos do Jordão de 1983 – ano da mudança de governo no Estado de S. Paulo – que, pela primeira e única vez, descentralizou--se, atuando junto a 400 professores de Educação Artística da rede oficial de ensino, multiplicadores por excelência de um trabalho de renovação. 1986. 11f. Datilografado. Acervo pessoal de Sérgio Pizoli.

PROJETO Arte educação. Coordenadoria de ensino da região metropolitana da grande São Paulo. Divisão Regional de Ensino da Capital (Drecap-1). 1983. Acervo pessoal de Ana Mae Barbosa.

PROJETO Festival de Inverno de Campos do Jordão "Dr. Luis Arrobas Martins". Fundação Pedroso Horta. Comissão de Música. São Paulo, mar. 1983. 4f. Acervo pessoal de Ana Mae Barbosa.

PROPOSTA para estrutura dos projetos de oficina – Campos 831983. Pedro, Renato, Margarete e Biba. Acervo pessoal de Ana Mae Barbosa.

SEMANA de Arte e Ensino. Programa. Dep. Artes Plásticas, ECA-USP. 15 set./19 set. 1980. Acervo pessoal de Ana Mae Barbosa.

SEMANA de Portinari. 1983. 3f. Datilografado. Acervo pessoal de Ana Mae Barbosa.

SOUZA, M. C. da S. Uma biblioteca no festival: relato que virou reflexão. 18 jul. 1983. Texto datilografado. Acervo pessoal de Ana Mae Barbosa.

Artigos sobre o XIV Festival de Inverno de Campos do Jordão

"AGNES de Deus" no Festival de Inverno. *Diário Popular*, 25 jul. 1983.

"FELIZ ano velho" é cartaz de hoje no auditório de Campos. *Vale Paraibano*, 14 jul. 1983.

"FELIZ ano velho" estreia em Campos. *Diário de Piracicaba*, Piracicaba, 12 jul. 1983.

"FELIZ ano velho" fez sua pré-estreia no festival. *Vale Paraibano*, 9 jul. 1983.

"O MODELO econômico brasileiro sufocou a cultura": abrindo o festival, Montoro pede criatividade. *Vale Paraibano*, 6 jul. 1983.

"TODAS as teclas" hoje em Campos. *Vale Paraibano*, 21 jul. 1983.

14° FESTIVAL de Inverno com modificações. *A Gazeta*, 2 jun. 1983.

14° FESTIVAL de Inverno começa segunda-feira. *A Cidade de Santos*, Santos, 2 jul. 1983.

400 BOLSISTAS em Campos do Jordão. *Vale Paraibano*, 12 jul. 1983.

A ARTE do circo em Campos. *Vale Paraibano*, 18 jul. 1983.

A ARTE do xerox no Festival de Inverno de Campos do Jordão. *A Gazeta*, 12 jul. 1983.

À CATA de patrocínio. *Folha da Tarde*, São Paulo, 15 jul. 1983.

A FESTA de julho. *Folhetim da Serra*, jul. 1983.

A MÍMICA de Denise Stoklos. *Vale Paraibano*, 12 jul. 1983.

A MÚSICA de Ivan Lins no Festival de Inverno. *Folha da Tarde*, São Paulo, 28 jul. 1983.

268 RITA LUCIANA BERTI BREDARIOLLI

A NOITE de São Hermeto. *Vale Paraibano*, 7 jul. 1983.

À NOITE: som de Hermeto. *Vale Paraibano*, 6 jul. 1983.

A NOVA música instrumental, hoje, no Festival de Inverno. *Folha da Tarde*, São Paulo, 19 jul. 1983.

A PAISAGEM de Campos no Festival de Inverno. *Diário de Guarulhos*, Guarulhos, 19 jul. 1983.

A PARTICIPAÇÃO de professores no Festival de Campos do Jordão. *Diário de Piracicaba*, Piracicaba, 17 jun. 1983.

A ÚLTIMA semana de festival. *Folhetim da Serra*, jul. 1983.

ACERVO cultural de Campos é pesquisado por bolsistas. *Diário Popular*, 10 jul. 1983.

ACERVO cultural é pesquisado. *Vale Paraibano*, 9 jul. 1983.

AMPLIADAS as atividades do "Festival de Inverno". *Diário Popular*, 27 maio 1983.

ANÁLISE crítica da TV no Festival de Inverno. *Diário Popular*, 17 jul. 1983.

ANO velho no teatro. *Folha de S.Paulo*, São Paulo, 9 jul. 1983.

ANUNCIADAS alterações no Festival de Inverno. *Diário do Grande ABC*, 24 maio 1983.

ARREPIOS em Campos. *Folha da Tarde*, São Paulo, 12 jul. 1983.

ARTE e educação em Campos do Jordão. *A Gazeta*, 7 jul. 1983.

ARTE para todo mundo. *Vale Paraibano*, 18 jul. 1983.

AS PAISAGENS de Campos, uma bela exposição. *Vale Paraibano*, 8 jul. 1983.

ATRAÇÕES populares e mudanças didáticas. *Folhetim da Serra*, jul. 1983.

ATRAÇÕES populares e mudanças didáticas. *O Estado de S. Paulo*, São Paulo, 24 jun. 1983.

BALLET Stagium, hoje, em Campos. *Folha da Tarde*, São Paulo, 5 jul. 1983.

BANDA metalúrgica hoje no Festival de Campos. *Diário de Piracicaba*, Piracicaba, 21 jul. 1983.

BANDA metalúrgica hoje no Festival de Campos. *Vale Paraibano*, 21 jul. 1983.

BELCHIOR faz "show" em Campos do Jordão. *Folha da Tarde*, São Paulo, 27 jul. 1983.

BELCHIOR mostra novas canções hoje em Campos. *Vale Paraibano*, 27 jul. 1983.

BIJUTERIAS alarmantes. *Jornal da Tarde*, São Paulo, 27 maio 1983.

BOLETIM informativo: resumo dos principais atos e projetos em execução pelo governador, secretarias de Estado e órgãos da administração. *Boletim Informativo*, São Paulo, n. 6, 11 jul. 1983.

BOLSISTAS do festival mostram seu trabalho. *Diário de Piracicaba*, Piracicaba, 13 jul. 1983.

AO REVÉS DO "PÓS" 269

CAMPOS começa a viver o Festival de Inverno. *Jornal da Tarde*, São Paulo, 4 jul. 1983.

CAMPOS do Jordão abre o Festival de Inverno. *Folha de S.Paulo*, São Paulo, 2 jul. 1984. Ilustrada, p.21.

CAMPOS do Jordão começa seu remodelado festival. *O Estado de S. Paulo*, São Paulo, 3 jul. 1983.

CAMPOS do Jordão já vive seu clima de Festival de Inverno. *Diário Popular*, 4 jul. 1983.

CAMPOS do Jordão já vive seu clima de Festival de Inverno. *Diário Popular*, 4 jul. 1983.

CAMPOS do Jordão. *Folhetim da Serra*, jul. 1983.

CAMPOS do Jordão: uma análise sobre televisão. *Diário de Piracicaba*, Piracicaba, 16 jul. 1983.

CAMPOS vive um clima de música. É o seu festival. *Vale Paraibano*, 13 jul. 1983.

CANÇÃO é destaque no Festival de Inverno. *Diário Popular*, 15 jul. 1983.

CARA nova entra para grupo musical D'Alma. *Notícias Populares*, 26 jul. 1983.

CARTAZ aprovado. *Folha da Tarde*, São Paulo, 30 jun. 1983.

CAUBY na programação do "Festival de Inverno". *Folha da Tarde*, São Paulo, 9 jul. 1983.

CLIMA de festival. *Vale Paraibano*, 12 jul. 1983.

COELHO, J. M. O espírito de Campos migra para Gramado. *Folha de S.Paulo*, São Paulo, 3 jul. 1983a. Ilustrada.

_____. Festival de Inverno, problemas de um modelo. *Folha de S.Paulo*, São Paulo, 10 jul. 1983b. Ilustrada, p.66.

_____. Incoerências do Festival de Campos. *Folha de S.Paulo*, São Paulo, 18 jul. 1983c. Ilustrada, p.19.

_____. As atraentes surpresas da Sinfônica de Campinas. *Folha de S.Paulo*, São Paulo, 27 jul. 1983d.

COM CAUBY, prossegue o Festival de Inverno. *Diário do grande ABC*, 9 jul. 1983.

COMEÇA no dia 3 o Festival de Inverno. *Diário do grande ABC*, 24 jun.1983.

CONFISSÕES de um ator. *A Gazeta*, 11 jul. 1983.

CORAL da Unesp abriu o XIV Festival de Inverno. *Jornal da Região*, São José dos Campos, 9 jul. 1983.

CRITICADAS mudanças no festival de Campos. *Diário de Piracicaba*, 5 jul. 1983.

CUSTO de evento em Campos chega a Cr$ 150 milhões. *Folha de S.Paulo*, São Paulo, 5 jul. 1982. Ilustrada.

DE GUIGNARD a Pancetti, paisagens de Campos vão a São Paulo. *Vale Paraibano*, 30 jul. 1983

270 RITA LUCIANA BERTI BREDARIOLLI

DESTAQUE a Belchior em Campos do Jordão. *O Diário Popular*, 27 jul. 1983.

DIÁRIO diz quem verá o festival. *Vale Paraibano*, 26 jun. 1983.

DIDÁTICA do festival, destaque na 1ª semana. *A Gazeta*, 12 jul. 1983.

DIDÁTICA do festival, destaque na 1ª semana. *Jornal da Manhã*, 14 jul. 1983.

DOMINGO cultural hoje em Campos. *Vale Paraibano*, 10 jul. 1983.

EDUCAÇÃO Artística, objetivo atual em Campos do Jordão. *O Estado de S. Paulo*, São Paulo, 24 maio 1983.

EM CAMPOS o novo festival. *Jornal da Divisa*, Ourinhos, 5 jul. 1983.

EM CAMPOS. *Tribuna de Santos*, Santos, 5 jul. 1983.

EM JULHO, o Festival de Inverno. *Gazeta do Rio Pardo*, Rio Pardo, 12 jun. 1983.

EM TEMPO. *Tribuna de Santos*, Santos, 15 jun. 1983.

ENCONTRO com o belo: em Campos do Jordão, um festival no frio. *Jornal do Brasil*, 15 jun. 1983.

ENSINO de artes plásticas é tema de oficina do festival. *Diário Popular*, 6 jul. 1983.

ERUDITO e o popular, no Festival de Inverno. *Folha da Tarde*, São Paulo, 8 jul. 1983.

ESCOLHIDOS os participantes do Festival de Inverno. *Folha da Tarde*, 25 jun. 1983.

ESCOLHIDOS professores que vão participar do 14º Festival de Inverno. *Diário Popular*, 24 jun. 1983.

ESTÍMULOS da sensibilidade no XIV Festival de Inverno. *A Gazeta*, 15 jul. 1983.

EXPERIÊNCIA em Campos do Jordão. *Folha da Tarde*, São Paulo, 2 jul. 1983.

FAZENDO arte com máquina xerox. *Diário Popular*, 13 jul. 1983.

FESTA musical do Paranga em Campos. *Vale Paraibano*, 15 jul. 1983.

FESTIVAL continua com muita música. *Vale Paraibano*, 8 jul. 1983.

FESTIVAL de Campos chama professores. *Tribuna de Santos*, Santos, 14 jun.1983.

FESTIVAL de Campos. *Diário de Piracicaba*, Piracicaba, 24 jul. 1983.

FESTIVAL de Campos: Caubi o mais aplaudido. *Diário de Piracicaba*, Piracicaba, 17 jul. 1983.

FESTIVAL de Inverno de Campos do Jordão segue cada vez mais emocionante. *A Gazeta*, 7 jul. 1983.

FESTIVAL de Inverno e tradição cultural. *Folha de S.Paulo*, São Paulo, 28 jul. 1971. Ilustrada, p.31.

FESTIVAL de Inverno em C. do Jordão. *A Cidade de Santos*, Santos, 23 jun. 1983.

FESTIVAL de Inverno recebe inscrições até 17 de junho. *Folha da Tarde*, São Paulo, 13 jun. 1983.

AO REVÉS DO "PÓS" 271

FESTIVAL de Inverno só professores de Educação Artística. *Diário de Piracicaba*, Piracicaba, 15 jun. 1983.

FESTIVAL de Inverno termina sábado. *A Gazeta*, 27 jul. 1983.

FESTIVAL de Inverno. *Diário do Grande ABC*, 12 jun.1983.

FESTIVAL de Inverno. *O Clarão*, Tapiratiba, 30 maio 1983.

FESTIVAL de Inverno. *O Estado de S. Paulo*, São Paulo, 28 jun. 1983.

FESTIVAL de Inverno: a programação de hoje. *Folha da Tarde*, São Paulo, 13 jul. 1983.

FESTIVAL de Inverno: os professores pintam, manipulam bonecos... (e vivem as novas experiências de Campos). *Jornal da Tarde*, São Paulo, 14 jul. 1983.

FESTIVAL devolve a programação didática. *Folha da Tarde*, São Paulo, 14 jul. 1983.

FESTIVAL encerra com tecladistas. *Diário Popular*, 29 jul. 1983.

FESTIVAL prorroga inscrições. *O Estado de S. Paulo*, São Paulo, 15 jun. 1983.

FESTIVAL une Cauby, coral e sinfonia. *Vale Paraibano*, 12 jul. 1983.

FINS de semana de Montoro em Campos. *Folha da Tarde*, São Paulo, 10 jul. 1983.

FOLCLORE. *Folha de S.Paulo*, São Paulo, 19 jul. 1983.

FRANCIS Hime no sábado. *Diário de Guarulhos*, Guarulhos, 22 jul. 1983.

FRANCIS Hime se apresenta hoje em Campos. *Diário do Grande ABC*, 23 jul. 1983.

GISMONTI, sucesso no 14º Festival de Inverno. *A Gazeta*, 19 jul. 1983.

GONÇALVES FILHO, A. Festival de Inverno começa sem polêmicas. *Folha de S.Paulo*, São Paulo, 5 jul. 1982. Ilustrada, p.23.

_____. Uma súbita e polêmica paixão pela MPB. *Folha de S.Paulo*, São Paulo, 3 jul. 1983a. p.3.

_____. Festival de Campos: do erudito ao populismo? *A Cidade de Santos*, Santos, 6 jul. 1983b.

GREENHALGH, L. Festival de Campos: onde o aprendizado deu lugar à descoberta. *Jornal da Tarde*, 16 jul. 1983.

GRUPO D'Alma estreia sua nova formação no Festival de Inverno. *Diário Popular*, 24 jul. 1983.

GRUPO D'Alma estreia sua nova formação no Festival de Inverno. *Folha da Tarde*, São Paulo, 26 jul. 1983.

GRUPO D'Alma no Festival de Inverno. *A Gazeta*, 26 jul. 1983.

GRUPO Ventoforte. Vale Paraibano, 12 jul. 1983.

HERMETO leva público ao delírio. *Notícias Populares*, 8 jul. 1983.

HOJE é dia de ouvir música viva. *Vale Paraibano*, 13 jul. 1983.

HOJE em Campos, humor do Premê. *Vale Paraibano*, 13 jul. 1983.

272 RITA LUCIANA BERTI BREDARIOLLI

HOJE em Campos, Juarez e orquestra. *Vale Paraibano*, 21 jul. 1983.

HOJE, mais atrações no festival. *Vale Paraibano*, 12 jul. 1983.

HOJE, o som de Gismonti em Campos. *Vale Paraibano*, 16 jul. 1983.

HOUVE uma saudável mistura de música erudita e MPB. *Vale Paraibano*, 18 jul. 1983.

HUDINILSON JR. "O novo mídia. O novo Festival. O artista no meio disso tudo". *Revista Ar'te*, São Paulo, n.7-8, p.18-19, 1983.

IELO, M. Para onde aponta o novo Festival de Inverno. *O Estado de S. Paulo*, São Paulo, 13 jul. 1983a.

IELO, M. Campos do Jordão, festival que não acabou. *O Estado de S. Paulo*, São Paulo, 19 jul. 1983b.

INOVAÇÕES e sucesso: é o Festival de Inverno de Campos do Jordão. *O Impacto vale News*, jul. 1983.

INOVAÇÕES marcam o XIV Festival de Inverno de Campos do Jordão. *O Globo*, 7 jul. 1983.

JOGOS dramáticos para o ensino das crianças é assunto de oficinas. *Vale Paraibano*, 18 jul. 1983.

KOSTAKIS, A. Ainda não se entendeu. *Folha da Tarde*, São Paulo, 4 jul. 1983a.

_____. Arrepios em Campos. *Folha da Tarde*, São Paulo, 13 jul. 1983b.

_____. Longe do Brasil. *Folha da Tarde*, São Paulo, 13 jul. 1983c.

KRÜSE, O. Festival de Inverno? *Jornal da Tarde*, 14 jul. 1983.

LEILÃO beneficente em Campos do Jordão. *O Estado de S. Paulo*, São Paulo, 9 jul. 1983.

LIBERAR a criatividade. *Vale Paraibano*, 6 jul. 1983.

MAIOR policiamento para festival. *A Tribuna de Santos*, Santos, 6 jul. 1983.

MARANCA, P. Azulejos de Volpi vão a leilão no Festival de Campos do Jordão. *Folha da Tarde*, São Paulo, 11 jul. 1983.

MARTINO, T. Entusiasmo I. *Jornal da Tarde*, São Paulo, 11 jul. 1983.

_____. Agitação cultural. *Jornal da Tarde*, São Paulo, 18 jul. 1983.

_____. Interferência afastada. *Jornal da Tarde*, São Paulo, 22 jul. 1983.

_____. Miss atualizada. *Jornal da Tarde*, São Paulo, 22 jul. 1983.

METALURGIA no Festival de Inverno. *Diário Popular*, 21 jul. 1983.

MONTORO abre Festival de Inverno de Campos do Jordão. *A Gazeta*, 6 jul. 1983.

MONTORO abre festival e destaca professor. *Diário Popular*, 6 jul. 1983.

MONTORO na reunião de avaliação do 14º Festival de Inverno. *Diário Popular*, 19 jul. 1983.

AO REVÉS DO "PÓS" 273

MUITAS atrações no Festival de Inverno. *Diário do Grande ABC*, 7 jul. 1983.

MÜLLER, K. Oficina "Arte e comunidade: teatro, vivências, espaços e memória". *Revista Ar'te*, São Paulo, n.7-8, p.9-11, 1983.

MÚSICA popular no "Festival de Inverno". *Folha da Tarde*, 2 jul. 1983.

MUSIPOCLASIC mostra jazz erudito, à tarde, no Festival de Campos. *Vale Paraibano*, 24 jul. 1983.

NA ÚLTIMA semana mudanças no festival. *Folhetim da Serra*, jul. 1983.

NO FESTIVAL de Campos do Jordão uma experiência para aprimorar as sensações. *Jornal da Região*, São José dos Campos, 9 jul. 1983.

NO FESTIVAL de Campos, um estímulo à criação. *Vale Paraibano*, 7 jul. 1983.

NO FESTIVAL de Inverno é a vez dos professores. *Jornal da Tarde*, São Paulo, 25 maio 1983.

NO FESTIVAL, uma nova dinâmica cultural e artística. *Vale Paraibano*, 8 jul. 1983.

NOTAS fora de pauta. *Folha da Tarde*, São Paulo, 29 jul. 1983.

NOVAS prioridades no Festival de Inverno. *Folha de S.Paulo*, São Paulo, 24 maio 1983.

NOVO cartaz para o Festival de Inverno. *Jornal da Divisa*, Ourinhos, 1° jul. 1983.

O 14° FESTIVAL de Campos do Jordão é o palco onde se confirma que a expectativa dos governados no setor cultural era mudar apenas a clientela e não o clientelismo. *Folha de S. Paulo*, São Paulo, 10 jul. 1983.

O BELO espetáculo da Osesp. *Vale Paraibano*, 12 jul. 1983.

O CRIATIVO Premê. *Vale Paraibano*, 12 jul. 1983.

O FESTIVAL de Inverno foi encerrado com sucesso. *Diário Popular*, 1° ago.1983.

O FESTIVAL de Inverno inicia com novidades. *Diário Popular*, 2 jul. 1983.

O FESTIVAL encerra. *Diário Popular*, 1° ago. 1983.

O FESTIVAL teve um ótimo resultado. *Vale Paraibano*, 18 jul. 1983.

O IMPREVISÍVEL Hermeto no Festival de Inverno. *Diário Popular*, 6 jul. 1983.

O IMPREVISÍVEL Hermeto. *Folha da Tarde*, São Paulo, 6 jul. 1983.

O NOVO cartaz para o Festival de Inverno. *Diário Popular*, 2 jul. 1983.

O POLÊMICO Thomaz Ianelli no 14° Festival de Inverno. *Diário Popular*, 14 jul. 1983.

O PROFESSOR de Educação Artística no Festival de Inverno de Campos do Jordão. *Jornal/Martup*, ago. 1983.

O ROMÂNTICO Cauby hoje em Campos. *Vale Paraibano*, 9 jul. 1983.

O SUCESSO de Hermeto em C. do Jordão. *Diário do Grande ABC*, 8 jul. 1983.

O SUCESSO do circo-teatro no 14° Festival de Inverno. *O Diário de Piracicaba*, Piracicaba, 13 jul. 1983.

274 RITA LUCIANA BERTI BREDARIOLLI

O TEATRO na programação do Festival de Inverno. *Diário Popular*, 12 jul. 1983.

OFICINA de música: entrevista com Conrado Silva. *Revista Ar'te*, São Paulo, n.7-8, p.12-4, 1983.

OFICINA do Festival de Inverno propõe a integração da dança ao ensino. *Jornal da Região*, São José dos Campos, 9 jul. 1983.

OFICINAS de xerox e videotape: entrevista com Oscar Teixeira Soares e Guto Lacaz. *Revista Ar'te*, São Paulo, n.7-8, p.19-22, 1983.

OFICINAS do festival criam peça de teatro. *Diário Popular*, 10 jul. 1983.

OFICINAS do festival. *Vale Paraibano*, 9 jul. 1983.

OPINIÃO dos bolsistas. *Revista Ar'te*, São Paulo, n.7-8, p.25-6, 1983. [cap. 3]

OS BOLSISTAS do festival: um trabalho criativo que já está nas ruas. *Vale Paraibano*, 12 jul. 1983.

OS ESTRONDOS não alteram a música do coral em Campos. *Vale Paraibano*, 10 jul. 1983.

OS OBJETIVOS do festival em decreto. *Diário do Grande ABC*, 27 maio 1983.

PACHECO Chaves altera o Festival de Inverno. *Diário Popular*, 24 maio 1983.

PAISAGENS de Campos, tema de exposição. *A Gazeta*, 29 jul. 1983.

PARTICIPAÇÃO de professores no Festival de Campos do Jordão. *Diário Popular*, 10 jun.1983.

PARTICIPAÇÃO de professores no Festival de Campos do Jordão. *Diário Popular*, 30 jun. 1983.

PASTA, P. Oficina de xerox. *Revista Ar'te*, São Paulo, n.7-8, p.16-8, 1983.

PELA primeira vez professores de arte vão a Campos. *A Tribuna de Santos*, Santos, 2 jul. 1983.

PESQUISA aprova o novo festival. *Diário Popular*, 19 jul. 1983.

PESQUISA aprovou clima do festival. *Vale Paraibano*, 20 jul. 1983.

PIANO erudito. *Folha da Tarde*, São Paulo, 13 jul. 1983.

PICCININI, A. Oito espetáculos no final de semana do Festival de Inverno. *Jornal da Manhã*, 15 jul. 1983.

_____. Pesquisa aprova o novo festival. *Jornal da Manhã*, Marília, 21 jul. 1983.

_____. Belchior: o gosto do sucesso em Campos. *Vale Paraibano*, 30 jul. 1983

POPULAR e erudito juntos, derrubando preconceitos. *Vale Paraibano*, 30 jul. 1983.

PREMEDITANDO o Breque é destaque no festival. *Diário Popular*, 13 jul. 1983.

PROFESSORA de Piracicaba participa do festival. *Diário de Piracicaba*, Piracicaba, 30 jul. 1983.

PROFESSORES no Festival de Campos do Jordão. *Folha da Tarde*, São Paulo, 10 jun. 1983.

AO REVÉS DO "PÓS" 275

PROFESSORES têm mais prazo para inscrições no Festival de Inverno. *Diário Popular*, 12 jun. 1983.

PROJETO Arte Educação. *A Cidade de Santos*, Santos, 18 jun. 1983.

QUANDO o pouco caso é aparente. *A Cidade de Santos*, Santos, 10 jul. 1983.

QUATRO linguagens para estimular a criatividade. *Diário de Piracicaba*, Piracicaba, 23 jul. 1983.

RANDI: cultura deveria ter maior participação na educação artística. *Diário Popular*, 3 jul. 1983.

RÁPIDAS e rasteiras. *A Cidade de Santos*, Santos, 11 jul. 1983.

RECITAL, concertos e Cauby. É o Festival de Campos do Jordão. *A Gazeta*, 9 jul. 1983.

ROSA, C. Estudo de história da arte reúne professores e crianças. *A Gazeta*, 11 jul. 1983.

SAÍRAM bolsistas de Campos. *Vale Paraibano*, 25 jun. 1983.

SECRETÁRIO da Educação no Festival de Inverno. *Diário Popular*, 5 jul. 1983.

SHOW do novo D'Alma em Campos do Jordão. *Diário Popular*, 26 jul. 1983.

SILVA, C. Oficina de música. *Revista Ar'te*, São Paulo, n.6, p.12-5, 1983.

SINFÔNICA de Campinas, de Beethoven a Debussy, hoje. *O Estado de S. Paulo*, São Paulo, 27 jul. 1983.

SÓ PARA MESTRES: eles serão os multiplicadores. *Visão*, 20 jul. 1983.

SQUEFF, E. Etimologias e equívocos. *Folha de S.Paulo*, São Paulo, 3 jul. 1983a.

_____. O espírito do FMI em Campos. *Folha de S.Paulo*, São Paulo, 20 jul. 1983b. Ilustrada, p.27.

STAGIUM: a apologia do amor. *Vale Paraibano*, 7 jul. 1983.

STRASS, S. Exposições que devem ser vistas este mês em Campos do Jordão. *Jornal da Região*, 16 jul. 1983.

SUCESSO de Gismonti no Festival de Inverno. *Diário de Guarulhos*, Guarulhos, 20 jul. 1983.

SUCESSO total. *Folha da Tarde*, São Paulo, 19 jul. 1983.

TEATRO adulto e infantil no Festival de Inverno. *O Diário de Piracicaba*, Piracicaba, 7 jul. 1983.

TEATRO de bonecos para as crianças. *Vale Paraibano*, 6 jul. 1983.

TEATRO de bonecos: curso no Festival de Campos do Jordão. *O Diário de Piracicaba*, Piracicaba, 13 jul. 1983.

TEATRO tem lugar em Campos. *Vale Paraibano*, 7 jul. 1983.

TECLADISTAS encerram o Festival de Inverno. *Diário Popular*, 30 jul. 1983.

TECLADOS encerram Festival de Inverno. *Diário do Grande ABC*, 29 jul. 1983.

TERMINA hoje o 14° Festival de Inverno. *Diário Popular*, 30 jul. 1983.

276 RITA LUCIANA BERTI BREDARIOLLI

TISO e Mariano encerram o festival. *Vale Paraibano*, 30 jul. 1983.

TONI, C. Um festival e suas transformações. *Folha de S.Paulo*, São Paulo, 10 jul. 1983. Folhetim.

TONI, O. Orquestra de Câmara da USP. *Vale Paraibano*, 9 jul. 1983.

TRÊS mil pessoas no show de Cauby Peixoto. *Vale Paraibano*, 18 jul. 1983.

UM CORAL de vanguarda. *Vale Paraibano*, 9 jul. 1983.

UM MAL entendido. *Folha da Tarde*, São Paulo, 28 jul. 1983.

UMA EXPERIÊNCIA pioneira no Festival de Campos do Jordão. *Popular da Tarde*, 2 jul. 1983.

UMA NOVA proposta para o Festival de Inverno de Campos do Jordão. *Folha da Tarde*, São Paulo, 24 maio 1983.

VÍTIMAS desvendam a história e exibem as marcas do arbítrio. *Folha de S.Paulo*, São Paulo, 15 maio 1983. Primeiro Caderno, p.15.

XIV FESTIVAL de Inverno de Campos do Jordão. *Jornal da Região*, São José dos Campos, 9 jul. 1983.

Arquivos e acervos pessoais

Acervo pessoal de Ana Mae Barbosa, São Paulo.

Acervo pessoal de Augusto Lacaz, São Paulo.

Acervo pessoal de Cláudia Toni, São Paulo.

Acervo pessoal de Lutero Rodrigues, São Paulo

Acervo pessoal de Maria Cristina Santos Azevedo Souza Cesco, São José dos Campos.

Acervo pessoal de Mariângela Ferreira da Cunha Marcondes, Presidente Prudente.

Acervo pessoal de Sérgio Pizoli, São Paulo.

Arquivo da Assembleia Legislativa de São Paulo, São Paulo.

Arquivo da Secretaria da Educação do Estado de São Paulo, São Paulo.

Arquivo do Estado de São Paulo, São Paulo.

SOBRE O LIVRO

Formato: 14 x 21 cm
Mancha: 23,7 x 42,5 paicas
Tipologia: Horley Old Style 10,5/14
Papel: Offset 75 g/m² (miolo)
Cartão Supremo 250 g/m² (capa)
1ª edição: 2013

EQUIPE DE REALIZAÇÃO

Coordenação Geral
Marcos Keith Takahashi